Quellenangaben und Bemerkungen

zu

Karl Simrocks Rheinsagen

und

Alexander Kaufmanns Mainsagen.

Von

Dr. Alexander Kaufmann,

fürstlich Löwensteinschem Archivrath.

———

Köln 1862.

Verlag von J. M. Heberle (Heinrich Lempertz).

—

Druck von F. Krüger in Bonn.

Meinen Geschwistern

am Rhein, am Main und in Westfalen

freundlich zugeeignet.

Vorwort.

Mit einem tiefschmerzlichen Gefühl wurde dieses Buch begonnen und weiter geführt — mit einem unendlich freudigen wird es beendet. Grade in dem Augenblick, in welchem der Verfasser sich anschickt, diese Schlußzeilen niederzuschreiben, trifft ihn die Nachricht, Simrock sei nicht nur genesen in die rheinische Heimath zurückgekehrt, sondern werde auch mit Nächstem in den Kreis seiner so rühmlichen und erfolgreichen Thätigkeit wieder eintreten. Diese Freude theilen gewiß nicht nur die Rheinländer, sie wird bis zu den äußersten Grenzen Deutschlands mitgefühlt werden, da außer Uhland wohl kaum ein Dichter genannt werden dürfte, der so vorzugsweise die Bezeichnung des „deutschen" verdient, wie Karl Simrock. Seien ihm diese Blätter eine wohlthuende Erinnerung an seine früheste Sangesperiode, zugleich aber auch der Gruß eines Freundes, der ihn als Dichter, als Forscher und als Menschen nicht bloß wie Wenige zu erkennen glaubt, sondern diesem seltenen Verbande geistiger und sittlicher Vorzüge auch stets in Wort und Schrift die dankbarste Anerkennung zu Theil werden ließ!

Das vorliegende Buch wurde durch meine Monographie über Caesarius von Heisterbach (Cöln. Heberle 1850 und 1862) und meine „Anmerkungen" zu Simrock's „geschichtlichen deutschen Sagen" (Frankfurt. Brönner 1850) hervorgerufen: Im Caesarius hatte ich, als der Dialogus in seiner Eigenschaft als ältestes rheinisches Sagenbuch zur Darstellung kam, Anlaß gefunden, das viele Unvolksthümliche, welches sich in die moderne rheinische Sagenliteratur eingeschlichen, rügend zu erwähnen und dagegen den Dichtern jenen Schriftsteller als einen alten, treuen und treuherzigen Erzähler zu empfehlen; eine solche Rüge durfte jedoch begreiflicher Weise nur auf vorhergegangene Prüfung der einzelnen Stoffe ausgesprochen werden. Die gedachten Anmerkungen, welche ich auf des Sammlers Veranlassung seinen nach sehr strengem Princip ausgewählten geschichtlichen Sagen als Belege für Echtheit und Quellenmäßigkeit beigefügt, hatten vielfach den Wunsch rege gemacht, es möchten diesen kurzen Quellenangaben auch Hinweisungen auf die Bedeutung der einzelnen Sagen, ihren Zusammenhang mit dem Culturleben der Vorzeit, ihre Verbreitung u. s. w. beigegeben worden sein. In diesem Sinne habe ich nunmehr das vorliegende, wie unter der Hand aus den Vorarbeiten zum Caesarius herangewachsene Buch zu entwerfen und auszuführen versucht.

Was zunächst die Quellenangaben betrifft, so muß ich vor Allem dem Mißverständniß vorbeugen, als ob ich alle jene namentlich anekdoten- und schwankartigen Sagen, welche nicht das Volk, sondern ein einzelner Dichter auf seine Hand an diesen oder jenen Ort verlegt hat, für unecht und deßhalb unstatthaft erklären wollte: Ist ein moderner Dichter wie Uhland oder Simrock in das Wesen volksthümlicher Poesie eingedrungen, so wird er der berechtigte Vertreter des lebendig schaffenden Volksgeistes und wird eines Theils nur dort Translationen vornehmen, wo äußere und innere Bedingungen zu solcher Versetzung vorhanden sind; andern Theils wird er bei Um- oder Weiterbildungen stets mit Tact, Geschick und dem richtigen Geiste zu verfahren wissen. Man würde also irren, wollte man mir die Ansicht unterschieben, als ob ich gegen Stücke, wie „die verbannten Nachtigallen", „Hans Thauerlich", „Roland Schildträger", die straßburger „Münstersage" u. a. Einwendungen zu erheben beabsichtigte: Selbst die Lorelei ist in der Fassung, welche ihr Heine gegeben, zu rechtfertigen, weil sie ihrem Wesen nach volksthümlich ist, und die Stelle, wohin der Dichter sie versetzt, jene Eigenthümlichkeit, welche der dichterischen Phantasie geisterhafte Wesen vorspiegelt, in reichem Maaße besitzt. Verwerflich dagegen ist die Versetzung des „Schelm von Bergen" von Frankfurt nach Düsseldorf, indem die nie außer Augen zu setzende Wahrscheinlichkeit der äußeren Umstände, der Simrock in seiner Bearbeitung vollkommen Rechnung getragen, von Heine ohne jeden Grund umgangen worden: Die Schelme von Bergen waren Ministerialen der Kaiserpfalz zu Frankfurt und, wenn die Sage sie mit einem Kaiser in Berüh-

rung treten läßt, so kann das Local für diese Berührung
nur Frankfurt oder seine Umgegend gewesen sein.

In allen diesen Fällen lagen echte, volksthümliche
Stoffe vor, um deren richtige Oertlichkeit es sich handelte.
Am Rhein grassirte jedoch zu Ende des vorigen und An=
fang dieses Jahrhunderts die Unsitte, jedem romantischen
oder sentimentalen Stoffe, gleichviel ob er mit dem Rhein
Berührungspunkte hatte oder nicht, ob er deutschen Ur=
sprunges war oder wälschen, eine Stelle anzuweisen; ja,
es kam Erzählern, wie Schreiber u. A. nicht darauf an,
Burgen und Geschlechter zu erfinden, von welchen nie eine
Urkunde gewußt, nie ein Sterblicher gehört hatte*). Eng=
länder und Franzosen trieben dieses Spiel, welches der
Sage jede Bedeutung nimmt, auf seine Höhe. Manche
solcher Stoffe, an sich poetisch und vielfach bearbeitet, hatten
sich in der Reise= und Lesewelt völlig eingebürgert und
waren gewissermaßen durch Verjährung zu einer rechtlichen
Existenz gelangt. Hätte Simrock nur der Wissenschaft
Rechnung getragen, so würde er die Gunst seiner Leser
völlig auf's Spiel gesetzt und der Sammlung, bevor sie
noch in's Leben getreten, eine Todeswunde beigebracht
haben**). Um so strenger aber war er gegen sich selbst

*) Die Krankheit grassirt außer am Rhein noch in vielen Gegen=
den Deutschlands z. B. im schönen Bayern, worüber bei Ludwig
Steub, Wanderungen. 122 ff. sehr Ergötzliches zu lesen. Den Rath,
welchen derselbe Schriftsteller. 19. den Dichtern von Traunstein
giebt, könnten auch viele Dichter außerhalb Traunstein beherzigen.

**) Simrock bezeichnet in der Vorrede sein Buch als einen
„poetischen Reisebegleiter". Hätte ich also nur kritische Bemer=

und man wird unter den vielen, von ihm dichterisch be=
handelten Stoffen kaum einen finden, der nicht den streng=
sten Forderungen in Bezug auf Echtheit und Treue ent=
spräche. Wo also in unseren Angaben z. B. neben Schreiber
keine Aufzeichnung eines anderen, größere Garantie bieten=
den Erzählers angeführt wird, ist die Volksthümlichkeit der
Sage zum mindesten höchst zweifelhaft. Der Sammler am
Main hatte in dieser Beziehung ein reineres Gebiet und
konnte, ohne dem Buche zu schaden, beiden Forderungen,
der wissenschaftlichen und aesthetischen, zu genügen ver=
suchen. Deßhalb aber verkennt er nicht, wie weit trotzdem
seine Arbeit hinter derjenigen Simrocks zurücksteht, welche
ihm in ihrer Art stets als ein Musterwerk gegolten hat.
Die Verfasser der Mainreisen, Hänle, von Spruner,
Braunfels haben nur wenige, aber echt volksthümliche und aus
Volksmund vielfach zu bestätigende Sagen mitgetheilt, so daß
Berufungen auf sie nicht zugleich einen Zweifel in sich schließen.

Simrocks Rheinsagen werden häufig in Schulen und
Erziehungsanstalten zu Lecture und Declamation verwendet;
dem Lehrer, welcher den Vortrag des einzelnen Stücks mit
einer geschichtlichen oder mythologischen Einleitung zu ver=
sehen wünscht, dürfte es gelegen kommen, hier beisammen
zu finden, was er sich anderen Falles mühsam aus Werken
der verschiedensten Art suchen und sammeln müßte. Wir
kungen beigefügt, so wäre dem Buche Unrecht geschehen, indem es
von einem Standpunkt aus beurtheilt worden wäre, der ihm selbst
nur erst in zweiter Reihe stand. In einem Commentar durften
jedoch Anmerkungen obiger Art nicht fehlen.

haben, um ihm die Sache noch mehr zu erleichtern, sowohl
Quellen, wie Erläuterungen zu öfteren Malen dem Wort=
laute nach abbrucken lassen, da in manchen Fällen mit dem
bloßen Citat nicht gedient gewesen wäre; ferner sind bei
Citaten wo möglich solche Bücher berücksichtigt worden, die
verbreitet, also leicht zugänglich sind. So wurden für
das Mythologische Grimm, Wolf und Simrock, für das
Geschichtliche Böhmer, Rettberg, Simrock (Rheinland) und
Giesebrecht vorzugsweise benützt. Ueberhaupt aber galt es
hier Maaß zu halten, und es wäre völlig unzweckmäßig
gewesen, bei berühmten oder bekannten Persönlichkeiten,
wie z. B. Karl der Große, Rudolf von Habsburg, Fried=
rich der Siegreiche u. A., die unzähligen Werke, in denen
sie besprochen und erwähnt werden, sämmtlich aufzuführen.
Das Gleiche findet auf geschichtliche Ereignisse, wie die
Schlacht bei Zülpich u. a., seine Anwendung.

Nebenbei sind denn auch, namentlich in den Noten
zu den Mainsagen, kleine Bemerkungen localer Art beige=
fügt worden, die mehr für den Gelehrten, als für den
Lehrer berechnet sind. Sie werden dem ersteren willkommen
sein, ohne den letzteren zu stören.

Aesthetische Beurtheilungen, die mancher Leser vielleicht
wünschen dürfte, sind möglichst sparsam eingestreut und be=
schränken sich fast nur auf einige Aeusserungen Goethe's über
Romanzen und Volkslieder aus des Knaben Wunderhorn.

Ueber jede einzelne Nummer des vorliegenden Buches
ist gewiß schon Eingehenderes und Gründlicheres geschrieben

worden. Wer einen so weiten Kreis, wie der unserige,
der sich von den Quellen des Rheins und Mains bis zu
den Mündungen beider Flüsse erstreckt, zu durchwandern
hat, kann unmöglich an jedem Orte so lange verweilen,
daß er jedes Detail so genau erforscht, wie Derjenige,
welcher seine ganze Zeit und Kraft diesem einzelnen Orte
zuwendet. Ich benütze diesen Anlaß zur Bitte an etwaige
Localforscher, mir zum Behuf genauerer Ausführung in
einer neuen Auflage Nachrichten und Aufklärungen zukommen
zu lassen. Bücher, wie das vorliegende, müssen erst im Ver=
lauf der Zeit das werden, was sie werden sollen, besonders
wenn ihr Verfasser, wie hier der Fall, keine öffentliche Bi=
bliothek zur Benützung hat, sondern lediglich auf seine Pri=
vatsammlung beschränkt ist. Namentlich für den Rhein war
mir dieser Mangel an Literatur höchst fühlbar, und ich kann
wohl mit dem alten Sänger, Friedrich von Hausen, sagen:

> Wär' ich wieder an dem Rhein,
>
> So hört' ich leicht von andrer Märe,
>
> Von der ich leider nie vernahm,
>
> Seit ich über die Berge kam.

Schließlich möchte dieses Buch anregen zu einer von
wissenschaftlichem Standpunkt ausgehenden prosaischen Samm=
lung der Rheinsagen, nicht wie hier als Sammlung, welche
die ganze Stromlänge umfaßt, sondern in Scheidung nach
Volksstämmen. Simrock hat eine solche für Ripuarien in
Aussicht gestellt, und die Arbeit könnte nicht in besseren
Händen sein. Möge er in rüstiger Thätigkeit erstanden

sein, um dieses Vorhaben mit frischen Kräften auszuführen!
Es wäre ein schöner Beruf für den historischen Verein am
Niederrhein, ihm hierin vorzuarbeiten, indem eine Abtheilung der Annalen germanistischen Studien gewidmet würde.
Er hat in jüngster Zeit der römischen Vorzeit Raum gewährt — soll das geistige Leben des Mittelalters ausge-
schlossen bleiben? Die Brüder Grimm sollten namentlich
in ihrer Vielseitigkeit unsere Führer und Leitsterne bleiben,
Rechtsalterthümer und Grammatik in der einen, Heldensage
und Mythologie in der anderen Hand!

Zu fern den bewegten Strömungen des jetzigen rheinischen Lebens und gewissermaßen in eine Einsiedelei im
stillen, entlegenen Tauberthal entrückt, weiß ich nicht, ob
die jüngere Generation der heimischen Sage noch das Interesse zuwendet, mit welchem ihr die meinige zugethan
war. Wir sind in dieser Sagenluft aufgewachsen, und es
ist ein natürliches menschliches Gefühl, daß man Demjenigen,
was eine schöne, von Lust und Poesie gehobene Jugend
verklärte, auch im Mannesalter Anhänglichkeit und Liebe
bewahrt. Solchen, welche das Gleiche von sich sagen
können, seien deßhalb diese Blätter, wenn sie zunächst auch
für das jüngere Geschlecht bestimmt sind, ein freundliches
Geschenk, das vielleicht Einem oder Anderem Veranlassung
giebt, die über dem Drang des Tages und seiner Geschäfte
bei Seite geschobenen alten Lieblinge wieder hervor zu
holen und sich an ihnen zu erfreuen. Poetische Sagen-
sammlungen sind zunächst für den aesthetischen Genuß be-

stimmt; dieser Genuß wird aber dadurch nicht verkümmert, daß man neben demselben auch noch Bezüge anderer Art gewahren lernt, und ich fürchte den Einwurf nicht, Noten zu Gedichten schadeten dem Eindruck dieser*). Ich würde diesen Einwurf gelten lassen, ständen meine Bemerkungen, wie die Commentare zu classischen Dichtern, mit dem Text der Gedichte in unmittelbarer Verbindung. Hier aber kann man sagen: Wer Genuß sucht, lese die Sagen, wer sich darüber belehren will, die Anmerkungen! Nicht jede Stunde gleicht der andern, und was man in der einen gewünscht hat, begehrt man schon nicht mehr in der nächsten.

Der Schatz in der Kleinodienkammer eines Fürsten reizt das Auge durch den Glanz des Goldes, durch das wunderbare Farbenspiel der Edelsteine und Perlen — er verliert dadurch nicht an Reiz, daß ein Juwelenkenner hinzutritt, die einzelnen Steine benennt und ihren größeren oder geringeren Gehalt bestimmt. In solchem Sinne möge die Tendenz dieses Buches aufgefaßt werden, obwohl der Verfasser sich mit diesem Bilde nicht für einen Kenner ausgeben will, dessen Bestimmungen auf unbedingte Richtigkeit Anspruch machen — er möchte nur zu weiterer Prüfung anregen und ist mit Freude bereit, genauere Bestimmungen anzuerkennen und daraufhin seine eigenen aufzugeben, besonders wenn dadurch das eine oder andere Stück, welches er zu niedrig angeschlagen, in seinem Werthe steigen sollte.

*) Vergl. Gruppe, Sagen und Geschichten des deutschen Volkes. Berlin bei G. Reimer. 1854. Vorw. S. VI.

Die innige, lebendige Theilnahme, welche meine Geschwister mir und meinen Bestrebungen zugewendet halten, bestimmen mich, ihnen durch Widmung dieses Buches ein Zeichen brüderlicher Liebe und Dankbarkeit zukommen zu lassen. Das Buch gehört ihnen aber auch noch in anderem Sinne. Sie sind gleich mir in der Luft rheinischen Lebens und rheinischer Poesie aufgewachsen; die heimischen Dichter, mit welchen ich verkehrte, waren auch ihnen befreundet, und der Dichter der Rheinsagen war nicht bloß ein Sohn derselben Vaterstadt, sondern lebte und wirkte, da der Garten unseres alten, ehrwürdigen Familienhauses dicht an den seinigen stieß, fortwährend in unserer nächsten Nähe. Und als sich später Zweige des altrheinischen Baumes an den Main verpflanzten, hat die Freude an der Poesie der Sage sie begleitet, und der Verleger meiner „Mainsagen," welcher diese Sammlung in theilnehmendster Weise gefördert hat, ist mir aus einem lieben Geschäftsfreunde ein ebenso lieber Schwager geworden. Er möge sich darum in jene Widmung eingeschlossen fühlen — zum Entgelt wird er es mit dem Mantel brüderlicher Liebe zudecken, wenn ich in der Anmerkung zum „Trunk von Hörstein" seinen auf der Kippenburg gezogenen Wein höher stelle, als die Sage von der Kippenburg.

Wertheim im Maimonat 1862.

Alexander Kaufmann.

Quellenangaben

und

Bemerkungen

zu

Karl Simrocks Rheinsagen.

1. **Stavoren.** Von Karl Simrock. Brüder Grimm, Deutsche Sagen. I. 321 ff., nach mündlichen Mittheilungen aus Holland. Das historische Ereigniß, an welches die Sage anknüpft, berichtet Gottfried von Köln ad a. 1170, bei Böhmer, Fontes rerum Germanicarum. III. 442. 443: Mare vehementia ventorum limitibus suis excussum IV. Non. Novembr. terram Fresonum circa Stauern magna ex parte submersit. —

Verwandte Sagen begegnen in großer Anzahl aus den verschiedensten Jahrhunderten und Ländern: Als älteste dürfen wir wohl die bei Herodot. III. 39 — 44. 125. erzählte, durch Schiller so bekannt gewordene vom Ring des Polykrates bezeichnen. Im Orient finden wir sie in Tausend und einer Nacht. Bresl. Ueberſ. XI. 234: Einem Wesir ist ein kostbarer Diamant in's Wasser gefallen; als derselbe durch einen Taucher sogleich wieder hervorgeholt wird, überfällt Jenen, wie den Amasis bei Schiller, die Besorgniß, auf ein so großes Glück müsse nothwendig ein eben so großes Unglück folgen. Der Ring Salomo's wird durch Aschmedai in's Meer geworfen, findet sich aber nach Jahren in einem Fischbauch wieder, Tendlau, Rabbinische Legenden. Nr. 39. Eine verwandte indische Erzählung habe ich in den bei Arnz in Düsseldorf erschienenen „Mährchen und Sagen" 258. nach Bayard Taylor mitgetheilt: Kaiser

1

Akbar in Allahabad möchte erfahren, wie man sich im Un=
glück benehmen soll. Er übergiebt deshalb dem weisen
Beerbul seinen kostbarsten Ring, läßt ihn aber durch einen
verschlagenen Dieb wieder entwenden und in die Jumna
werfen. Beerbul aber verzweifelt nicht, als ihm der Kaiser
unter Androhung des Todes gebietet, den Ring wiederzuschaf=
fen, sondern verbringt die ihm zugestandene Frist unter Ju=
bel und Festlichkeit; bis sich der Ring in einem Fischbauch
wiederfindet. Da zieht sich Akbar die Lehre, es sei besser,
im Unglück sich zu freuen, als weibisch zu verzagen. Zahllose
Varianten lassen sich aus deutschen Gedichten und Sagen
des Mittelalters zusammenstellen: Im h. Oswald läßt ein
Rabe den Ring der Königin in's Wasser fallen, worauf ein
Einsiedler durch frommes Gebet einen Fisch herbeizieht:

Dô truoc an der selben stunde
  der visch daz vingerlîn in sînem munde.

In Gregorius auf dem Steine finden sich die Schlüssel
zu den Banden, mit welchen der Dulder an den Felsen
angeschmiedet worden, im Bauch eines Fisches wieder, als
ein Zeichen, daß Gott nunmehr dem Sünder seine Schuld
vergeben, Ausg. von Lachmann. V. 3122 ff. Als der h.
Benno von Meißen nach Rom geht, wirft er die Schlüssel
zu seiner Kirche in die Elbe; bei seiner Rückkehr ereignet
sich das gleiche Wunder, jedoch ohne Zusammenhang mit
einer Schuld, Holland, Geschichte der Frauenkirche zu Mün=
chen. 75. 76. Arnulf von Metz und Arnold von Arnolds=
weiler finden verlorene Ringe in Fischbäuchen wieder, Rett=
berg, Kirchengeschichte Deutschlands. I. 548; ein von der
h. Genovefa, als sie durch ihren Gatten verstoßen wurde,
in die Mosel geworfener Ring kehrt in gleicher Weise

zurük, nachdem die Gatten sich wieder ausgesöhnt; Hocker,
Deutscher Volksglaube. 212. und Stammsagen der Hohen-
zollern und Welfen. 23. Vgl. auch die Erzählung vom
Ringe des Probstes Konrad von Xanten bei Caesarius von
Heisterbach, Dial. X. 61, das Volksbuch von der schönen
Magelone (gewöhnlich hergeleitet aus der Erzählung vom
Prinzen Kamaralsaman und der Prinzessin Badur in Tausend und einer Nacht und nach Diez, Poesie der Troubadours, 207, schon vor Ende des zwölften Jahrhunderts
in provenzalischer Sprache gedichtet und Orendel, wo sich
der h. Rock in einem Wallfischbauche findet. In der irischen
Legende vom h. Kentigern († um 560), Boll. l. 815 sq.,
schenkt die Königin einem Ritter, den sie heimlich liebt,
ihren Ring. Der König entdeckt ihn an des Geliebten
Hand, während dieser auf einer Jagd eingeschlafen ist,
nimmt das Kleinod weg und wirft es in's Meer. Als es
dann von der Königin zurückverlangt, wendet sich diese in
ihrer Noth an den Heiligen, und im ersten Fisch, den
ein von Kentigern bestellter Angler einfängt, liegt der
verlorene Ring. Vergl. auch die irische Legende vom h.
Egwin, Boll. I. 7081 In einem ungarischen Mährchen
bringt der Hecht einen Ring wieder, den eine Hexe gestohlen
hatte. Wolf, Beiträge zur deutschen Mythologie. II. 468.
Als Verkündiger des göttlichen Zorns wegen menschlicher
Vermessenheit und blinden Glaubens an das Glück erscheint
der Ring in der Sage von der Wettenburg, s. Nr. 49
der Mainsagen, von der Frau von Falkenstein, Hocker,
Volksglaube. 210 u. ö. — Hocker bemerkt zu letzterer
Sage: Solche Sagen von in's Wasser geworfenen Ringen,
die nach einer gewissen Zeit wieder an die Oberwelt zurück-
kehren, erinnern an den Ring Baldurs, den er dem Odin

4

aus der Unterwelt wieder zurücksandte;" ich habe in meinem
Aufsatz über die Wettenburg in meinen Beiträgen zur Ge-
schichts- und Sagenforschung des Frankenlandes, Archiv des
hist. Vereins für Unterfranken und Aschaffenburg. XIII.
3. 143, die eddische Erzählung vom Andvaranaut, Simrock,
Edda. 156 ff., 301 ff., als „freilich verdunkelte Grundlage"
dieser Sagen letzterer Art nachzuweisen versucht. — Jene
Furcht vor menschlicher Vermessenheit und sträflichem Vertrauen auf irdisches Glück spricht sich auch in einer Legende
des h. Ambrosius aus: Quadam vice, ut aiunt, cum
beatus Ambrosius Romam pergeret et in quadam villa
Tusciae apud quendam hominem nimium locupletem
hospitatus fuisset, illum hominem super statu suo solli-
cite requisivit. Cui ille respondit: Status meus, do-
mine, semper felix extitit et gloriosus. Ecce enim
divitiis infinitis abundo, servos et famulos quam plures
habeo et omnia semper ad vota habui, nec unquam
mihi aliquid adversum accidit vel, quod contristaret,
evenit. Quod audiens Ambrosius vehementer obstupuit
et his, qui erant secum in comitatu, dixit: Surgite et
hinc quantocius fugiamus, quia Dominus non est in loco
isto. Festinate nec in fugiendo moram facite, ne nos
hic divina ultio apprehendat et in peccatis illorum
pariter nos involvat. Cum ergo fugerent et aliquan-
tulum processissent, subito se terra aperuit et hominem
illum cum universis, qui ad illum pertinebant, ita ab-
sorbuit, ut nullum inde vestigium remaneret.—In eodem
autem loco fovea quaedam profundissima remanisse
dicitur, quae usque hedie in huius facti testimonium
perseverat. Leg. aur. Ed. Graesse. 253. 254. —
Vergl. auch Nr. 76 der Rheinsagen.

2. **So viel Kinder, als Tag im Jahr.** Von Karl Simrock. Grimm, Deutsche Sagen. II. 374. 375 mit Berufung auf Becherer, Thüring. Chron. 294, 295 und den alten rheinischen Antiquarius. 876. 885; Wolf, Niederländische Sagen. 57. mit Berufung auf Baernewyck, Historie van Belgis. 132; Oude Divisie-Chronicke van Hollant. 113. u. a. Bergl. die spanische Romanze de una muger, que parió trescientos y seo tenta hijos bei Wolf, Rosa de Romances. 74.—In der Kirche zu Loosdünen (Leusden) befand sich eine Tafel, worauf das Ereigniß in lateinischen und niederländischen Versen erzählt war; drunter standen zwei Taufbecken mit der Inschrift: In deze twee beckens zyn alle deze kinderen gedoopt. Als Zeit des Vorfalls wird 1270 oder 1276 angegeben. — Die Idee, daß die Geburt mehrerer Kinder auf einmal, selbst Zwillinge nicht mit rechten Dingen zugehe, scheint im Mittelalter ziemlich verbreitet gewesen zu sein: Eine Gräfin von Quernfurt bekommt neun Kinder auf einmal und läßt acht davon aussetzen, weil ihr Eheherr schon „beschwerliche Gedanken und Reden von den Weibern gehabt hatte, die zwei oder drei Kinder auf einmal zur Welt brachten,“ Grimm a. a. O. 366; in der spanischen Romanze von Espinelo (s. Nr. 5 der Rheinsagen) wird ein Gesetz erlassen, wonach jede Frau, welche Zwillinge zur Welt bringt, mit dem Tod bestraft werden soll. Man glaubte, Zwillinge oder Drillinge seien im Ehebruch erzeugt, Grimm a. a. O. 233. Bergl. auch die meretrix bei Paul. Diac. VII. 15, quae septem infantulos peperit. In Aegypten sollen nach Trogus bei Plinius. VII. 3. Frauen gewesen sein, die sieben Kinder auf einmal zur Welt gebracht. Hocker, Stammsage der Hohenzollern und Welfen. 47, bemerkt: „Die

vielen Kinder. Gaben nur die Fülle, die Lebenskraft und
Fruchtbarkeit der Mutter an. Diese Fruchtbarkeit war eine
Gabe der Freia, die ja dem Ehen vorstand und als große
Erdenmutter auftritt.

3. **Radbot der Friesenfürst.** Von Karl Lappe.
Ann. Xant. ad a. 718 bei Pertz, Monum. II. 221.
Vergl. Rettberg, Kirchengeschichte. II. 514 ff., und Grimm,
Mythologie. 799. Die „Torvebbersweg“ (König Radbots
Wege) in den Aemtern Aurich und Emden sollen von Radbot
angelegt worden sein und der „Reppoldsberg“ im Amt
Esens gilt für sein Grab, Klopp, Geschichten der deutschen
Volksstämme. II. 149. 150. — Ueber Radbot s. auch
Leo, Universalgeschichte. II. 59 ff. 83, Grimm Mythologie
101, u. A.

4. **St. Gertruden Minne.** Nach dem Volksliede.
Vergl. Hoffmann, Horae Belgicae. II. 41, Simrock,
Deutsche Volkslieder. 148. 601, und Wolf, Niederländische
Sagen. 434. Ueber das Minnetrinken und die h. Gertrud
s. Grimm, Mythologie. 53 ff., Simrock, Handbuch. 403.
404. 521, und Wolf, Beiträge. I. 151. 152. 192. An
letzterer Stelle heißt es „Fosuua und Gertrud werden M.
282 verglichen, beider Minne wurde getrunken; das mahnt
mich an die Sage vom Ritter Redbot. Er hatte dem
Teufel seine Seele verschrieben und versprochen, sich nach
Ablauf der bestimmten Zeit ihm unter einer Eiche in der
Nähe seiner Burg zu stellen. Bevor er dahin reitet, trinkt
er mit seinen Freunden S. Geertenminne. Als er hinkommt,
heult der Teufel und klagt, er könne dem Ritter nichts
anhaben, denn S. Gertrud sitze hinter ihm zu Roß (M.

S. Nr. 358). Das ist ein echt heidnischer Zug, die Heilige
erscheint, als Valkyrie, als Schutzgeist des Ritters, aber
Freyja war Oberhaupt der Valkyrien. In ahd. Dichtungen*)
wird erzählt, wie ein Ritter seine Frau dem Teufel verschrieben und sie ihm zu bringen versprochen. An eine Kapelle
steigt die nichts Böses ahnende Frau ab und betet, Maria
in ihrer Gestalt tritt heraus und setzt sich hinter den Ritter
auf's Roß, worauf der Teufel entflieht. Es ist dieselbe
Sage, die in einer dritten noch merkwürdigern Gestalt
wiederkehrt und in Belgien und Oesterreich vorkommt. Ein
Ritter zieht zum Turnier; an einer Kapelle u. l. Frauen
vorbeireitend, hört er zur h. Messe läuten, steigt ab vom
Pferde, bindet sein Roß an und betet andächtig und lange.
Dann schwingt er sich wieder zu Roß und reitet weiter,
doch da begegnen ihm die anderen Ritter und preisen ihn
seiner hohen Waffenthaten wegen, da er alle Gegner in
den Sand gesetzt habe. Er erkennt, daß Maria für ihn
gefochten habe und geht in's Kloster (N. S. Nr. 42).
Dies ist ältere, reinere Fassung; sie ist deutlich, während
jene beiden noch räthselhaft bleiben durch den in ihnen erscheinenden Teufel. Maria kann in jener, wie in dieser
Sage nur die kriegerische Frouwa sein. Vergl. Nr. 130
der Rheinsagen. Ueber das Chirographon als Form zur
Eingehung eines Bündnisses mit dem Teufel Soldan,
Geschichte der Hexenprocesse. 143 ff.

5. **Der Schwanenritter.** Von Karl Simrock.
Nach dem Lohengrin und dem Schluß des Parzival. 824.
ff. Ausg. von Lachmann. 387. Vergl. auch des Vinc.

*) S. Görres, Volks- und Meisterlieder 292. ff.

Bellov. Erzählung vom Palast Juvamen, Spec. nat. II. 127, Geert v. d. Schueren. Ausg. von Troß. 76, und Grimm, Deutsche Sagen. II. 305 ff.—Ueber die mythische Bedeutung der Sage, ihre Grundbestandtheile und Varianten (Skeáf oder Skiöld, Siegfried, Helias, Lamissio, Taliesin u. s. w.) s. Leo, Ueber Beowulf. 20 ff., v. d. Hagen, Schwansage, Simrock, Orendel. XXI. XXII., dessen Bertha, die Spinnerin. 74 ff., dessen Handbuch der deutschen Mythologie. 369. 370. 391, W. Müller in Pfeiffers Germania. I. 418 ff., Hocker, Stammsagen der Hohenzollern und Welfen. 39 ff. u. A. Simrock, Altdeutsches Lesebuch. 7. 8, faßt die Grundsage kurz zusammen: „Ein neugeborner Knabe, mit Schätzen und Waffen umgeben, landet in steuer= losem Schiff, auf einer Garbe schlafend. Die Bewohner des Landes nehmen ihn als ein Wunder auf, nennen ihn nach der Garbe, erziehen ihn und wählen ihn endlich zum König. Auf demselben Schiff und in gleicher Ausstattung wird er nach seinem Tode, eigner Anordnung gemäß, den Wellen wieder überlassen; die jüngere Sage läßt ihn lebend in derselben Weise, wie er gekommen war, in dem Kahn, den ein Schwan zieht, hinwegscheiden; nach seiner Herkunft durfte nicht gefragt werden, und dies Gebot hatte seine Gemahlin übertreten. Nach niederrheinischer Sitte wird den Todten ein Schaub Stroh unter das Genick zwischen Haupt und Nacken gelegt; der Knabe kam also wohl aus dem Todten= lande und kehrte dahin zurück, wie die Unterwelt die Quelle alles Lebens ist, aber auch alles Leben in sich zurücknimmt. Nun landet aber auch Ulysses schlafend in der Heimat und erkennt sie nicht; auch Er kam aus dem Lande der Todten, ja Kalypso ist wörtlich die nordische Hel, die personificirte Unterwelt oder Hölle. Hatte Tacitus (Germ. 3) die Sage

von Skeáf vernommen, so war er wohlberechtigt, sie auf
die nahverwandte von Ulysses zu denken." Dieser aus dem
Meer (Wasser) kommende Stammfürst und Erretter des
bedrängten Volkes erscheint auch in der spanischen Romanze
von Espinelo (espina, Weißdorn) bei Wolf, Rosa de Romances. 72, die hier, weil sie weniger zugänglich und
bekannt, als die oben angeführten Mythen oder die ver=
wandten Erzählungen des Alterthums*), in Uebersetzung
mitgetheilt werden mag:

> Uebel stand's um Espinelo,
> Ruht erkrankt auf seinem Lager;
> Ganz von Gold sind dessen Lehnen,
> Ganz von Silber seine Planken;

---

*) S. W. Müller, Erklärung der Nibelungensage. 69; Schott,
Walachische Mährchen. 333. 384. 854. u. A. Ein Bruchstück des
Simonides bei Geibel und Curtius. 41, singt:

Als um den kunstgefügten Kasten nun
Der Wind erbraust und die empörte Welle,
Da sank sie (Danaë) hin vor Angst, bethränt die Wangen,
Und schlang den treuen Arm um Perseus
Und sprach: „O Kind, wie groß ist meine Qual!
Du aber athmest sanft im Schlaf und ruhst
Mit stiller Säuglingsbrust im freudelosen,
Erzfesten, nachterhellten Haus,
Dahingestreckt in tiefe Finsterniß,
Und lässest ruhig über deinem dichten,
Gelockten Haar die Fluth vorüberwandeln
Und das Geheul des Sturmes,
In deinem Purpurkleid, ein lieblich Antlitz.
Doch schreckte dich, was so erschrecklich ist,
Du würdest wohl mit zartem Ohr mir lauschen.
O schlafe Kind, und schlafen soll das Meer,
Und schlafen all das ungemessne Unglück!"

1**

Von den feinsten Linnen Holland's
    Ist die köstliche Matrazze;
Die Umdeckung, die sie hüllte,
    Glänzt so rein wie reinstes Wasser,
Und die Decke ganz zu oberst
    Strahlt in lichtem Perlenglanze.
Mataleona, die Geliebte,
    Saß zu Häupten des Erkrankten,
Ihm mit Pfauenfedern wehend
    Kurze Lind'rung zu verschaffen.
In so zärtlichem Geschäfte
    Richtet sie an ihn die Frage:
„Espinelo, Espinelo,
    Kamst zur Welt an gutem Tage!
An dem Tag, da Du geboren,
    War der Mond vollaus gewachsen,
Daß kein Pünktchen daran fehlte,
    Nicht das Kleinste d'ran gemangelt.
Heut erzähl mir, Espinelo,
    Wie's voreinst mit Dir ergangen?" —
„„Melden will ich's Euch, Sennora,
    Will Euch freundlich Alles sagen.
Aus Frankreich war mein Erzeuger,
    Meine Mutter aus Lamparten,
Und es herrschte mein Erzeuger
    Mächtig in dem Land der Franken.
Ein Gesetz ließ meine Mutter
    Einst verkünden diesem Lande,
Daß ein Weib, so Zwillingskinder
    Würd gebären gleichen Tages
Und in gleicher Stunde, schmählich

Sei mit Feuertod zu strafen
Oder in das Meer zu stürzen,
Weil's dem Ehbruch gleich zu achten.
Da fügt's Gott und mein Verhängniß,
Daß sie selbst an gleichem Tage
Und in gleicher Stund' — o schändlich!
Zu der Welt zwei Söhne brachte.
Um sich Rathes zu erholen,
Ist die Thörin hingegangen
Zu gefang'nem Mohrenweibe,
Das auf Zauber sich verstanden:
„Rath', o rathe mir, du Mohrin,
Wie die Ehr' ich mir bewahre!"
Die erwiederte: „„Sennora,
Euere Ehre zu bewahren,
Nehmt den Einen Euerer Söhne,
Den Ihr auswählt nach Gefallen,
Und vertrauet ihn der Meerfluth,
Doch bewahrt in guter Arche,
Die verpicht von allen Seiten
Und mit Schätzen reich beladen,
Daß mit Freuden ihn erziehe,
Wer ihn findet, Euern Knaben!""
Und auf mich fiel jenes Loos. —
Drauf zum Meer ward ich getragen;
Stürmisch war das Meer und rollte
Lang umher mich; endlich warf es
Zornig brausend mich an's Festland
Unter eines Weißdorns Schatten;
Darum gaben sie mir später
Meinen Namen: „Weißdornknabe."

Schiffer, die vorüber fuhren,
  Fanden mich an jenem Tage,
Die alsdann dem großen Sultan
  Syriens den Findling brachten.
Weil er keinen Sohn besessen,
  Nahm er mich an Kindesstatt an;
Todt ist nun der Sultan — ich bin
  Sultan jetzt und Herr des Landes!"

Vergl. Amara George, Mythoterpe. 266, und meine Abhandlung über die Gesetze Königs Alfonso des Weisen über das Hexen- und Zauberwesen in Mannhardts Zeitschrift. IV. 190. In Deutschland hat sich der Mythus vorzugsweise „über den ganzen Bereich des Rißlandes und des alten salischen Frankenlandes" verbreitet; „überall hat er sich localisirt und specialisirt, ist bald zur Genovefen-, bald zur Volsungen-, bald zur Gralssage in Verbindung getreten," Leo a. a. O. 30. Daher finden wir den Schwanenritter außer in Cleve, wo er mit der Gralssage in innigste Verbindung getreten, noch in Antwerpen, Nimwegen u. a. a. O. der Niederlande und Belgiens. — Der in Str. 23 erwähnte „Goldschuh" hängt mit der altdeutschen, bei Geschichtschreibern (Greg. Tur. de vitis patr. 16) und in Gedichten (König Rother) vorkommenden Sitte zusammen, sich bei Verlöbnissen des Schuhes als eines Symbols zu bedienen, welches der Bräutigam der Braut darbringt: „Sobald sie ihn an den Fuß gelegt hat, wird sie als seiner Gewalt unterworfen betrachtet," Grimm, Rechtsalterthümer. 155. 156. — Ueber die Bedeutung der Fräge s. W. Müller, Altdeutsche Religion. 301. Vergl. Lohengrin. Ausg. v. Görres. 179. — Die Geschenke, welche der Schwanenritter seinen Söhnen zurückläßt:

ein swert, ein horn, ein vingerlin,

sind göttliche Gaben, an deren Besitz sich das Glück und an deren Verlust sich der Untergang des Hauses knüpft. Solche Geschenke begegnen uns vielfach in Mythen und noch heute gangbaren Sagen; wir erinnern nur an das Horn von Oldenburg, Grimm, Deutsche Sagen. II. 317, und an das durch Uhland so berühmt gewordene „Glück von Edenhall", von welchem letzteren es bei Hutchinson, History of Cumberland. I. 269 heißt: „In this house (Edenhall) are some good oldfashioned apartments. An old painted drinking glass, called the luck of Edenhall, is preserved with great care. In the garden near to the house, is a well of excellent spring water, called St. Cuthberts well (the church is dedicated to that saint); this glass is supposed to have been a sacred calice, but the legendary tale is, that a butler, going to draw water, surprised a company of fairies, who were amusing themselves upon the green near the well. He seized the glass, which was standing upon its margin; they tried to recover it, but after an ineffectual struggle flew away saying:

> If that glass either break or fall,
> Farewell the luck of Edenhall!

Eine deutsche Parallele zu dem Luck of Edenhall findet sich in dem Kruge, welchen ein Zwerg aus dem Osenberg im Wirthshause zu Bümmerstett zurückläßt: „Als er zerbrochen worden," erzählte der Berichterstatter der Sage, „wäre das Glück, (Säg und Düg, Segen und Gedeihen in anderen Sagen) gleichsam mit zerbrochen und Alles krebsgängig," Grimm a. a. O. I. 55. Der Mannsstamm der erſten Grafen von Cleve, der Nachkommen des Lohengtin (Elias Grael), erloſch 1368 mit dem Grafen Johann II.; der Schwanenthurm in Cleve (turris cygnea) hielt das Andenken an die Sage lebendig. S. über letztern die Annalen des hiſt. Vereins für den Niederrhein. IX. X. 93, 106. Außer Simrock behandelten den Stoff Conz, Otto Roquette (im düſſeldorfer Künſtleralbum II, 39) und A. Robert Southey hat die Sage, jedoch mit völlig verändertem Schluß und fingirten Namen (Schloß Waldhorſt, u. ſ. f.) bearbeitet, ſ. Brönners British Poets of the nineteenth century. 622, sq.

6. **Otto der Schütz.** Von Karl Simrock. Anon. chron. Thuring. et Hass. bei Senkenberg, Sel. iur. et hist. III. 343 sq. Vergl. auch Nohii chron. Hass. 36 bei Senkenberg a. a. O. V. 434, Schminke, Unterſuch. über die Begebenheiten Otto's des Schützen am clever Hof, Grimm. Deutſche Sagen II. 353 ff. und K. Lyncker, Sagen und Sitten in heſſiſchen Gauen. 205 ff. Otto lebte nach ſeiner Rückkehr in Spangenberg: „Da hielt er mit ſeiner Gemahlin Hoff, ſo lange er lebet, und Frau Eliſabeth geborne von Cleve, ließ brauen das alte Bier und ſaltzen die Hirſchziemer, da man noch zu Spangenberg von ſagt," Anon. bei Senckenberg a. a. O. III. 363. Otto ſoll durch einen Sturz auf einem Jagdzuge umgekommen ſein, Lyncker a. a. O. 206. Lange zeigte man in Spangen= berg die Brautlade Eliſabeths und Otto's Bogen; ein Buchsbaumzweig, den er zu Cleve an den Hut geſteckt und dann in Spangenberg gepflanzt, erwuchs dort zum ſtatt= lichen Baume; als er (1678) verdorrt, ließ ihn Landgraf Karl umhauen und aus dem Holz Büchſenſchäfte machen,

Lyncker a. a. O. 207. — Nach der hessischen Congeries in der Zeitschrift des Vereins für hess. Geschichte VII. hätte das Beilager Otto's mit Herzogin Elisabeth im Jahre 1351 stattgefunden. Egon Ebert hat den Stoff gleichfalls in Romanzenform behandelt, G. Kinkel als größeres erzählendes Gedicht; eine von Johanna Kinkel gedichtete und componirte Oper; „Otto der Schütz", ist noch nicht veröffentlicht.

7. **Johanna Sebus.** Von Göthe. Bedarf bei dem ausführlichen, epigraphischen Titel, welcher das zu Grunde liegende Ereigniß vollständig berichtet, keiner weiteren Erklärung; es dürfte jedoch die Frage aufgeworfen werden, ob das Gedicht in einer Sagensammlung seine richtige Stelle gefunden habe?

8. **Siegfried der Drachentödter.** Aus „Wieland der Schmied" von Karl Simrock. Nach der Wilkinasage, c. 19. 144 ff. Vergl. W. Grimm, Deutsche Heldensage. 74 ff., J. Grimm, Mythologie. 344. 345., W. Müller, Versuch einer mythologischen Erklärung der Nibelungensage. Berlin, 1841, Goedeke, Deutsche Dichtung im Mittelalter. 338 ff. u. A. Wilhelm Müller a. a. O. hat Siegfrieds Drachenkampf und Goldraub, sein Verhältniß zu Brunhild und Chrimhild mit dem nordischen Mythus von Freyr und Gerda zusammengestellt und als Naturmythus auf die Befreiung der im Winterschlaf liegenden Sommergöttin durch einen heiteren Frühlingsgott gedeutet. Vergl. die folgende Nr. Ueber die Hundinge, welche Sigurds Vater Sigmund erschlagen, und Sigurds Rachekrieg mit dem Hundingen Lyngwi: Sinfiötlilok und Sigurdharqv. Fafnisb. II. in

Simrods Edda. 146 ff. 156 ff.; über das Siegesschwert, welches Odhin bei der Vermählung der Signe, Völfungs Tochter, mit König Siggeir in den Stamm der Eiche bohrte: W. Grimm a. a. O. 381; über Siegfrieds Stammname Welsung: Ebendaf. 14 ff. 337. Vergl. auch J. Grimm a. a. O. — An diese und die folgende Nr. (oder auch an Nr. 135, 185 der Rhein= und Nr. 71 der Mainsagen) läßt sich ein Vortrag über die Nibelungenstrophe knüpfen, wozu dem Lehrer besonders zu empfehlen: Simrock, Die Nibelungenstrophe und ihr Ursprung. Bonn 1858.

9. **Siegfried und Brunhilde.** Aus „Wittich, Wieland's Sohn," von Karl Simrock. Nach den eddischen Liedern und Volfungasage. c. 29. Vergl. Wilkinasage. c. 17, 148 und das bekannte deutsche Volksmährchen vom Dornröschen. Ueber die verschiedenen Gestaltungen der Brunhildensage: Goedeke a. a. O.; über die mythischen Beziehungen derselben: Grimm, Mythologie. 390 ff., W. Müller a. a. O. 48 ff., Simrock, Handbuch. 395 ff., 542, u. A. Goedeke a. a. O. 350. 351 faßt die Resultate der bedeutendsten jüngeren Untersuchungen über die Brunhilden- und beziehungsweise Siegfriedssage in folgenden Worten zusammen: „Lachmann hat im Anhange zu seinen Anmerkungen, der 1829 schon im rheinischen Museum für Philologie. III. 435 — 464 abgedruckt war, nachgewiesen, daß die Sage, wie sie in dem Gedichte (der Nibelungen) vorliegt, zu verschiedenen Zeiten in einander geflossen und innerlich verändert ist. Die Nibelungensage ist nicht von einem Menschen erfunden, auch nicht in einem Zeitalter ausgewachsen, sie gehört der Gesammtheit des Volks und ist bis ins 13. Jahrhundert in lebendigem Wachsthum begriffen

gewesen. Ursprünglich eine Göttersage ist sie vermenschlicht
worden und dann der künstlerischen Gestaltung anheimgefallen,
d. h. aus ihrem lebendigen Wuchs der, wenn man das
Wort recht fassen will, willkürlichen Bearbeitung überliefert,
worüber unten Genaueres gesagt werden muß. Lachmann
erkennt den ursprünglichen Kern für einen mythischen. Sieg=
fried hat das Gold gewonnen, das den dunkeln Geistern
zugehört, durch dessen verderblichen Besitz er in ihre Knecht=
schaft gerathen ist. Bei aller Herrlichkeit, die es ihm
gewährt, ist er der Nebelwelt verfallen: Er muß die strah=
lende Jungfrau nicht für sich, sondern seinem Herrn, dem
Könige des Todtenreichs, gewinnen und ihm den Ring der
Vermählung weihen. Das Gold kehrt zu den dunkeln
Geistern in die Tiefen des Rheins zurück. Müller hat
über den mythischen Gehalt der Sage umfassende und scharf=
sinnige Untersuchungen angestellt, denen wir hier im Ein=
zelnen nicht folgen können. Das Resultat faßt er kurz in
dieser Weise zusammen: „Eine schöne Göttin ruht in Schlaf
versenkt in einer Burg, die mit der Waberlohe umgeben
ist. Ihr eigener Verwandter (ihr Vater?) hat sie in dieselbe
eingeschlossen. Nur Der kann sie erwecken, der ihren Bruder
Fafnir tödtet, ihm das Gold, auf welchem er in Wurms=
gestalt lagert, nimmt und dann auf dem Götterrosse durch
die wallende Lohe reitet. Diesem ist sie vom Geschicke zur
Gemahlin bestimmt. Siegfried, der kräftige Gott, vollendet
die kühnen Thaten; aber weil er nicht in seiner wahren,
edelen Gestalt zu ihr kommt, erkennt sie ihn nicht als ihren
erwarteten Gemahl an und wird nur mit Unwillen und
mit Gewalt bezwungen seine Braut. Durch die Erlegung
des Drachen hat der Gott eine Schuld auf sich geladen,
die er zunächst durch eine einjährige Dienstbarkeit bei dem

Verwandten deffelben fühnen muß. Während dieser Zeit
verlangt ihn die finstere, rauhe Schwester der Jungfrau
zum Gemahl; er muß sich mit ihr vermählen, aber er
berührt sie nicht. Nach vollendeter Dienstzeit kehrt er in
seiner wahren Gestalt zurück und feiert nun seine Vermählung mit der schönen Braut, die er mit dem Horte beschenkt.
Aber sie besitzt den jugendlichen Gott nur kurze Zeit: Die
finstere Schwester, die ihr den schönen Gemahl neidet, reizt
ihren Verwandten auf den Gott in der Blüthe des Lebens
zu tödten und seiner Gemahlin den Schatz wieder zu rauben;
sie bleibt einsam und trauernd zurück." Derselbe Gelehrte
fügt nach einer eindringenden Untersuchung über die Bedeutung des Mythus das Resultat derselben hinzu: „Der
Wechsel der Natur im Sommer und Winter stellt sich in
lebendiger, mythischer Anschauungsweise als das Leben zweier
in ihr waltenden, innig mit derselben und unter einander
als Geschwister und Gatten verbundenen Wesen dar. Die
Blüthe und Fülle des Sommers erschien als Folge der
Vermählung eines schönen männlichen Wesens, der als
milder Naturgott die Erde befruchtet, mit einem weiblichen,
einer tellurischen Göttin. Diese Verbindung wird im Herbste
aufgelöst gedacht; die milden Götter sind in dieser Gestalt
in die Unterwelt gegangen, wo sie als grollende, furchtbare
Wesen und als unwillige Gatten neben einander hausen,
die die Früchte der Erde, die durch die frühere Verbindung
reichlich zum Segen der Menschen ausströmten, bei sich
zurückhalten. Diese dunkele Seite der milden Gottheiten,
die sich ursprünglich aus ihrer grollenden bildete, blieb an
ihrem Wesen haften, oder die milden, freundlichen Na-
turgötter sind zugleich ernste, finstere Unterweltgötter. —
Diese Ideen entwickelte der Mythus der Hauptsache nach

auf folgende Weise: Die freundlichen und die furchtbaren Seiten der Gottheiten wurden ... zwei verschiedene Wesen gespalten. Siegfried als der milde Gott muß den Drachen bekämpfen und ihm das Gold, die Schätze der Erde, die er zurückhält, nehmen, muß dann die schöne Göttin, die in der Unterwelt eingeschlossen, heraufholen, feiert mit ihr seine Vermählung, wird aber, nachdem er kurze Zeit mit ihr gelebt, hinterlistig in der Blüthe seiner Jahre ermordet. Dann muß er zu der finsteren Gemahlin, die seinen Tod bewirkt hat, zurück, und der Drache liegt wieder auf dem Horte." Schließlich kommt er in Bezug auf die Gottheiten, die in der Sage verhüllt sind, zu dem Ergebnisse, daß die Siegfriedssage aus einem ältern deutschen Mythus von dem Gotte Frey erwachsen ist, und glaubt damit zu erklären, warum der so bedeutende Siegfriedsmythus in dieser Gestalt im Norden nicht vorhanden war und später erst, als er von andern Stämmen ..., schon zur Heldensage geworden war, dorthin verpflanzt wurde und doch so großen Anklang fand; es ließe sich auch erklären, weshalb er an dem Rheine lokalisirt wurde, weil die Burgunden, die früher an der Ostsee, also in einer Gegend wohnten, wo der Freykultus in älterer Zeit vorzugsweise herrschte, ihn nach ihrer Wanderung in ihre neue Heimat verpflanzten und mit ihrer Königsgeschichte verflochten." — Ueber des Hermo Namenwechsel s. Grimm, Mythologie. 360, über Odhins Beiname Hnikar (Neptunus) ... 185 und Grammatik III ...; Brunhilds Stutenzucht erwähnt Wilkina-sage. c. 17. — "... Gedichte 47 ff., hat den Stoff als Romanze behandelt, Geibel als Drama: Brunhild 1857. 2. Aufl. 1860 ...

10. **Meister Grupello.** Von W. Smets. Düsseldorfer Localtradition. Ueber den Bildhauer Gabriel von Grupello (Gripello, Crepello, Cripello), geboren zu Brüssel 1643, gestorben auf dem Gut Erenstein bei Kirchrath unweit Aachen 1730, s. Becker im leipziger Conversationslexikon für bildende Kunst. VI. 120. 121. Die Reiterstatue des Kurfürsten Johann Wilhelm auf dem Markt zu Düsseldorf wurde 1711 aufgestellt. Ein anderes bekanntes Werk von Grupello ist die Galathea von Schwetzingen.

11. **Der Schmied von Solingen.** Von Karl Simrock. Beck, Lebensbilder aus den preußischen Rheinlanden. 260. Der Schmied hieß Peter Hahn und wohnte zu Limminghoven, einem Weiler bei Solingen.

12. **Das Ave Maria.** Von Karl Simrock. Bekannte und sehr verbreitete Legende, welche bereits von mhd. Dichtern bearbeitet wurde, s. die stuttgarter Marienlegenden. 105 ff. Goedeke a. a. O. 139. 140 u. A. Vergl. auch die spanische Legende von St. Joscio Rosens bei Daumer, Marianische Legenden. 96, und die bretagnische bei Villemarqué, Barzas-Breiz. Paris. 1840. Ueber das Aufblühen der Seelen als Blumen: Grimm, Mythologie. 786 ff.

13. **Die Eichenfaat.** Von Karl Simrock. Montanus, Vorzeit der Länder Cleve-Mark ꝛc. Aufl. II. I. 92. 93. Vergl. Rückerts „betrogenen Teufel."

14. **St. Maternus Erweckung.** Von Karl Simrock. Act. Sanct. zum 29. Jan., Gottfried Hagen, Reim-

chronik Nr. 90 ff., Hariger, Gesta pont. Leod. bei
Chapeauville. Auctor. Leod. II. 9 sq., Martyrologium
Romanum ad Sept. XIV. Ed. Baron. 571, Gelenius,
De admiranda Coloniae magnitudine. 28, Rettberg,
Kirchengeschichte. I. 74 ff. Ueber den Stab des h. Petrus
f. Caesarii cat. bei Böhmer, Fontes II. 273, Levoldi cat.
bei Böhmer a. a. O. 285 und die Chron. praed. in den
Annalen des hist. Vereins für den Niederrhein. II. 183.
Vergl. auch Widuk. Oorb. II. 1. und Ficker, Reinald
von Dassel 19.

15. Die heilige Ursula. Katholisches Kirchenlied.
Wunderhorn. N. Ausg. I. 261, aus: Katholische Kirchen=
gesäng ꝛc. Jetzo auffs new vberfehen. An. M.DC.XXXIV.
(Erste Ausg. 1625). Getruckt zu Cölln bey Peter von
Brachel. 12. 672. Ueber die h. Ursula: Crombach, Ursula
vindicata. Col. 1627, Martyrol. Rom. ad Oct. XXI.
Ed. Baron. 651. sq., Gelenius, de admiranda etc. 338
sq., Rettberg, Kirchengeschichte I. 111 ff., O. Schade,
Sage von der h. Ursula. Hannover, 1854, die Art.
Ursula in Aschbachs und dem freiburger Kirchenlexikon, vor
Allem aber Tom. IX. der Bollandisten, Oct.

16. St. Cordula. Nach Gottfried Hagen, Reim=
chronik. B. 322 ff. Vergl. Gelenius. De admiranda etc.
448. Von den Wundern der Heiligen sagt Gottfried a.
a. O. 380 ff.:

Seder hait sy doden kinden
Mit Godes helpen den lyff gegeuen,
Die noch behalden hait ir leuen;

Seinde syt da worden, die blinden;
Mén syt da hoch gnade vinden,
Wei suehden Mén mynschen ane geitu

17. St. Reinold. Von Friedrich von Schlegel.
Nach dem Volksbuch von Cöln, vier Haimonskindern, über
dessen Inhalt und Entstehung zu vergl. Goedeke n. D.,
704 ff. S. auch Gelenius De admiranda etc. 659 und
die Bollandisten zum 7. Jan. Unweit Sölingen lag eine
St. Reinholdscapelle: Der Heilige soll einmal zu Cöln
seinen Werkhammer in die Luft geschleudert haben und an
der Stelle, wo er niedergefallen, diese Capelle gebaut worden
sein, von Mering, Burgen in den Rheinlanden X. 70 u. 71.

18. Bischof Anno. Von Karl Simrock. Lambert.
Hersfeld. ad a. 1075 bei Pertz, Monum. V. 240. Das
Annolied. XLII. XLIII. Ausg. von Roth. 50 ff.,
erzählt die gleiche Vision:

Einis nahtis der Heirro duo gesach,
Wi her quam in einm vili kuniglichin sal,
Ol wuntirlichim gesidele,
So iz mit rehtï solde sin ei himele.
Duo dûht-un in sinim troume,
Wi'z allint-hálvin were bilungin mit golde;
Di vili tiurin steini lûhtin dar übiral,
Sanc untï wunne was dir gros untï manigvalt!
Duo sazin dar bischove manige;
Si schinin, also die sterrin cisamine.
Dir bischof Bardo*) was ir ein

*) Von Mainz (1031 — 1051.) S. seine beiden Vitae bei
Böhmer, Fontes III. 217 ff.

Senti Heribreht*) gleiz dar, als ein goltstein.
Andere heirrin genuog;
Un was ein lebín unt ein muot.
Duo stunt dir ein stul ledig und eirlich,
Seint Anno wart sin vili gemeit,
Her was ci sinin erin dar gesat;
Nu lobit her's got, dad iz also gescach.
O wi gerne her duo geseze,
Den libin stul wi gern er bigriffe!
Dad ni woltin gelobin di vurstin
Durch einin vlekke vure sinin brustin.
Uf stunt dir heirrin ein, hiz Arnolt;**)
Ci Wurmizi was her wilin bischof;
Seint Anno nam her mit handin,
So quamen si dar bihalvin.
Mit suezir redin her un duo ibistuont,
Her sprach: Trosti dig, heirro, godis druot!
Disin vlekkin wisi hine gedun,
Ci ware dir is gereit der ewigi stul!
Daz sal sia in curtin stundin,
So bistu disin heirrin willicumin.
Untir un ni maht du nu blivin;
Wi lutir iz sal sin, daz si willin lidin,
Christ havit tir disi ding irongit.
Owi, heirro, wad tir erin unti genadin volgit!
Harti ginc iz imi ci hercin,
Daz her widere kerin solde cir erdin.
Ni wer it duo ci stundin so gewant,

---

*) Von Cöln (999 — 1021). S. die Vita Heriberti bei
Perß, Monum. IV. 739 ff.
**) Arnold I. (1065 — 1070).

Durch alle disi werilt ni rumit-er daz Paradysiland;
Sûlich is diu himilschi wunne,
Dar sule wir denkin alt unti jungin!
 Von demi slafe dir heirro duo gestunt,
Wole wist-er, wad her solde dun:
Kolnerin virgab her sini hulte,
Daz her si hazzite, wi groz daz warin ere sculte.

Ueber die zu Grunde liegenden geschichtlichen Ereigniffe gibt Lambert von Hersfeld a. a. O. die quellenmäßigste Auskunft. Vergl. auch Jansen in den Annalen des hist. Vereins für den Niederrhein. I 91, 92. Holzmann in Pfeiffers Germania. II. 1 ff., und meinen Caesarius von Heisterbach. Aufl. II. 30.

19. **Der cölner Dom.** Von A. L. Follen. Grimm, Deutsche Sagen. I. 280 ff. Vergl. Simrock, Rheinland. Aufl. II. 354. Der cölner Dom soll mit dem Römercanal, welcher die Hauptstadt der Germania secunda von den Höhen der Eifel mit Trinkwasser versorgte, in Verbindung gestanden haben. Die Sage ließ den Canal bis Trier gehen:

> Triere was ein burg alt,
> Si cierti Romere gewalt;
> Dannin man untir dir erdin
> Den win santi verri
> Mit steinin rinnin,
> Den herrin al ce minnin.
> Die ci Kolne warin sedilhaft.

S. Annolied XXX. Ausg. von Roth. 36. Vergl. auch
Grimm, Mythologie. 973. — Storf, Darstellungen aus
dem Rhein= und Moselland. II. 42. 43, erzählt, Catolbus
in Trier habe einem Sclaven seine Seele versprochen, falls
dieser in derselben Zeit, in welcher Catolbus ein Amphi=
theater bauen würde, eine Wasserleitung fertig gebracht hätte.
Catolbus gelingt es, durch eine List das Wasser stocken zu
machen; da entlockt der Sclave der Gattin seines Gegners
das Geheimniß, und dieser stürzt sich mit der Verrätherin
von der höchsten Spitze des Amphitheaters.

20. **Jost vom Bühl.** Von Karl Simrock. Cae-
sarii Heisterb. dial. VIII. 63. Vergl. meinen Caesarius.
85. Der Name Jost vom Bühl ist Erfindung des Dich=
ters; Caesarius nennt seinen burgensis dives ac potens
Karl, und dieser könnte vielleicht mit dem Carolus in
Ringazzin bei Lacomblet. I. 433 (1169) identisch sein.
— Das Wägen des Guten und Bösen war eine im
Mittelalter höchst beliebte Vorstellung, welche sowohl auf
Bildwerken, als in Sagen erscheint, so in den Erzählungen
von Kaiser Heinrich II. und Rudolf von Strättlingen bei
Grimm, Deutsche Sagen. II. 176. 220. 221.

21. **Richmuth von der Aducht.** Von E. von
Groote. Grimm, Deutsche Sagen. I. 440 mit Berufung
auf Merssaeus Cratepolius, Catal. episc. Colon., Greg.
Horstius in den Zusätzen zu Marc. Donatus. Hist. med.
mirab. 797, Balth. Bebelius de bis mortuis. 9 u. A.
Sehr lebendige Localsage, der auch der bekannte Tourist
Pöllnitz in seinen Memoiren III. 154 gedenkt: Il y a
encore beaucoup de choses curieuses à voir dans cette

2

ville, entre autres la maison, ou les chevaux montèrent
d'euxmêmes au grenier pour convaincre un homme, que
sa femme, qui étoit enterrée la veille, n'étoit pas
morte. Eine bildliche Darstellung des Ereignisses erschien
im Jahre 1604 nebst einem die Sage erzählenden Gedichte,
Merlo, Cölnische Künstler. 76 ff. u. v. Buffemacher. Es
ist ein Stich nach einem ehemals in der Vorhalle zur
Apostelnkirche befindlich gewesenen Wandgemälde, „nach der
alten tafel bei der kirch thuren daselbst hangende.“
Als Jahr des Vorfalls wird in jenem Gedichte 1357
angegeben, als in Cöln ein großes Sterben gewesen. —
Varianten der Sage finden sich in Schweinfurt (s. Nr.
28 der Mainsagen), Magdeburg, Danzig, Glückstadt, Dün-
kirchen u. a. a. D. In Danzig hat sich die Sage an
die Reformation angeknüpft: Ein Rathsherr hatte behauptet,
die neue Lehre würde eben so wenig Eingang finden, als
seine Pferde ihn beim Nachhausekommen aus dem Boden-
fenster begrüßen würden; als er heim kam, schauten sie
ihm vom Giebel des Hauses entgegen, Bran und Fischer,
Minerva. 1856. II. 219. — Bei Simrock, Handbuch,
386, heißt es: „Im Norden war es Sitte, den Pferdekopf
(equi abscissum caput) als s. g. Neidstange aufzurichten,
um die Landwätter zu schrecken, die guten Geister des
Landes fern zu halten, Myth. 42. 625. Aber zuweilen
dienen sie auch den bösen Geistern zu wehren, und zu
diesem Zweck waren an den Giebeln norddeutscher Bauern-
häuser Pferdeköpfe ausgeschnitzt, womit die Sage von der
Richmod von der Aducht zusammenhängt, die jetzt
einer Straße in Cöln den Namen giebt. Man begriff nicht
mehr, warum diese Pferdehäupter vom Söller niederblickten:
ein dunkles Bewußtsein von ihrem Bezug auf das Todtenreich

mochte aber übrig geblieben sein: So entstand die Sage
von der zurückkehrenden begrabenen Frau, für die sie jetzt
als Wahrzeichen dienen mußten." S. auch Peterſen, Die
Pferdeköpfe auf den Bauernhäuſern. Kiel. 1860. — Ueber
den Zug, daß Richmodis nach ihrer Auferſtehung nicht
mehr lacht, und ihre erneute Fruchtbarkeit: Hocker, Stamm=
ſagen der Hohenzollern und Welfen. 149. 150.

22. **Das Kreuz in St. Marien zum Capitol.**
Von J. Kreuſer. Localtradition. Vergl. Wolf, Deutſche
Sagen. 290, und Nr. 22 der Mainſagen.

23. **St. Hermann Joſeph.** Von G. Görres.
Acta Sanct. zum 7. April. Vergl. auch Gelenius, De
admiranda etc. 679, und Görres, Chriſtliche Myſtik. I.
325. 326. Der Ausdruck des Dichters, des Kindes Bruſt
ſei zum „reichen Gottesgarten voll Geſang und Him=
melsluſt" geworden, mag daran erinnern, daß der Heilige
in ſeinem ſpäteren Leben Hymnen verfaßte und mit Melodien
verſah. Von ihm ſoll das Lied an die h. Urſula und
ihre Geſellſchaft herrühren:

> O vernantes Christi rosae,
> Supra modum speciosae,
> O puellae,
> O agnellae,
> Christi carae columbellae! u. ſ. w.

S. Görres a. a. O. II. 158. ff.

24. **Das Bild in der Marien-Ablaß-Capelle.**
Von Karl Simrock. Localtradition. Vergl. v. Mering,

2*

Bischöfe und Erzbischöfe von Cöln. I. 231, und Wolf a.
a. O. 299. Auriemma, Marianische Schaubühne. Augsburg 1707. II. 27 ff., erzählt eine verwandte Legende
vom Maler Jacobus Serpentellus, welchem die Engel ein
Bild der h. Maria von Cestiovia (Cestocova) *) gemalt
haben sollen. S. auch Calderons Ferdinand d. H.

25. **Wilhelm von Holland.** Von Wolfgang
Müller. Joh. de Beka bei Böhmer, Fontes. II 438:
Fuit enim illis diebus regens et legens apud Coloniam
dominus Albertus Ratisponensis episcopus de ordine
Predicatorum, magnus in nigromantia, maior in philo-
sophia, sed maximus in theologia; qui regem humillime
precabatur, ut in die solemni secum discumbere digna-
retur. Rex autem sperans aliquod prodigiale signum
videre, noluit eidem reverendo patri preces supplices
denegare. Celebratis igitur epiphanie solenniis, idem
episcopus a studorio suo progrediens regem cum sua
familia gratiose suscepit. Quem extra cenaculum in
viridarium secum adduxit, ubi ministeriales mire pul-
chritudinis affuerunt, qui ad convivalem letitiam quevis
necessaria preparaverunt. Fuit utique diebus illis
hyems asperrima totaque superficies terre cooperta
nive maxima. Quapropter universa multitudo procerum
murmurare cepit adversus episcopum, quod in tam
horrido frigore convivas suos absque foco prandere
iussisset intra pomarium. Sed postquam dominus episcopus futurorum omnium conscius una cum rege resi-

*) Cestocova ist das polnische Maria=Zell. An das dortige Gna-
denbild hatte Sobieski seine Gelübde gerichtet, bevor er Wien zu
Hülfe eilte.

deret ad mensam, et omnis conviva secundum statum
dignitatis sue locatus exspectaret escam, ecce glaciei
et nivis immensa moles in momento disparuit, ac estivalis calor emicantibus solis radiis ferventer invaluit,
terra gramineum germen edidit et vernantes flores in
mira venustate protulit. Una quevis arbor frondibus
extemplo viruit et maturos fructus ad vescendum cunctis
exhibuit, vinea florens odorem suavitatis reddidit et
recentes uvas in ubertate magna cito prebuit, garritus
volatilium applaudentibus alis illic intonuit, quarum
grata modulatio cunctis accumbentibus magnam exul-
tationem intulit. Quid longius, algor hyemalis frigidi-
tatis prorsus evanuit, et fervor estivalis caliditatis in
tantum efferbuit, ut quidam discumbentium propter aeris
intemperiem exutis duplicibus indumentis seminudos
se facerent, et plurimi sub frondosis arborum frondibus
hinc inde refrigerium appeterent. Ministeriales vero
detulerunt ubique copiosam epularum plenitudinem,
ita ut abunde satiarent populosam convivarum multi-
tudinem. Et letatus est rex cum simul discumbentibus
in eadem curia tot et tanta cernens inaudita mira-
bilia. Expleto demum convivio turba ministerialium
quasi fantasma disparuit, garritus avium omnino siluit,
germen arboreum confestim evanuit, florida tellus ina-
rescens exaruit, copia nivis iterato rediit, et repen-
tinum gelu truculenter inhorruit, ut omnes, qui prius
exutis vestibus desudaverunt infra convivium, nunc
trepidantes accelerarent ad ignem infra cenaculum.
Vergl. Böhmer, Regesta inde ab 1246—1313. 11, und
Burckhardt, Konrad von Hochstaden; 51 ff. — Im Decamerone des Boccaccio, X. 5, legt ein Zauberer zu Udine

einen Wintergarten an; spätere Alchemisten und Natur=
forscher, wie P. Athanasius Kircher, haben sich vielfach mit
Beschleunigung der Pflanzenentwickelung beschäftigt. Das
plötzliche Wachsen der Trauben erinnert an das bekannte
Zauberstückchen im Faust. — Die von Müller eingeflochtene
Liebe des Königs und die hierdurch gewonnene Motivirung
des Wunders haben unserem Gedichte einen so lyrisch duftigen
Charakter verliehen, daß dagegen alle anderen Bearbeitungen
desselben Stoffes, z B. die von Ebert, nüchtern erscheinen.

26. **Der Bürgermeister von Cöln.** Kretschmer,
Volkslieder. I 163. — Wenn auch das Gedicht kein
Volkslied ist, so liegt doch ein volksthümlicher Stoff zu
Grunde. Ueber gespenstherhafte Erscheinungen dieser Art
heißt es bei Wolf, Beiträge. II. 87: „Ich sehe dieselben
(d. h. die Schutzgeister einzelner Orte) in den sogenannten
Stadtgeistern, Dorfgeistern, Dorfthieren u. s. w. In vielen
alten Städten wiederholt sich die Sage von einem nächtlich
umfahrenden Bürgermeister, der, wie das so geläufig ist,
schlecht regiert, Gelder unterschlagen oder andere Unthaten
getrieben haben soll. Daß das Gespenst ein Bürgermeister
ist, also die höchste Würde der Stadt in seinem Leben
bekleidete, berechtigt uns, ihm auch in der alten Weltan=
schauung einen hohen Rang anzuweisen, denn wie die reineren
Mährchen so respectirt auch die reine Sage den Rang ihrer
Helden. In dem fahrenden Gott aber wird einer der drei
Höchsten stecken: Wuotan, Donar oder Fro, vor Allem der
erste, der hier der wilde Jäger in anderer Gestalt ist. Ein
solcher Bürgermeister fährt u. a. in Cöln, in dessen
altem Tempel einst mehre (also drei?) Götterbilder standen,

in schwarzem Wagen mit schwarzen Rossen umher*). In
Antwerpen erscheint der Schutzgeist als „langer Wapper",
dessen ursprünglich heiliges Wesen das Christenthum in ein
teuflisches wandelte, der einst schützend und wohlthätig, jetzt
nur neckend und boshaft auftritt. In Trier hat der „Stadt=
geist" noch seinen alten gütigen Charakter, er ist überall
mit seiner Hülfe bei der Hand, wo es immer Noth thut
(Hocker, Moselsagen. 144)." — In Bonn erinnere ich
mich öfter von einem umfahrenden Wagen gehört zu haben,
doch hoffe ich nicht, daß ein Bürgermeister drin sitzt, weil
er sonst leicht einer meiner Vorfahren sein könnte. Ueber
Stadtgeister s. auch Simrock, Handbuch. 490.

**27. Ein cölner Meister zu Ende des XIV. Jahr=
hunderts.** Von A. von Chamisso. Nach Ghiberti bei
Hagen. I 137. ff. Vergl. Gaye im Kunstblatt. 1839. Nr.
21 Merlo, Cölnische Künstler. 154 ff. s. v. Gusmin, und
das leipziger Conversationslexikon für bildende Kunst. V.
263. 264. s. v. Goldschmiedekunst. — Ghiberti erzählt:
„In der Stadt Cöln war ein Meister, in der Bildnerkunst
sehr erfahren und von ausgezeichnetem Geiste. Er lebte beim
Herzog von Anjou, der von ihm sehr viele Werke von Gold
arbeiten ließ. Unter Anderm fertigte er ein Bildwerk von
Gold, und mit aller schöpferischen Ungeduld und mit Geschick
führte er die Tafel gar herrlich aus. Vollkommen war
er in seinen Arbeiten und that es den alten Bildhauern
der Griechen gleich. Er bildete die Köpfe wunderbar gut
und jeden nackten Theil, und er fehlte in nichts Anderm,
als daß seine Gestalten ein wenig kurz waren. Den edelsten
Geschmack zeigte er in seinen Werken und große Gelehr=

*) S. auch Wolf, Deutsche Sagen. 315.

samkeit. Einst sah er ein Werk einschmelzen um der öffent=
lichen Bedürfnisse des Herzogs willen, das er mit aller
Liebe gemacht hatte; er sah zu nichte werden seine Mühe
und warf sich auf die Knie, und die Augen und Hände
gen Himmel hebend sprach er also: „O Herr, der du lenkst
den Himmel und die Erde und alle Dinge hinstellst, nicht
so groß sei meine Einfalt, daß ich Anderm folge, als Dir.
Habe Mitleid mit mir!" Von Stund' an suchte er das,
was er hatte, zu vertheilen, aus Liebe zu dem Schöpfer
aller Dinge. Er ging auf einen Berg, wo eine große
Einsiedelei war, nahm sie ein und that Buße, so lang er
lebte. Es war zur Zeit unserer Bildhauer, da er in hohem
Alter endigte. Jünglinge, die sich Kenntnisse in der Bildnerei
zu erwerben suchten, baten ihn um seinen Unterricht und
erzählten, wie geschickt er war, der sich als ein großer
Zeichner und tüchtiger Lehrer zeigte. Sehr demüthig empfing
er sie und gab ihnen gelehrte Anweisungen, indem er sie
mit vielen Maßbestimmungen bekannt machte und ihnen
viele Vorbilder gab. Als der vollkommenste Meister bei
großer Demuth endigte er in dieser Einsiedelei; ja angesehen,
daß er der Vorzüglichste in der Kunst war, war er vom
heiligsten Lebenswandel."—Der Name des Künstlers Gusmin
oder Goswin ergiebt sich aus einem durch Gaye benützten
florentiner Manuscript, welches obige Stelle aus Ghiberti
fast wörtlich entlehnt, aber mit den Worten eingeleitet:
„In Cöln, einer Stadt Deutschlands, lebte ein Meister
sehr erfahren in der Bildnerei und von dem vorzüglichsten
Geiste, der Gusmin hieß und nicht allein in der Bildnerei,
sondern auch in der Malerei sich hervorthat und ein außer=
ordentlicher Zeichner war." Ghibertis Berichterstatter war

ein Cölner, der Baumeister Peter, der 1420 zur Architek=
tenversammlung nach Florenz gekommen war.

28. **Das Heinzelmännchen.** Von August Kopisch.
Am Niederrhein sehr verbreitete Hausgeistsagen. Weyden,
Godesberg. 64, erzählt Aehnliches von der Löwenburg,
Horn, Siegthal 82, vom Grimprichsberg bei Blankenburg;
Kinkel in den Jahrbüchern des Vereins von Alterthums=
freunden im Rheinland. XII. 116, erinnert an das bonner
„Heezemännchen", das ähnliche Hausdienste gethan zu haben
scheint. Eine Zwergensage aus der Gegend von Linz theilt
mir Weidenbach mit: „Bei Linz liegt das Dorf Ohlenberg,
und zwischen beiden Orten ist ein Hohlweg, in dessen
Abhängen sich eine Menge Löcher befinden. Diese heißen
oder hießen wenigstens noch zu meiner Jugendzeit Zwergs=
löcher. Sie waren ehedem von den Zwergen bewohnt, mit
denen die Bewohner Ohlenbergs in freundlichstem Verkehr
standen. Diese liehen von den Zwergen namentlich ihre
Kessel zum Bereiten des Birnensaftes und ließen den
Schmieden zum Dank stets einen Theil des Saftes im
Kessel zurück. Ein undankbarer Bauer legte ihnen einmal
statt des Saftes etwas Unfläthiges hinein und die Zwerge
wurden darüber so erzürnt, daß sie augenblicklich den Ort
verließen und sich über den Rhein nach Remagen begaben,
wo sie seitdem Wohnung nahmen." — Ueber Hausgeister
s. Grimm, Mythologie. 471, und Wolf, Beiträge II.
331 ff. — Vergl. auch Nr. 12. der Mainsagen.

29. **Trauerkunde.** Von O. F. Gruppe. Scheint
sich auf ein Ereigniß neuerer Zeit, worüber ich keine
Auskunft zu geben weiß, zu beziehen und mehr in das
Gebiet der Ahnungen, als der Sage zu gehören.

2**

30. **Jan un Griet.** Von Karl am Rhein (Karl
Cramer). Localtradition. Aehnliches wird in Westfalen vom
General Spork erzählt. — Ueber Johann Werths Fami=
lienverhältnisse und Beziehungen zur Stadt Köln, f. die
Annalen des hist. Vereins für den Niederrhein. II. 2. 266 ff.

31. **Das Schachspiel.** Von Karl Simrock. Nar-
ratio de Ezone et Mathilde bei Böhmer, Fontes. III.
366. 367: Verum quales successus superna disponente
clementia sortiretur ille vir illustrissimus ad condu-
cendum sibi eiusdem feminae tam excellentis venerabile
matrimonium, hinc sumatur exordium, quo nullum
laetius hac dumtaxat in serie audiri poterit eulogium.
Siquidem imperatrix in disponendis Galliae Germa-
niaeque negotiis viri prudentissimi domini Ezonis semper
intenta consilio, cuius numquam ad haec decenter per-
ficienda vacabat auxilio, in Aquisgrani palatio interim
moratur cum filio. Qui inter reliqua admirandae in eo
sagacitatis indicia satis effulsit peritus in construendo
sive dissolvendo flexuoso alearum schemate, ut neminem
crederet fore, qui in hac arte praevaleret adversus se.
Quadam ergo die dominum comitem Palatinum compel-
lat, quatenus secum ad tabulam alearum e regione
sedeat ordinemque disponat pariterque iocosam con-
gressionis stropham promoveat. Ea vero altrinsecus
proposita conditio est, ut cui per tres continuas vices
victoria proveniret, alterius potiretur rebus optimis,
etiam quibus vellet. Pariter igitur consident, ludo
confligunt, dominus Ezo invocato sanctae trinitatis
auxilio ter victor extat. Deinde, tametsi impetrare
desperaret, quod divinitate procul dubio inspirante

diu optaverat, sororem eius sibi ab ipso dari in con-
iugem postulat. Cernens ille, ludum ad seria proces-
sisse, simulque ex consulto eorum qui interfuerant,
tractans eam rem ex dei nutu prevenisse, non esse
regii honoris, si mendax fieret suae sponsionis, ipsum
etiam apud avum, apud patrem, postremo apud semet-
ipsum plurimum potuisse: propositae conditionis fidem
manus in manum confirmat impositione, quatenus iuxta
apostolum castum connubium et thorum immaculatum
cum sua servaret sorore. Palatinus comes collectis
suorum copiis Asnide (Essen) properat; venerabilem
puellam edicto regis ad praesentiam vocat; fratre iuben-
te, matre volente, eam suam fore sponsam enunciat,
Amita (Aebtissin Mathilde) vero eius pertinaciter obsistit;
sed sive eius potestate, sive regia maiestate territa cedit.
Ezzo bringt nun seiner Verlobten in einem rosenumhüllten
Zweig das Gut Brauweiler dar, das sie sofort auf dem
Altar der alten Medarduscapelle opfert. Der glücklichen
Ehe entspringen drei Söhne und sieben Töchter. Unter
einem Maulberbaum (sub umbra arboris sicomori, quam
Teutonici „mulbom" appellant) schlummernd gewahrt
dann Mathilde in einer Erscheinung die Stelle, wo das
Kloster Brauweiler gebaut wird, Böhmer a. a. O. 370.
Henues, Hermann II. Erzbischof von Cöln. 15, bemerkt;
„Im Klostergebäude (zu Brauweiler) waren bis auf die
neuesten Zeiten die Bildnisse der Stifter und ihrer Kinder ...
noch Anderes, was sich dort befindet, wird sagenhaft auf
die Stifter bezogen. Dahin gehört ein Maulbeerbaum im
Garten des Klosters, der nach Gelenius de magn. Col.
389 von Ezo zu Ehren Bischof Ulrichs von Augsburg gepflanzt worden, nach andern Erzählungen das von Ezo vor

dem Hochzeitsfest Mathilden überreichte Bäumchen ist, unter dem diese dann später den Traum gehabt habe, der Ezo bestimmte, in Brauweiler das Kloster zu gründen." Ueber die Otto und seiner Familie gerade nicht genehme Heirath s. auch Ditmar. Merseb. IV. 38.

32. Die Wahl des Bischofs Hildebold. Von Karl Simrock. Cölner Chronik 1499. Fol. 115. Vergl. Rettberg, Kirchengeschichte. I. 540, und Floß im Suppl. des freiburger Kirchenlexikons s. v. Hildebold. — Verwandte Sagen vom Bischof Wulfhelm von Münster bei Wolf, Deutsche Sagen 382, 383, vom Bischof Günther von Regensburg, ebendas. 383. 384. u. A. Vergl. auch die einsiedler Sage in der Anmerkung zu Nr. 68 der Mainsagen. In allen spricht sich die Einfachheit und Naivetät des altchristlichen Priesterthums rührend und anziehend aus.

33. Der Bürgelwald. Von Hermann Müller. Acta Sanct. zum 18. Juli. Vergl. a. a. O. 348. 349 und Fischbach, Heilige Geschichten und Sagen. 10 ff. Ueber Acquisition von Land durch Umreiten: Grimm, Rechtsalterthümer I. 86 ff. S. auch Nr. 1 und 52 der Rheinsagen. In der verwandten Legende vom h. Rigobertus, welchem Pipin so viel Land schenkt, als er würde umgehen können, findet sich noch der beachtenswerthe Zusatz, daß der Platz, den der Heilige auf diese Weise gewonnen, nie von ungünstiger Witterung zu leiden hatte, sondern immer grün und schön blieb, Rambeck, Benedictinerjahr. Ueberf. von Vierholz I. 14. Hocker, Stammsagen der Hohenzollern und Welfen. 20, knüpft auch an die benachbarten Dörfer Elsdorf und Angelsdorf mythische Bezüge: „Elsdorf weist auf Frau

Elſe, während Angelsdorf an jene Angelburg erinnert, die
in dem altdeutſchen Gedichte von Friedrich von Schwaben
in Taubengeſtalt am Brunnen erſcheint und eine Schwanjungfrau war." — Daß ſich in der Legende Arnolds von
Arnoldsweiler (früher Ginnersweiler) auch die Ringſage
findet, iſt bereits zu Nr. 1 erwähnt worden.

34. **Nit von Birgel.** Von Karl Simrock. Nach
einem bei Bonn, Fiſchbach und Rumpel, Sammlung von
Materialien zur Geſchichte Dürens. Lief. I. 143. 144,
mitgetheilten alten Gedichte:

Es kam ein Spaniſch Herr zu Cöln wol auff den Rhein.
Was ſhürt er auff dem Hut? Von Gold ein Krantzelein.
Der König hat gelobet, ein Landsher ſolte ſeyn,
Bracht' er in Hiſpanien ungekränckt das Krantzelein u. ſ. w.

Der Kampf fällt in das Jahr 1459. Nachdem Nit von
Birgel den Spanier aus dem Sattel gehoben, ſollen die
Dürener gerufen haben: „Dem hat Nit den Wurm geſchnitten!" Das Schwert Nits hieß davon das „Wurm-
meſſer", und es kam die Redensart auf, in Düren würde
ſtolzen Fremden mit dieſem Meſſer der Wurm geſchnitten
(Briefliche Mittheilung von Hrn. Friedensrichter Fiſchbach).
Engelbert Nit von Birgel, Ritter und Erbmarſchall von
Jülich, war bis 1471 Richter in Düren. Ein älterer Nit
von Birgel hat 1397 in der Schlacht im Cleverhamm ge-
fochten. — Vergl. die regensburger Sage vom Dollinger,
Schöppner, Bayeriſches Sagenbuch. I. 108 ff., die Erzählung
von dem 1428 zwiſchen Heinrich von Ramſtein und dem
Spanier Juan de Merlo vorgefallenen Zweikampf bei Jo-

hannes von Müller, Schweizergeschichte. Buch III. Cap. 2,
und unsere Nr. 137.—Ueber ritterliche Spiele, die während
des Aufenthalts des böhmischen Herrn Leo von Rozmital
14⁶⁵/₆₆ in Cöln veranstaltet wurden, s. dessen Reisebericht.
Ausg. von Schmeller. 18, 148; über die in Düren gehaltenen
Turniere: Bonn, Fischbach und Rumpel a. a. O. 142.

35. **Der Schwanenring.** Von Karl Simrock.
Grimm, Mythologie. 405. 406: „Eine leidner Perga-
menthandschrift des 13. Jh. enthält folgende Sage von
Karl dem Großen: Aquisgrani dicitur Ays, et dicitur eo,
quod Karolus tenebat ibi quandam mulierem fatatam
sive quandam fatam, que alio nomine nimpha vel dea
vel adriades (l. dryas) appellatur, et ad hanc con-
suetudinem habebat et eam cognoscebat et ita erat,
quod ipso accedente ad eam vivebat ipsa ipso Karolo
recedente moriebatur. Contigit, dum quadam vice ad
ipsam accessisset et cum ea delectaretur, radius solis
intravit os eius, et tunc Karolus vidit granum auri
lingue ejus affixum, quod fecit abscondi, et contingenti
(l. in continenti) mortua est nec postea revixit. Das
Goldkorn, an dem der Zauber hing, soll offenbar den Namen der Stadt deuten; die spätere Ueberlieferung (Petrarcha,
Epist. fam I. 3, Aretin, Sage von Karl d. Gr. 89)
hat dafür einen Ring, den Erzbischof Turpin aus dem
Munde des Leichnams wegnimmt und in einen See bei
Aachen warf; dieser See zog nun den König an, so daß
er die Stadt zu seinem liebsten Aufenthalte wählte. Des
feenhaften Wesens der Jungfrau wird nicht weiter gedacht.
Es war ein auf den Frankenkönig angewandter, allmälig
entstellter Volksglaube von der Verbindung einer wilden

Frau oder Meerminne mit einem christlichen Helden; nicht
viel anders sahen wir vorhin Karls Ahnmutter Berhta zu
einer guten Frau, d. h. Fee gemacht." Vergl. auch Grimm
a. a. O. 399 ff., Quiz, Frankenburg. 7 ff. und Menzel,
Odin 224, wo eine verwandte Sage vom König Waldemar
mitgetheilt wird. Von Karl giebt es eine ähnliche in Zürich,
Grimm, Deutsche Sagen. II. 131. 132. Eine Sage
von Entdeckung der warmen Quellen in Aachen, wonach
Karls Pferd dieselben aufgefunden, erzählt die Chronik des
Philipp Mouskes. Ed. Reiffenberg. Brux. 1836. B.
2410 ff. — Friedrich Schlegel, Friedrich Kind, Wilhelm
Müller haben außer Simrock den Gegenstand in Ro=
manzenform behandelt; Robert Southey's King Char-
lemain in Brönners British Poets of the nineteenth
century 632 sq. ist eine widerwärtige Parodie des schönen
Stoffs, wie sie sich unter den Deutschen kaum Langbein
hätte zu Schulden kommen lassen.

36. **Die Beichte.** Von Karl Simrock. Jacobus
a Voragine. Ed. Graesse. 584, Conrad im Ruolandes
liet. Ausg. von Grimm. 108 ff., Caesarii Heisterb.
dial. II. 10. III. 27, Botho bei Leibnitz. III. 295 u. A.
— Caesarius, II. 10. erzählt, zu seiner Zeit sei in Paris
ein Student gewesen, der eine so große Sünde begangen,
daß er sich gescheut habe, dieselbe zu beichten. Nach langem
Kampf habe er sich endlich entschlossen, dem Prior von
St. Victor sein Sündenbekenntniß abzulegen, habe jedoch
vor lauter Schluchzen kein Wort hervorbringen können.
Da sei der Prior auf den Gedanken gekommen, ihn die
Sünde aufschreiben zu lassen, aber entsetzt über die Größe
der Schuld habe er sich ausgebeten, den Zettel dem Abt

von St. Victor vorlegen zu dürfen. Kaum aber habe ihn
dieser in die Hand genommen, so sei die Schrift völlig
ausgelöscht gewesen, als Erfüllung der Stelle bei Jesaias:
Delevi ut nubem iniquitatem tuam et ut nebulam
peccata tua. In Cap. 27 des dritten Buches kommt
Caesarius noch einmal auf diesen Studenten von Paris zu
sprechen und fügt dann bei: Simile aliquid legitur de
Karolo Imperatore in Vita sancti Aegidii. — Karls
Schreibversuche schildert Einhard, Vita Karoli 25: Temp-
tabat et scribere tabulasque et codicellos ad hoc in
lecto sub cervicalibus circumferre solebat, ut, cum va-
cuum tempus esset, manum litteris effingendis adsues-
ceret; sed parum successit labor praeposterus ac sero
inchoatus. Das Wort „Handzeichen" bringt die Sage
damit in Verbindung, daß Karl, bevor er Schreiben gelernt,
seine Hand in Dinte getunkt und dann mit ausgespreizten
Fingern auf das Papier geschlagen habe.

37. **Eginhard und Emma.** Von O. F. Gruppe.
Chron. Laurish. im Cod. Laurish. Vergl. Jdeler, Egin-
hard. II 210 ff., Grimm, Deutsche Sagen. II. 125 ff.
Quix a. a. O. 9, 11, Abels Uebersetzung des Einhard. 56 ff.
Simon, Geschichte der Grafen von Erbach. 50 u. A. Ueber
den s. g. Sarg des Eginhard im Schlosse zu Erbach: Gräter,
Jdunna. Jahrg. 1816. 114. 115. Verwandte Stoffe (Lai
des deux amans der Marie de France, die Sage von der
Schwester Kaiser Heinrichs III. bei Jdeler a. a. O. I. 31 ff.
II. 188 ff. Wirtembergs Stammsage u. A.) besprechen Gräße,
Lehrbuch der Literärgeschichte II. Abth. 3. 351, und Bech-
stein, Mythe. III. 54. — Seligenstadt (Sâligestad, Sêlige-
stad, Sâlistad) erklärt Hermann Müller, Lex Salica. 154,

als eine „ganze Niederlaſſung vollfreier Franken," d. i.
oppidum saliorum seu saligorum. Der Name Odenwald
wird vom Perſonennamen Odo, von ôdi (oede) oder von ôd
(Glückſeligkeit) abgeleitet. Ueber volksthümliche Erklärungen
von Ortsnamen ſ. Nr. 25 der Mainſagen.

38. Klein Roland. Von Uhland. Uhland ſchrieb
mir am 18. Aug. 1849 über dieſe Romanze: „Klein Ro=
land hat zur Quelle eine Erzählung in nachbezeichnetem
Buche, einer Art von ſpaniſchem Decamerone: Noches de
Inuierno, Winternächte. Aus dem Spaniſchen in die Teutſche
Sprach verſetzet. Durch Matthæum Drummern von Paben=
bach. Nürnberg, Verlegts Joh. Leonhard Buggel. 1713. 12°.
Das Abenteur des jungen Orlando findet ſich dort im
achten Cap. S. 359 ff. Die Form Orlando deutet auf
italiäniſche Abkunft, die ſpaniſche wäre Roldan. Ich habe
die Reali di Francia nicht zur Hand, um darin nach=
zuſehen. Eine ältere, in der Grundlage verwandte, ſonſt
aber bedeutend verſchiedene Darſtellung aus Rolands Kna=
benzeit iſt, nach meiner Abſchrift aus dem Cod. Paris.
reg. 7188, gedruckt in den Zuſätzen folgenden Buchs:
Der Roman von Fierabras. Provenzaliſch. Herausg. von
Immanuel Bekker. Berlin. 1829. S. 156 ff." — Ueber
die Noches de Inuierno und andere auf die Liebe zwiſchen
Milon von Anglante und Bertha bezügliche ſpaniſche und
italiäniſche Romane ſ. Gräße a. a. O. 290. 325. Vergl.
über das Gedicht Uhlands auch V. Schmid, Rolands
Abenteuer. III. 68. wo der Auszug aus den Reali di
Francia lautet: „Als Roland acht Jahr iſt, zieht Karl
nach Rom, um ſich zum Kaiſer des Abendlands krönen
zu laſſen. Bei einer Rückkehr verweilte er in Sutri und

speiste dort öffentlich. Der kleine Roland tritt an die kaiserliche Tafel, nimmt eine volle Schüssel mit Fleisch vor den Augen des Kaisers offen weg und bringt sie der Mutter. Am andern Tag kommt er wieder, auch am dritten; da hustet Karl, den Knaben zu schrecken, aber das Kind faßt ihn beim Bart und fragt: „Was fehlt dir?" und das mit einem Blick, der stolzer war, als der des Kaisers selbst. Dann nimmt er die Schüssel und geht gelassen von dannen. Karl befiehlt ihm zu folgen. Drei Ritter treten in die Grotte, Roland nimmt einen Stock sie weg zu schlagen. Bertha hält ihn zurück. In Lumpen gehüllt und bleich wird sie nicht erkannt. Sie nennt sich. Die drei Ritter fallen ihr zu Füßen und schwören sie beim Kaiser zu vertreten. Karl vergiebt der Schwester um des Knaben willen, nimmt Roland an Kindes Statt an und geht mit ihm und Bertha nach Frankreich."

39. **Roland Schildträger.** Von Uhland. Nach Uhlands erwähnter brieflicher Mittheilung „Erfindung, angeregt durch die Beschäftigung mit der karolingischen Heldensage."

40. **Kaiser Karls Heimkehr.** Von F. W. Rogge. Grimm, Deutsche Sagen. I. 105 ff., nach Cod. pal. 350. Fol. 259. Mantelfahrtsage, worüber Näheres zu Nr. 29 der Mainsagen. Ueber das an die Stelle des Mantels getretene Roß: Simrock, Handbuch. 222.

41. **Meister Tuachs.** Von Wolfgang Müller. Monach. Sangall. I. 29. bei Pertz, Monum. II. 744. Ueber die Kunstbestrebungen St. Gallens (Tuotilo u. A.) Kugler, Kunstgeschichte. 378. 380, Schnaase, Förster u. A.

42. **Die Schule der Stutzer.** Von Karl Simrock. Monach. Sangall. bei Pertz a. a. O. 760.

43. **Der Stuhl in Aachen.** Von Rückert. Karls Beerdigung beschreibt Einhard in der Vita Karoli. 31 bei Pertz a. a. O. II. 459. Pabst Paschal III sprach den großen Kaiser heilig, und im Jahre 1165 wurden von Kaiser Friedrich I. seine Gebeine erhoben, Böhmer, Reg. Karol. 27. „Seine Kleider und Waffen, sein Stuhl und seine Krone wurden die Krönungsinsignien des fränkisch-römischen Reichs," Böhmer a. a. O. Vergl. Bock, Das Rathhaus zu Aachen. 84, und Reiner Leod. ad a. 1215 bei Böhmer, Fontes. II. 384. — Ueber die Eröffnung der Gruft im Jahre 1000 f. Nro. 45, über spätere Nachforschungen nach den Gebeinen Karl des Großen (1843) Jahrbücher des Vereins von Alterthumsfreunden im Rheinlande, XVI. 139. 140. Die Nachsuchungen nach der Gruft vom vergangenen Jahre (1861) in Folge deren Bieter, was bisher für historisch galt, in das Gebiet des Mythischen verwiesen werden soll, wird Kätzeler in Aachen in einer größeren Abhandlung besprechen. Auch des Professors Arendt in Löwen vor der brüsseler Academie vorgelesener Vortrag sur les recherches factes dans la cathédrale d'Aix-la-Chapelle pour retrouver le tombeau de Charlemagne wird zum Druck kommen. Eine dritte Abhandlung über die Grabesfrage hat Professor Bock an das aachener Capitel eingeschickt, deren Veröffentlichung, weil sie, wie von diesem geistvollen und gründlichen Forscher nicht anders zu erwarten, völlig erschöpfend und zum Abschluß bringend sein soll, im höchsten Grade wünschenswerth wäre. Zeichnungen der Reichsinsignien finden sich in Scheibemantels Repertorium.

I. u. a. älteren Werken, die aber jetzt durch das Prachtwerk von Bock überflüssig geworden sind. — Der in unserem Gedichte erwähnte Stuhl ist der s. g. Kaiserstuhl auf dem Hochmünster; er wurde, wie bemerkt, bei den Krönungen verwendet und ist ganz einfach aus parischem Marmor verfertigt. Vergl. auch die Anmerkungen zu Schenkendorfs Gedichten. Aufl. III. 537. — Ueber den im Gedichte Rückerts erwähnten Vorfall aus jüngerer Zeit schreibt mir Dr. Reumont in Aachen: „Traditionell besteht hier nichts über des „Corsen erstes Weib," d. h. ihren „Uebermuth." Vielleicht findet man etwas in den Memoiren ihrer Hofdame, die einen Anhang bilden zu Constants (Napoleons Kammerdiener) Memoiren. Josephine badete hier im Jahre 1804 fast zwei Monate lang (unter Leitung meines Baters, nebenbei bemerkt)." In demselben Briefe schreibt Reumont: „Im verflossenen Frühjahr (1861) wurden Karls Gebeine anatomisch bestimmt und auf Sammt aufgenäht."

44. Der Apfelschnitz. Von Karl Simrock. Pauli, Schimpf und Ernst. 31.

45 Klagelied Kaiser Otto III. Von Platen.

Die im Mai des Jahres 1000 erfolgte Eröffnung der Gruft Karls des Großen berichten Ditmar. Merseb. IV 29, Annal. Hildesh. ad a. 1000. Chron. Novalic. III. 32 u. A. Letzterer Bericht lautet: Post multa itaque annorum curricula tertius Otto imperator veniens in regionem, ubi Caroli caro iure tumulata quiescebat, declinavit utique ad locum sepulture illius cum duobus episcopis et Ottone comite Laumellensi; ipse vero imperator fuit quartus. Narrabat autem idem comes hoc modo dicens: Intravimus ergo ad Karolum. Non enim iacebat, ut mos est aliorum defunctorum corpora, sed in quandam cathedram ceu vivus residebat. Coronam auream erat coronatus, sceptrum cum mantonibus indutis tenens in manibus, a quibus iam ipse ungule perforando processerant. Erat autem supra se tugurium ex calce et marmoribus valde compositum. Quod ubi ad eum venimus, protinus in eum foramen frangendo fecimus. At ubi ad eum ingressi sumus, odorem permaximum sentivimus. Adoravimus ergo eum statim poplitibus flexis ac ienua; statimque Otto imperator albis eum vestimentis induit ungulasque incidit et omnia deficientia reparavit. Nil vero ex artibus suis putrescendo adhuc defecerat, sed de sumitate nasui sui parum minus erat; quam ex auro ilico fecit restitui, abstrahensque ab illius bore dentem unum reaedificato tuguriolo abiit. Vergl. auch Wilmans, Otto III. 114. 115, und Giesebrecht, Kaiserzeit. I. 699. Der Anblick des großen Todten soll auf den jungen, ohnehin schon trüb gestimmten Kaiser einen tief erschütternden Eindruck gemacht haben: Er starb wenige Zeit nachher (1002) und wurde gleichfalls in Aachen beigesetzt. Nach einem Berichte (A. von Reumonts) in der Beil. z. Augsb. Allg. Zeitung 1861 Nr. 274 ließ der französische Präfect Merchin Otto's irdische Ueberreste ihrem Sarkophag entnehmen und sandte sie nach Paris. Es wären nach Annal. Dissibod. ad a. 1002 bei Böhmer, Fontes III. 179, u. A. die Knochen gewesen, indem die intestina zu Augsburg (in dem durch Luidulf erbauten Oratorium des h. Othekrich im St. Afrakloster, Wilmans a. a. O. 131) beigesetzt worden. — Ueber die weiteren Anspielungen des Gedichts (Crescentius,

Johannes von Placentia) f. Wilmans a. a. D. 95 ff. und Giesebrecht a. a. D. 667 ff.

46. **Der Kirchenbau in Aachen.** Von Langbein. Grimm, Deutsche Sagen. I. 269, nach mündlicher Mittheilung. Ueber die vielfach verbreiteten Sagen von Kirchen bauenden Teufeln: Grimm, Mythologie. 973, Simrock, Handbuch. 60 ff., und Wolf, Zeitschrift. I. 69. 70. Der allen diesen Sagen zu Grunde liegende Mythus findet sich in einer Erzählung der jüngeren Edda. 42 bei Simrock 268 ff. Ein Baumeister (smidhr) macht sich anheischig, den Göttern binnen drei Jahren eine feste Burg zu errichten, bedingt sich aber zum Lohn Freyja, die Sonne und den Mond. Die Asen gewähren ihm dies, wenn er die Burg in einem Winter fertig brächte und zwar so, daß am ersten Sommertage der ganze Bau vollendet da stünde. Um diesen Lohn wird der Baumeister durch den schlauen Loki betrogen, indem sich dieser am Tage vor der bedungenen Frist in eine Stute verwandelt und so das Roß Swadilfari, welches die Steine zum Bau herbeischleppt, verlockt und vom Weiterarbeiten abhält. Thor, der Riesenbändiger erscheint dann und erschlägt mit seinem Miölnir den zu den Bergriesen gehörigen Werkmeister. Simrock deutet den letzteren auf den Winter, Swadilfari auf den Nordwind, den Bau auf die winterliche Schnee- und Eisdecke, Freyja auf die warme Jahreszeit, die Stute auf den Südwind und Thor auf das erste, den Winter brechende Gewitter, Handbuch. 62. 63. Unter den nordischen Sagen commentiren diesen Mythus die vom h. Olaf und dem Riesen Vind och Veder (Wind und Wetter) oder Bläster (Bläser) Grimm a. a. D. 515 ff. 976 ff., und die vom h. Laurentius und dem Riesen

Finn. Die letztere folge nach der Bearbeitung des dänischen Dichters P. Möller, übersetzt von G. von Leinburg in dessen Gerda. XV ff..:

Auf der Fahrt nicht rastet der Bauer froh in der
Nächte stürzenden Güßen;
Ist der Schuh ihm kalt und der Rock ihm naß, so muß
ihn das Lachen verdrießen.
Das war St. Lorenz aus Sachsenland, er strebt einen
Dom zu erbauen,
Drum ist er auf Wegen und Stegen wohl mit dem Bettelsack
zu erschauen;
Drum kam er auf Wegen und Stegen wohl mit dem
Bettelsack gegangen,
Wie Altarkerzen die Augen hell, so rosenroth die Wangen.
Das war der heilige Gottesmann, thät Gold zusam=
mentragen;
Zerrissen die Sohlen, den Fuß blutschwer, so muß er sich
mühen und plagen.
Viel trug er zusammen des Silbers und Golds auf
Schlösser und Höfen mit Flehen,
Doch trug er nie einen neuen Rock, man sah ihn im alten
gehen.
Nur klares Wasser, das netzt' ihn kühl, doch nimmer
des Weines Gluthen,
Da im Tod der Erlöser Essig trank, wie mag er am bessern
sich muthen?
Und anderes Brod, als schlechtes Brod, war nie die
Kost seines Mundes;
An den Thüren des Reichen da fährt ihm in's Bein der
Wächterzahn des Hundes.

Doch war, als er kam nach Lund, der Stadt, sein
Bettelsack versehen,
Da ist er so müd, da ruht er aus, kann weiterhin nicht
gehen.

Er nahm in Arbeit viel Meister gut, die sollen an's
Bauen sich wagen;
Des Tempels Mauern, so roth und dick, sie sollen mit
Thürmen ragen.

Es steigt in die Lüfte der Bergesaar, hoch mag er
sich heben und steigen:
So hoch, so hieß es der Mann des Herrn, muß der Dom
mit den Thürmen reichen.

Es kriechet im Boden die Ackersmaus, tief mag man
sie wühlen sehen:
So tief, so hieß es der Mann des Herrn, auch müssen die
Mauern stehen.

Da mauern die Meister den langen Tag, und es glüht
von den Mühen der Rücken,
Doch was sie erhöhen am heißen Tag, in der Nacht ist's
wieder in Stücken.

Am Morgen waren so Kalk, als Stein weit auf dem
Anger zu sehen,
Das war von allen den Unholden klein und dem Volk der
Riesen geschehen.

St. Lorenz, er wachet um Mitternacht, in Himmels-
gedanken verloren,
Da redet auf einmal ein Ungethüm, ein schwarz, in des
Mönches Ohren:

„Hör, heiliger Diener des Herrn, dir soll wohl unten
der Dom sich erheben,

So du mir einen ehrlichen Lohn verheiſſeſt auf Sterben
und Leben.“

„Und du mußt mir verheißen das Sonnenrad, den
Mond und des Angeſichts Lichtlein

Oder mußt errathen mir, wer ich bin, meinen Namen,
gelehrtes Wichtlein.“ —

Es war der heilige Diener des Herrn, er hieß an
die Arbeit ihn gehen,

Und es ließ da alsbald das Ungethüm den Dom über Nacht
erſtehen.

Am Morgen betet St. Lorenz froh in dem Dom
des Erlöſers Gedächtniß,

Er trinket aus hehrem Kelch und ißt von des Oſtermahles
Vermächtniß.

Um's Spätroth jedoch, als blau die Nacht im Schmuck
der Sterne zu ſchauen.

Da ging der Herr, ſo ſchwer den Muth, hin über die blühenden
Auen.

„Wie mag ich errathen des Rieſen Namen, wie ihn
kundthuen und wiſſen?

Weh mir, die vielſüßen Augenſtern', heut muß ich ſie ſicherlich
miſſen!“

„O weh um mein altes Augenlicht, das ich nimmer
kann bewahren!

Um Mondenſichel und Sonnenrad, die ſchönen und gold=
klaren!“

Auf den Boden niederbog ſich der Herr und flocht
des Gebetes Roſen,

Da kam aus den Tiefen der Felſennacht ein Rufen und
Tönen und Toſen.

Das war des Riesen häßliches Kind mit so röthlichen
Augenringen,
Und die Riesin gehet wohl auf und ab, in Schlafesruh' es zu
singen.
„Sei still, sei still nun, mein schönes Kind, und thu
mir nimmer weinen,
Finn nahet nunmehr mit dem Sonnenrad und dem Mond
und des Christen Scheinen."
Das klang dem Mann des Herrn so süß, wie ein
Liebeswort der Holden,
Denn erhalten war das Licht ihm, der Mond und das
Sonnenrad so golden.
Drum als des Ungethüms Schreckensbild nun kam
mit Riesenschritten,
Da sprach er: Gott grüß dich, Finn, hier im eigenen
Haus inmitten!
Und es war des rauhen Riesen Trotz, er schrie in
des Berges Tiefen,
Und es war das Kind, und es war das Weib, die entsetzlich
von Innen riefen.
Es lag dem Riesen ein heimlicher Weg tief unten
unter der Erden,
Den geht er so rasch mit Weib und Kind, des Lebens und
Todes Gefährten.
Und als sie nun kamen unter den Dom, rasch mag
man ihn auftauchen sehen,
Man sah ihn mit Weib und sah ihn mit Kind auf dem
Estrich des Domes stehen.
Da faßt er den Schaft des Domes mit Macht, Wuth=
geifer in seinen Zähnen,

Den Tempel zu brechen, das lag ihm im Sinn, mit des
Armes Titanensehnen.

Da war er ein Bild auf einmal zu schau'n, den Arm
unfähig zu heben,

So ist in der Gruft er noch heut zu seh'n, ein Stein
sonder Fühlen und Leben.

Die Riesin jedoch, die ließ in Haft die Lockenpracht sich
entbinden,

Und einen mächtigen Schaft im Dom mit dem seidenen
Band umwinden.

Da war sie ein steinfest Bild zur Stund', und Stein
war das Kind daneben,

So steht sie noch immer mit ihrem Band, wenn im Dom
sich die Lieder erheben.

An das bekannte Volksmährchen vom Rumpenstilzchen
braucht hier wohl kaum erinnert zu werden. Ueber Verwand=
lungen in Steingebilde vergl. Nr. 88 der Rheinsagen. —
Verwandte Sagen (Sachsenhäusserbrücke u. a.) finden sich
bei Grimm, Deutsche Sagen I. 265 ff. — Ueber den
Wolf am Münster heißt es bei Simrock, Rheinland. 371:
„Die Wolfsthüre zeichnet sich nur dadurch aus, daß neben
ihr auf Säulen von Quadersteinen rechts eine aus Messing
gegossene Wölfin oder Bärin? mit aufgesperrtem Rachen,
links ein Pinienapfel aus gleichem Stoffe steht. Beide
haben früher zu einem Springbrunnen gedient. Aus der
Oeffnung in der Brust der Wölfin floß das Wasser und
wenn diese gesperrt wurde, drang es unter den Blättern
des Pinienapfels hervor." — Ueber die symbolische Bedeu=
tung des letztern s. H. Müller, Die heiligen Maße des
Alterthums. 78.

47. **Der Schmied von Aachen.** Von O. F.
Gruppe. Meyer, Aachen'sche Geschichte. 298. Der Kampf,
in welchem Graf Wilhelm VII. von Jülich mit zwei
Söhnen und 350 Rittern und Knechten erschlagen wurde,
ereignete sich am 16. März 1278, Böhmer, Regesta inde
ab 1246 — 1313. 361. Ann. Mogunt. ad a. 1278
bei Böhmer, Fontes. II. 251, u. A. Daher die Verse:

Enses Granenses sensere Juliacences
Gentes elate Gertrudis nocte beate
M cum trecentis quater sex hinc modo demtis.

Vergl. Nr. 105. 202 der Rhein= und Nr. 30 der
Mainsagen.

48. **Der Graf von Habsburg.** Von Schiller.
Der Dichter nahm den Stoff zu diesem, im Jahre 1803
entstandenen Gedichte seiner eigenen Angabe nach, aus
Tschudi, welcher den Vorfall in das Jahr 1266 versetzt;
die älteren Quellen, wie Johannes von Winterthur u. A.
sind mit Angabe der Abweichungen in Bezug auf den
Vorfall selbst, wie dessen Zeitbestimmung (1251 Schodoler,
1265 Guillimann, 1270 Trithemius) zusammengestellt, bei
Kurz und Weißenbach, Beiträge zur Geschichte des Cantons
Aargau. I. 78 ff. Der Geistliche soll Pfarrherr in Meg=
gen gewesen sein, G. Schwab, Die Schweiz in ihren
Ritterburgen. I. 428. Note 91. — Rudolfs Krönungstag
war nach Böhmer a. a. O. 58 der 24. Oct. 1273.
Vielfache Sagen knüpften sich an den denkwürdigen Tag:
Das Scepter fehlte bei der Belehnung, Rudolf bediente sich
statt dessen eines Kreuzes: Ecce signum, in quo nos et
totus mundus est redemptus, et hoc signo utamur loco

sceptri! Eberh. Altah. ad a. 1273. Während der Krö=
nung und Weihe schwebte über dem Münster, wie der Dich=
ter Friedrich von Sonnenburg durch einen Augenzeugen
vernahm, ein hohes, herrliches Kreuz als Zeichen, daß Gott
selbst durch der Fürsten Mund den Grafen zu seinem Vogt
erwählt habe:

Sie vragent, wie der künic von Rôme Rodolf mir
behage:
er behaget mir, als er sol, sît daz er Gote behaget
an dem tage,
dô er in ze vogete, als ich iu sage,
gab aller kristenheit.
Unde alsô er Gote behagete, alsô der Brûneckêr
uns jach,
daz er und manic tûsent man ansihticlîche wol ansach,
zAche über dem münster daz geschach:
hô, lanc, wit unde breit
Ein schoene kriuze swebete ob im, derwîle daz er saz
gekroenet und die wîhe enpfienc; hie bî sô weiz ich daz
daz in Got durch der vürsten munt zuo zeinem vogete
hât erwelt:
nu sî er dir, almehtic Got, in dînen vride gezelt!

Schiller hat sich bekanntlich entschuldigt, daß er den
Böhmen das Erzschenkenamt des Reichs verwalten läßt,
indem sich König Ottokar gar nicht an der Krönungsfeier
betheiligt hat. Ueber die Wichtigkeit dieser Wahl in Bezug
auf das Hervortreten von sieben, vorzugsweise dazu berech=
tigten Fürsten s. Böhmer a. a. O. und von Schreckenstein,
Geschichte der Reichsritterschaft. I. 300. — Rudolfs sechs
„liebliche“ Töchter waren: Mathilde, Gemahlin des Pfalz=

grafen Ludwigs des Strengen, Agnes, des Herzogs Albrecht
von Sachsen, Hedwig, des Markgrafen Otto von Bran=
denburg, Katharina, des Herzogs Otto von Nieder=Bayern,
Guta, des Königs Wenzel von Böhmen, und Clementia,
des Karl Martell, Prinzen von Anjou und dann Königs
von Ungarn. Noch in Aachen fand die Vermählung der
beiden Aeltesten statt, Böhmer a. a. O. — Ueber das
„tunigliche Hus", wo die Krönungsmahlzeit stattgefunden,
f. Bock, Das Rathhaus zu Aachen. 99.

49. **Die goldenen Eier.** Von Karl Simrock.
Zinkgref. Ausg. von Guttenstein, 87, Meyer, Aachen'sche
Geschichte. 415.

50. **St. Jörg am Himmelsthor.** Von Karl
Simrock. Nach einem von Marie Wolf, geb. von
Plönnies, in ihren belgischen Sagen mitgetheilten Volksscherz.
Ich habe den gleichen Stoff aus gleicher Quelle bearbeitet,
f. Gottfried Kinkel, Vom Rhein. 398. und meine (1851)
bei Arnz in Düsseldorf erschienenen Gedichte. 195 ff.
Ebendaselbst, 198 ff., findet sich ein verwandter, auf die
Spanier bezüglicher Scherz, welcher von einem sehr beliebten
neapolitanischen Volksprediger des 17. Jahrhunderts, dem P.
Rocca herrührt und in Rehfues' Gemälde von Neapel
erzählt wird.

51. **Die Schlacht bei Bülpich.** Von Karl Sim=
rock. Gregor. Turon. II. 30. Ob Zülpich der richtige
Ort, ist bekanntlich zweifelhaft. Vergl. Düntzer und von
Sybel in den Jahrbüchern des Vereins von Alterthums=
freunden im Rheinland. III. 31 ff., Stälin, Wirtembergische

Geschichte. I. 148, Rettberg, Kirchengeschichte. I. 265. II.
9 ff., und Giesebrechts Ueberseßung des Gregor von Tours.
89. Note 5. Ueber Chlodwigs Charakter und Regenten=
begabung: Hermann Müller, Lex Salica. 193 ff., und
Giesebrecht, Kaiserzeit. I. 72 ff.

52. **St. Lufthildis.** Von Karl Simrock. Local=
legende. Vergl. Acta Sanct. zum 22. Jan. Bei Caesarius
von Heisterbach, Dial. VIII. 82, heilt Luthilde (al.
Linthilde*) eine Nonne im Kloster Hoven, wo die Heilige
besonders verehrt wurde, von einer Augenkrankheit. Simrock,
Handbuch. 418, bemerkt: „Einzelne solcher Kunkel= oder
Spielsteine, die auch die französische Sage auf halbgöttliche
Wesen bezieht (quenouille à la bonne dame, à la bonne
fée), scheinen auch zu Grenzsteinen gedient zu haben:
mehrfach findet sich der Name Holla bei solchen, wie
bei Grenzbäumen (Hoder Alterth. der Rheinl. XX. 128).**)
Wie Frea nach Kemble (Sachsen in Engl. 297) eine
Schutzgöttin der Felder und Grenzen war, so mag Holda
in Deutschland dafür gegolten haben. So ließ Lufthildis
(Rheinl. 144) eine Spindel, die noch heute in Lüftelberg
gezeigt wird, hinter sich herschleifen, und die Furchen, die
sie zog, wurden zu Grenzgräben." — J. W. Wolf schrieb
mir am 15. Febr. 1852: Ueber die Legende der h. Lufthildis
möchte ich gerne Näheres wissen. Was in den Bollandisten,

---

*) Leuchteldis nennt sie eine Glockeninschrift; Leuchtel bin
ich genant, der Nam uf der alten Klocken ist mir wol bekannt,
Sancta Leuchteldis virgo ora pro nobis. Ao. Di. 1538. Ueber
die Herrschaft Lüftelberg s. von Mering, Burgen rc. IV. 130. ff.
Der Name Leuchthilde würde auf Berhta führen.

**) Vergl. den Frauen Hollen Baum in Nr. 63 der Mainsagen.

Surins, Ribadeneira u. A. steht, liegt mir vor, aber ein
Wallfahrtsbüchlein von Lüftelberg, wo sie ruht, und man
noch ihre Spindel zeigt, könnte inhaltschwer sein." Giebt
es ein solches? — In meinen Gedichten. 124 ff. findet
sich eine andere Bearbeitung der Legende nach Mittheilungen
aus Meckenheim, die, weil sie in Einigem von Simrock
abweicht, hier folgen möge:

Münchhausen hieß die Feste,
    Drin Karl, der Kaiser, lag,
Von grimmen Fieberqualen
    Zerrissen Tag für Tag;
Auf einer Jagd im Osning,*)
    Bei voller Mittagsgluth,
Hat er zu rasch getrunken
    In unbedachtem Muth.
Von Aachen eilte schleunigst
    Der Aerzte Schwarm herbei;
Sie schüttelten die Köpfe
    Und brauten Arzenei,
Sie brauten Arzeneien
    Und schüttelten den Kopf
Und wühlten doch vergebens
    In Tiegel und in Topf.
Da sprach ein alter Schöffe:
    „Er stirbt, wenn ihr nicht bald
Ein kräft'ger Mittel findet!
    Nicht weit von hier im Wald
Wohnt eine junge Aerztin.
    Das Volk glaubt fest daran,

*) Ueber den ripuarischen Osning (Ansninc, Ensninc)
Grimm, Mythologie. 106.

Daß sie mit ihrer Spindel
  Den Tod verscheuchen kann.
Kein Bauer ist im Lande,
  Der krank an Herz und Haupt
Nicht dort Genesung suchte.
  Herr, wenn Ihr an sie glaubt,
Seid Ihr schon halb gesundet
  Und ohne Arzenei!" —
Der Sieche glaubt an Alles —
  Das Mädchen kam herbei,
Und wie die Zauberspindel
  Den Kranken nur berührt,
Hat er in jedem Gliede
  Die alte Kraft verspürt;
Als kehrte Jugendglühen
  Der narbenvollen Brust,
So blüht er auf, so flammet
  Sein Heldenaug' in Lust,
Da spricht er zu der Aerztin:
  „Du holdes Frauenbild,
Das mir Genesung brachte,
  Wie nennst du dich?"—„„Luisthild.""—
„So bitt' dir eine Gnade,
  Luisthilde, von mir aus." — ·
Sie sprach: „„Ich baute gerne
  Dem Herrn ein Gotteshaus;
Als Himmelsblume sollt' es
  In diesen Gau'n erblüh'n,
Doch mein ist keine Halde,
  Kein Stückchen Wiesengrün —""
                              3**

„So komm, nimm deine Spindel
  Und was an grünem Feld,
So lange sich im Hofe
  Der Schlummer mir gesellt,
Du wirst umstochen haben,
  Das soll dein Eigen sein."—
Das Mädchen gieng zur Halde,
  Der Kaiser schlummert ein,
Und als in Heldenträumen
  Der Frischgenes'ne lag,
Die Jungfrau sich am Berghang
  Den schönsten Fleck umstach.
Ein auserwähltes Plätzchen!
  Ringsum die vollste Schau
Auf saatenreiches Kornland
  Im gold'nen Ahrgau.*)
Zwei junge Städtchen leuchten
  Im lachenden Gefild,
Um das sich Waldnacht bergend
  Hinzieht als grüner Schild,
Der Tomberg gegenüber,
  Der schon die Warte trug,
Zuletzt lichtblau und duftig
  Der Ahrgebirge Zug.
Hier baut Luftbild ein Kloster,
  Das Lüftelberg man hieß,

---

*) Bestehend aus den drei Untergauen (pagi minores), Bonngau, Schwiftgau (pagus Tustensis oder Tuistensis mit der villa Meckedenheini) und Ahrgau im engeren Sinne. Vergl. Lacomblet Archiv für die Geschichte des Niederrheins. II. 1. 1854, und die Annalen des hist. Vereins für den Niederrhein. IX. X. 287.

Drin man die gute Spindel
　　Noch lang bewahrt' und pries.
Sie geht wohl bald verloren,
　　Wie jenes Kloster schwand —
So knüpfe denn die Sage
　·Das letzte, flücht'ge Band!

Ueber Spindelnführende Göttinnen (Artemis, Juno, Ilithyia, Parze, Norne, Freyja, Holda, Gertrud u. f. w.) f. Hocker, Stammsagen der Hohenzollern und Welfen. 13.

53 a. **Die Siebenschläfer.** Als Probe bönnischer Mundart. Von Karl Simrock. Bonner Volksscherz.

53 b. **Der Teufel und der Wind.** Von Karl Simrock. Nach Bonn versetzt. Im dortigen Gymnasium, dem ehemaligen Jesuitencollegium, kannten wir nur den „Jesuiter ohne Kopf." Vergl. die straßburger Sage vom Wind hinter dem Münster bei Stöber, Oberrheinisches Sagenbuch. 534. — Bei Simrock, Handbuch. 490 — 491, heißt es: „Es giebt auch Stadtgeister, Dorfgespenster; sie erscheinen gern als k o p f l o f e *) Capuziner und J e s u i t e n, als dreibeinige Pferde und Hasen u. f. w. Ueberhaupt lieben auch die Gespenster Thiergestalten an= zunehmen; die des Bocks, weil er Thors Thier ist, wie der Teufel selbst gern als Bock erscheint; als Katze, weil sie Freyjas Thier ist, weswegen sich auch Hexen in Katzen wandeln; als grunzendes Schwein, weil der Eber Freys Thier ist; als Krähe und Raben, vielleicht weil der Rabe

---

*) Unter Kopflosigkeit darf in vielen Fällen wohl nur ein Verdecken des Kopfes oder Gesichtes durch einen weiten Hut oder eine sonstige bergende Kopfbedeckung zu verstehen sein.

Odins Thier ist, und alle diese Götter im Volksglauben zuletzt zu Teufeln herabsanken." Ein Stadtgeist dieser Art ist das Bönner „Malzthier." S. auch Nr. 26 der Rhein= und 81 der Mainsagen.

54. **Bonn als Bern.** Von Karl Simrock. Nach der Wilkinasage und dem deutschen Gedicht von Eggen Ausfahrt, dessen Anfang den Helden aus Cöln, der Hauptstadt des Landes Gripiar (Grippigenland, Agrippinan) ausziehen läßt, nachdem ihn Frau Seburg, die zu Jochgrim Krone trug, bewaffnet hatte. Die Localität des weiteren Ereignisses ergibt sich aus Wilkinasage, welcher Ortsbenennungen im Siebengebirge (Faseltskaule, Dederichsloch u. a. bei Simrock, Rheinland. 323 ff.) bestätigend zur Seite treten, das in Bonn spielende Zwischenereigniß aus der vielbesprochenen Doppelbenennung dieser Stadt als Bonn und Verona (Bern), worüber die Jahrbücher des Vereins von Alter= thumsfreunden im Rheinlande und Lacomblets niederrhei= nisches Archiv zu vergl. Simrock hat seine Ansicht darüber, Rheinland. 332 ff., niedergelegt: „Die von Andern aus= gesprochene Vermuthung, daß Bonns mythischer Name Verona (Bern) zuerst nur einem Theile der heutigen Stadt zugekommen sei, der einst selbstständig neben der römischen Bonna bestehend hernach mit ihr zusammenwuchs, könnte die Bonngasse*) bestätigen, denn durch diese gelangte man wohl aus dem alten Bern nach dem unterhalb der heutigen Stadt am Wichelshof gelegenen Bonn. Die Verlängerung

*) Braun hat jedoch in den oben erwähnten Jahrbüchern. XVIII. 219 ff. auf eine Urkunde von 1337 bei Höfer, Auswahl der ältesten Urkunden deutscher Sprache 314. 315 verwiesen, worin der Name Bunegassin (Bovegasse) lautet.

derselben, die Cölnstraße wurde erst hinzugebaut, als die
aus Köln vertriebenen Erzbischöfe ihre Residenz nach Bonn
verlegten. Nach einer neueren nicht haltlos scheinenden Ver=
muthung war unser erstes Stadtviertel, das sich um die
Münsterkirche legt, dieses Verona. Käme der Name bloß in
dem alten Stadtsiegel, in Erzbischof Engelberts Grabschrift, in
G. Hagens Reimchronik von Cöln vor, so könnte man ihn
für einen willkürlichen poetischen Beinamen halten, allein er
findet sich auch in Urkunden, namentlich im Jahr 1145 in
einer Schenkung des Roingus, Veronensis concivis, an das
St. Cassiusstift daselbst. Wer ist nun jener Bonner Theo=
dorich (Dietrich von Bern) gewesen, dessen Thaten das in
unserer Gegend spielende Heldenlied von „Ecken Ausfahrt"
feiert? Schwerlich jener rex gentilis Dedo, welcher dem h.
Matern den Platz zu dem Stift Dietkirchen geschenkt haben
soll, denn dessen Name scheint erst nach jenem des Stiftes
erfunden. Wahrscheinlich war es Chlodewigs Sohn Theodo=
rich, dem in der Theilung diese Länder zufielen, den das
angelsächsische Lied vom Wanderer als den sagenberühmten
König der Franken nennt, und dessen Zug gegen Irmenfried,
den König der Thüringer, auch deutsche Heldenlieder be=
sangen, deren Inhalt uns durch Wittekind erhalten ist.
Dieser fränkische Theodorich wird auch sonst mit dem
ostgothischen verwechselt, indem die Sage Irmenfried's
Gemahlin, die des ostgothischen Dietrichs Verwandte war,
zu des fränkischen Schwester macht. Auch finden wir in
den Nibelungen Irmfried und Iring, die, wie wir aus
Wittekind wissen, zum Sagenkreise des fränkischen Dietrich
gehören, in den des ostgothischen gezogen. Als der Ruhm
des merovingischen verblich, und der Kampf mit den drei
Brüdern Ecke, Fasold und Ebenroth in den Sagenkreis des

Amelungen übergieng, den jetzt das Heldenlied noch allein kannte, empfing Bonn den Namen Verona, weil der fränkische Theodorich, dem diese Länder ursprünglich gehört hatten und den man jetzt mit dem gothischen verwechselte, in Bonn oder doch in seiner Nähe gewohnt und gestritten hatte. Es darf nicht unbeachtet bleiben, daß Bonn gleich dem Dietrich von Bern der Heldensage den Löwen im Wappen führt und zwar, wie noch der rheinische Antiquarius weiß, und das Wappen am Sternthor bestätigt, den rothen gekrönten Löwen im weißen Felde. Die blaue Farbe ist erst später durch die bairischen Kurfürsten in unser Wappen gedrungen. Das steinerne Wölfchen, das nicht bloß auf dem Münsterplatze stand, (ein anderes sah man bei dem Stift Dietkirchen,*) das gleichfalls seinen Hunnen auf die Dingtage schickte), war genauer betrachtet, ein Löwe, der ein Pardelweibchen überwältigte. Dies seltsame Symbol könnte auf die Vereinigung der beiden Städte Bonn und Verona gedeutet werden, wenn es nicht, vermuthlich aus dem Alterthum stammend, auch sonst vorkäme. Wenn aber bloß die nächste Umgebung des St. Cassiusstiftes sich Bonns poetischen Namen Verona angeeignet hatte, so ist der Gedanke an zwei Städte wohl überhaupt aufzugeben." Vergl. auch Karl Müllenhoff in Haupts Zeitschrift VI. 485 ff.— Ueber Helferich (Chilpericus, Hialprekr.) von Bonn (Låne): Grimm, Heldensage. 222 und Müllenhoff a. a. O. 438 ff.; über Eck, Fasolt und Ebenroth (Abendroth) als Ele-

____

*) Ueber die ältere Geschichte dieses Stiftes f. meinen Caesarius S. 108. 109. und die hamburger Zeitschrift für Archivkunde. I. 494 ff. Den dietkircher Hof bespricht Lacomblet in seiner Abhandlung über die Hofverfassung der Stadt Bonn im Archiv für Geschichte des Niederrheins. II. 2. 1857.

mentargötter (Waſſer, Luft, Feuer, Hönir, Odin, Loki, Po=
ſeidon, Zeus, Hephaiſtos u. ſ. w.) Simrock, Handbuch. 109;
über das Wappen der Stadt Bonn: Lerſch, in den erwähn=
ten Jahrbüchern III. 17 ff.; über dasjenige des gothiſchen
Dietrich von Bern: Grimm a. a. O. 142.143. Str. 4.
S. 153 erinnert an die fulgentia moenia Bonnae in
Hodoeporicon des Nikolaus Roding (ſ. Nro. 75). Schade,
daß Lerſch dieſe Stelle nicht kannte, als er ſo ritterlich
kämpfend für die Reſte der alten bonner Stadtmauer eintrat,
von deren fulgor ſich freilich nicht viel mehr wahrnehmen ließ.

55. **Adelheid von Geldern.** Von Karl Simrock.
Acta Sanct. zum 5. Febr., Gelenius, De admiranda etc.
668. Die Verfaſſerin der Vita iſt eine Nonne Bertha,
quae eam, wie es in einer anderen Vita jener Zeit heißt,
eleganti satis admodum stylo conscripsit. Vergl. Contzen,
Geſchichtſchreiber der ſächſiſchen Kaiſerzeit. 168. 169. Die
h. Adelheid ſtarb um 1015. Eine Quelle, welche ſie zur
Zeit einer Dürre, aus der Erde ſchlug, das ſ. g. Adelheids=
pützchen, gilt noch für heilſam bei Augenübeln, Simrock,
Rheinland. 336. Ueber die Begründung des Damenſtifts
zu Bilich (Uilike, Filiche) ſ. die Urkunden Otto's III. von
987 und Gregors V. von 996 bei Lacomblet I. Nr.
122. 126.

56. **Der alte Abt.** Von C. Reinhold. Scheint
dichteriſche Phantaſie zu ſein; im Volksmunde iſt mir
dieſe Sage eben ſo wenig vorgekommen, wie der etwas
derb humoriſtiſche „Abt Bausback“ bei E. M. Arndt,
Wanderungen in und um Godesberg, 374 ff., obwohl
letzterer volksthümlich klingt und ſich nach des Dichters

nicht zu bezweifelnder Angabe auf eine Dachfratze der ehe-
maligen Kirche von Heisterbach bezieht — eine Weise der
Sagenbildung und Fortpflanzung, welche Kinkel in den Jahr-
büchern des Vereins von Alterthumsfreunden im Rheinlande.
XII. 94 ff. ausführlich besprochen hat. Ueber die Abtei
Heisterbach s. meinen Caesarius. 1 ff.

57. **Der Mönch zu Heisterbach.** Von Wolfgang
Müller. Der Dichter beruft sich in seiner Lorelei auf
„mündliche Ueberlieferung". Vergl. Montanus, Vorzeit.
II. 257. Franz von Gaudy verlegt dieselbe Legende in
ein schwedisches Kloster; Kohl, Böhmen. 28, erzählt sie
von der Abtei Ossegg bei Töplitz u. s. w. Vergl. die mittel-
hochdeutsche Dichtung von Mönch Felix bei Goedeke, Deutsche
Dichtung des Mittelalters. 136, Gräter, Idunna. Jahrg.
1816. 129. 130, Wolf, Zeitschrift. I. 68, und Grässe,
Sage vom ewigen Juden. 49, wo noch verschiedene Varianten gesammelt sind.

58. **Die Jungfrau am Drachenfels.** Von A.
Kopisch. Daß der Drachenfels uraltes mythisches Gebiet
gewesen, scheint die Wilkinasage zu bezeugen, vergl. Nr. 54
der Rheinsagen und meinen Caesarius. 1. 2; ferner läßt
man ihn Ansprüche darauf erheben, der Aufenthalt jenes
Drachen gewesen zu sein, welchen der gehörnte Siegfried
tödtete, Weyden, Godesberg. 75 ff., Görres, Hürnen
Siegfried. Abbild. zu S. 58, Simrock, Rheinland. 322,
Hocker, Rhein. 180, u. A., wobei freilich der Drachenfels
in der Pfalz, Schöppner, Bayerisches Sagenbuch. I. 327.
als gefährlicher Concurrent auftritt. Daß sich an den
niederrheinischen Drachenfels eine Drachensage geknüpft,

dürfte durch Quad von Kinkelbach, Teutscher Nation
Herrlichkeit. 293, außer Zweifel gestellt sein: „Der nahm
Drakenvels ist ihm daher entstanden: Es hat vor alten
zeiten ein Drach oben auff diesem Berg seine Wohnung
gehabt, welcher beid Menschen vnd Vieh gantz sehr schedtlich
was, denselben ertödet ein stolzer Ritter burtig auß Grie-
chenland, oder ja von einem Griechischen Batter her geboren.
Deßhalben ihm seine menliche vnd küne that wider vergolten
ward, vnd man gab ihm denselben Berg, mit eim gut theil
daran gelegener Landschafft, vnd verheyrathet ihn an die
Dochter des Veltöbersten der Quaden, die sich zu Oberwinter
niedergeschlagen hatten." Letzterer Zusatz scheint bestimmt,
die Familie des Berichterstatters zu glorificiren. Bogt,
Rheinische Geschichten und Sagen. III. 261 ff. vermengt
die (legendarisch umgebildete) drachenfelser mit der (erfun-
denen) rolandsecker Sage: Roland's Geliebte wird geraubt
und einem Drachen vorgesetzt; ihr Kreuz befreit sie; der
heimkehrende Roland erschlägt ihren Vater, weil er ihn
irrthümlich für den Räuber seiner Braut hält, worauf die
Jungfrau ihre Hand zurückzieht und in ein Kloster geht,
der Held aber sich verzweifelnd in den Krieg stürzt und bei
Ronceval fällt. Diese rheinische Sage soll Ariost gekannt
und benützt haben. Daß Bogt seine Sagen entweder selbst
machte oder aus romantischen Dichtungen an den Rhein
versetzte, oder beliebig umwandelte und miteinander in Verbindung brachte, ist ziemlich klar, wird aber außerdem
durch das ausdrückliche Zeugniß seines (vor einigen Jahren
in Düsseldorf verstorbenen) Schwiegersohnes, des Prof.
Mosler, bestätigt, Hocker a. a. O. 91. Bei Schreiber
finden sich die beiden Sagen in der bekannten Weise ge-
schieden und sind seitdem in Prosa und Reimen vielfach

behandelt und verbreitet worden, so daß sich schwer mehr
wird ermitteln laffen, ob die legendarische Umbildung der
bei Quad noch weltlich gehaltenen Sage im Volksmunde
vor sich gegangen oder ob sie unvolksmäßigen Ursprungs
ist. Sie würde indeffen keineswegs zu den verwerflicheren
Umdichtungen gehören. Simrock a. a. O. bemerkt: „Der
in der Domkaule gewonnene Bleichart wird Drachenblut
genannt, denn gerade über ihr zeigt man das Drachenloch,
eine von den Feuern der Steinbrecher geschwärzte Felsenhöhle.
Die Sage von dem Drachen wird verschiedentlich erzählt:
die modern christliche Auffassung findet man in meinen
Rheinsagen; älter ist gewiß die Anknüpfung an den von
Siegfried erschlagenen Drachen, auf welchen dieser nieder=
rheinische Drachenfels größere Ansprüche hat, als sein Dop=
pelgänger am Hardtgebirge, weil er im Niederlande liegt,
und Siegfried König im Niederland heißt. Die neueste
Gestalt der Drachensage, wie ich sie aus dem Munde
eines honnefer Bauern vernommen habe, ist kurz folgende:
Der Drache pflegte die vorüberfahrenden Schiffe anzufallen,
welches er so lange trieb, bis einst ein mit Pulver beladenes
Schiff vorbeikam. Sein Feuerathem entzündete das Pulver,
die Explosion zersprengte zwar das Fahrzeug, aber auch
der Drache ward zerschmettert. Man sieht, die Volkssage
symbolisirt den Untergang des Ritterwesens, denn allerdings
machte das Pulver dieser und andern Drachenburgen und
ihren räuberischen Angriffen auf die Rheinschifffahrt ein
Ende." — So wird denn wohl dem niederrheinischen
Drachentödter der Ruhm unbenommen bleiben, für unsere
Andromeda auf dem Drachenfelsen der rettende Perseus
gewesen zu sein.

59. **Die verbannten Nachtigallen.** Von Karl
Simrock. Die Sage gehört eigentlich nach Himmerode
oder Kloster Stuben, Simrock a. a. O. 301, Hocker,
Moselthal. 139; das „Nachtigallenwäldchen" bei Honnef
mag zur Translation an den Rhein Anlaß gegeben haben.
Vergl. Magnum speculum exemplorum. s. v. excom-
municatio. 5. und Johannes von Müller, Schweizerge=
schichte. Buch IV. Cap. 4: „Eine Vorstellung nicht ohne
Größe (dem göttlichen Geist im Menschen komme über alle
Creaturen die Herrschaft zu; durch Entfernung von Gott
eingebüßt, sei sie mittelst Rückkehr wieder zu behaupten)
brachte auf den Glauben, giftiges Gewürme, Viehkrankhei=
ten, Wunden, Gewitter in der Kraft Gottes durch Worte
von oft hohem Sinn besprechen zu können." Müller
erwähnt dann, wie der Bischof von Lausanne die Aale im
lemanischen See verfluchte, und sein Nachfolger Georg von
Saluzzo, für die Forellen besorgt, ihre Verfolger, die
Blutsauger, mit dem Banne belegte, womit er zugleich
Erdwürmer, Heuschrecken und Mäuse schlug, wie in Chur
eine förmliche Procedur gegen die Laubkäfer eingeleitet wurde
u. s. f. Verwandtes aus Trier und der Gegend von Namur
erzählt Wolf, Deutsche Sagen. 423: In der einen Sage
werden die Schwalben, in der andern die Frösche gebannt.
Von Rhabanus Maurus heißt es, er habe aus seinem
Wohnort Winkel Ratten und Mäuse gebannt, u. s. f.

60. 61. **Rolandseck.** Von A. Kopisch und Karl
Simrock. Die „schönste Sage" des Rheinlandes ist weder
durch ein älteres schriftliches oder mündliches Zeugniß be=
glaubigt, noch bietet sich für sie ein Anhalt in der romani=
schen oder deutschen Heldendichtung von Karl und seinen

Paladinen; die Geschichte widerspricht sogar in entschieden=
ster Weise. Der älteste Name von Rolandseck und Rolands=,
später Nonnenwerth lautet Rulochesock und Ruleches=
werde, s. meinen Caesarius. 3, was Hocker, Rhein. 173,
mit den bekannten Rugelands= oder Rolandssäulen*) in
Zusammenhang bringt. Der Name der Insel (Au), auf
welcher das Gericht nach altdeutschem Brauch gehegt wor=
den, wäre demnach auf das später (1117 oder 1120) er=
baute Schloß übertragen worden. Der Name Rolandseck,
Rolandswerth begegnet bei Lacomblet zuerst im 14. Jahr=
hundert: Rulansekke 1302, III. Nr. 21, Rolandzecke
1326, Nr. 215, Rolantzwert 1359, Nr. 589 u. s. f.
Der historische Hruolandus, Brittannici limitis praefectus,
Einhardi vita Karoli, 9 bei Pertz, Monum. II. 448,
steht indessen weder mit dieser Burg, noch mit den Rhein=
gegenden überhaupt in irgend einer erweisbaren Verbindung.
Es ist zu vermuthen, daß die Sage nur diesem später üblich
gewordenen Namen Rolandseck und dem Wunsch, eine so
romantische Stelle durch Sage oder Legende noch romanti=
scher zu färben, ihre Entstehung verdankt: Hierzu Schillers
beliebten Ritter Toggenburg zu verwenden, lag bei der ent=
sprechenden Localität ziemlich nahe. Vogt, wie wir zu Nr. 58
sahen, weiß noch nichts von dem sich abhärmenden Paladin,
sondern läßt ihn im Kampfe fallen; dagegen findet sich bei
Schreiber die jetzt noch gangbare Gestalt. Simrock hat zwar
in Freiligraths Rolandsalbum einen geistigen Zusammenhang
zwischen derselben und den Liebessagen des Mittelalters nach=
gewiesen: Ein bestimmtes äußeres Zeugniß ist er jedoch

---

*) Worüber die jüngsten Forschungen bei Zöpfl, Alterthümer des
deutschen Reichs und Rechts.

schuldig geblieben, und man kann daher den Translatoren höchstens nachrühmen, daß es ihnen unbewußt gelungen an ältere mythische Ideen und Vorstellungen anzuknüpfen. — Sämmtliche auf Rolandseck und Nonnenwerth bezügliche deutsche und englische Dichtungen finden sich in Freiligraths Rolandsalbum und bei Lersch, Erinnerung an Bonn. 39 ff. Der Engländer Thackeray hat in seinen Miscellanies eine Legend of the Rhine, welche zum Theil auf Nonnenwerth und in dessen Umgebung spielt. Darin schreibt ein Fräulein aus der Zeit der Kreuzzüge einen Brief in bester Form heutiger Billete, oben mit der Ortsbezeichnung: Convent of Nonnenwerth, Friday Afternoon, unten mit dem Schluß: I blush to be obliged to sign myself Theodora de Godesberg. Auch das übliche P. S. fehlt nicht. Zu diesen geschichtlichen und geographischen Curiositäten der Engländer gehört auch, daß Byron in den Anmerkungen zu Childe Harold aus Godesberg eine „Judenburg“ gemacht hat.— Nonnenwerth hat im Mittelalter durch die Söhne Albions zwei glänzende Tage erlebt, deren Schilderung wir R. Pauli's Abhandlung über die Rheinfahrt König Eduards III. von England im Jahre 1338 (Aug. und Sept.) entnehmen: „Die Fahrt ging am Mittwoch bis Sinzig, wo bei einem Herrn Wolfram von Deest Quartier genommen wurde; doch begab sich der König noch einmal nach der Insel Nonnenwerth zurück, wo er zwei Tage zugebracht zu haben scheint, um großartige Huldigungen aller benachbarten Fürsten und Edelleute entgegen zu nehmen. Nicht nur waren viele derselben in Person erschienen und sandten andere ihre Dienstleute mit werthvollen Geschenken, sondern sie hatten auch sämmtlich ihre Minstrelle abgefertigt, um dem Könige zu Ehren auf der Insel einen großen musika-

lischen Wettstreit zu veranstalten. Da finden wir den Wap-
penherold Meister Konrad und Meister Ithel, einen anderen,
je mit zehn solcher Musiker, und Heinrich von Balbeck im
Dienste des Erzbischofs von Trier mit fünf Genossen. Dürfen
wir zweifeln, daß sie nicht allein auf Harfen und anderen
Instrumenten gespielt, sondern auch ihre Lieder vorgetragen
haben, daß sie noch lebendige Reste der Kunst der Minnesänger bewahrten? Das Gedränge auf der Insel Nonnenwerth war so groß, daß dem Ritter Johann von Valender,
der dort ein Haus nebst einem Weinberge besaß, und dem
Vogte des Erzbischofs von Köln, Reginald Sculf, für die
den Ländereien desselben zugefügte Beschädigung bedeutender
Ersatz gezahlt werden mußte. König Eduard vergaß auch
seinen Hauswirth nicht, Bruder Konrad, den Vorstand der
dortigen Zelle des Prämonstratenserordens, so wie die
Bewohner des Nonnenstifts, welche 46 Schillinge und 8
Pfennige zum Geschenk erhielten." Ueber die sodann zu
Coblenz stattgehabte Zusammenkunft des Königs mit dem
Kaiser Ludwig und den großen Hoftag am 5. Sept. s. auch
den Bericht der flandrischen Chronik und des Heinrich Knygh-
ton bei Böhmer, Fontes. I. 190 ff. Vergl. Nr. 212 und
213 der Rheinsagen.

62. **Die Wunderbrücke.** Von Karl Simrock.
Kinkel, Ahr. 216, bringt die Sage damit in Zusammenhang,
daß Gerhard II. von der Landskrone mit einer Gräfin von
Neuenahr vermählt und mit deren Bruder besonders befreundet gewesen. — Den Bau der Feste Landskron berichtet
Godefr. Colon. ad a. 1206 bei Böhmer, Fontes II.
342: Philippus igitur rex revertens quendam montem
nomine Landzcron iuxta Regiomagnum occupat et ad

detrimentum tocius provincie ibidem castrum collocat. Ueber die Fünfjungferncapelle auf Landskron f. Nr. 158 der Rheinsagen.

63. **Schwert und Pflug.** Von Wolfgang Müller. Nach deſſen Lorelei. 479: „Erfindung, die indeſſen auf der Thatſache beruht, daß die Leute an der Ahr erzählen, auf dem Neuenahr liege in einem verſchütteten Brunnen ein goldener Pflug." Kinkel a. a. O. 235 erzählt die Sage ähnlich, wie ich ſie gehört und in meinen Gedichten. 52 (auch bei Hocker, Volksglaube. 169). behandelt habe. Eine verwandte Sage gibt es vom Tomberg (Tonaburo, Narr. de Ez. et Math. bei Böhmer, Fontes III. 378, Toneberg, H. Müller, Lex. Sal. 241), ſ. meine Mittheilung darüber in Mannhardts Zeitſchrift. IV. 166. Beide Höhen, der Neuenahr und der Tomberg, mögen heilige Opferſtätten geweſen ſein. Das Gold des Pfluges kennzeichnet ihn als göttlichen, denn das Gold iſt vorzugsweiſe das Metall der Götter, Wolf, Beiträge. II. 12 ff. Daß der Pflug Cultusgegenſtand war, erweiſen die von Grimm, Simrock, Wolf, O. Schade u. A. vielfach beſprochenen Faſtnacht= und Frühlingsbräuche. — Ueber das Geſchichtliche der in dieſer, wie den folgenden Nummern erwähnten Schlöſſer ſ. Weidenbach, Grafen von Are, Hochſtaden, Nurburg und Neuenare. Bonn. 1845.

64. **Drei Schüſſe.** Von Karl Simrock. Woher Simrock den Stoff genommen, iſt mir unbekannt. In dem Bericht über die Belagerung der Saffenburg im ſpaniſchen Erbfolgekrieg bei Kinkel a. a. O. 283 (aus dem Bruderſchaftsbuche von Mayſchoß) ſcheinen die zwei Feldſtücke,

„daraus aber nur zwey schüff geschehen," auf den Vorfall zu deuten.

65. **Die Gefangenen zu Ahre.** Nach Meister G. Hagens Reimchronik. Ausg. von v. Groote. V. 1615 ff., mit Ausfüllung der bei Hagen vorhandenen Lücke nach der Prosachronik von 1499. Fol. 209 b und Weglassung der nicht direct auf die Gefangenen bezüglichen Stellen. Simrocks Ergänzung nach der Prosachronik beginnt S. 171 mit dem Vers:

Von Vieren nenn' ich euch die Namen;

S. 173 mit dem Vers:

An Worten waren sie nicht zu reich,

schließt sich wieder der alte Gottfried an. — Ueber den historischen Zusammenhang s. Burckhardt, Konrad von Hochstaden. Bonn. 1843.

66. **Altenahr.** Von Wolfgang Müller. Volkssage nach Kinkel a. a. O. 301 und W. Müller, Lorelei. 479. Aehnliche Sagen sind überaus verbreitet; eine arabische von Abdallah Leißi findet sich bei Amara George, Mythoterpe. 62; eine turkmanische vom Räuberhelden Kuroglu im Auslande. 1847. Nr. 18 u. f. f. Unter den deutschen erinnern wir an Theodor Körners Harras, den kühnen Springer, den Landgrafen Ludwig von Thüringen, Grimm, Deutsche Sagen. II. 330, an Thalmann von Lunderstedt, Grimm a. a. O. 370, an den Grafen von Blankenberg an der Sieg, Mering, Burgen 2c. IV. 42. 43 u. a. Sehr lebendig hat sich in Würzburg die Erinnerung an den Sprung des Eppelein von Gailingen erhalten, Reuß im An-

zeiger des germanischen Museums. 1854. Nr. 10. Der
gekrönte Dichter Joh. Lorichius von Hadamar, welcher im
Jahre 1541 im Gefolge Philipps von Hessen durch Würzburg kam, hat diesen Sprung in seinem Hodoeporicon
oder Itinerarium metrisch behandelt, welches Gedicht in
Uebersetzung folgen möge:

Weiter gelangten wir jetzt zu dem rasch hinrollenden
       Mainstrom,
 Größere Reize gewährt selten dem Wand'rer ein Pfad.
Sieh, wie bald auf der Fluth, der beruhigten, spielet der
       Taucher,
 Bald, wo bewegter sie rauscht, lustig die Ente sich dreht!
Felsen steigen empor zu gewaltiger Höhe; dem Himmel
 Drohend neigen sie sich über die bebende Fluth.
Eines Ereignisses dachten wir hier voll tiefer Bewund'rung,
 Das — unlange geschah's — setzt in Erstaunen die Welt.
Also heißt es: Es sei von Gailing jener Apollo,
 Unter den Rittern des Reichs längst als Gewalt'ger
       berühmt,
Hierhin einstens gefloh'n, ringsum feindselig bestürmet;
 Mächtig und mächtiger droht ihm der Verfolgenden
       Schaar.
Mit so dräuendem Heere den Kampf zu wagen, unmöglich
 War's dem Vereinzelten — rings zeigte sich nirgends
       ein Heil;
Selber zur Flucht, unehrhaft nicht bei solcher Bedrängniß,
 Bot sich dem spähenden Blick nirgend ein rettender Pfad:
Hier verstellt ihm den Weg Würzburgs zahlreiche Gewalt-
       schaar,
 Nürnbergs Jugend bedrängt dort den vereinzelten Mann.

Vor ihm erhebt mit gewaltigem Droh'n sich der mächtige
                                        Felsen,
    Während zur Tiefe sich noch schrecklicher zeiget der Blick.
Schwankend! schaut er hinab; hier schwankte selber die
                                        Kühnheit!
    „Schlimmer als doppelter Tod ist des Gefang'nen
                                        Geschick!
Fordern die Seele von mir des Schicksals waltende
                                        Schwestern,
    Sei's! Ich klagete nur, schlüge mich schmählich der
                                        Feind.
Fliege denn hin, mordgierig Geschoß! Mich selbst und mein
                                        Leben
    Nimm es, befreundeter Strom! Vater, empfange das
                                        Kind!
Trage mich, so du vermagst, treu hin auf besänftigter Welle,
    Oder an deinem Geländ' sink ich als Opfer dahin!" —
Sprach's, und gewaltigen Schwungs in die wild aufgährenden
                                        Fluthen
    Stürzt er, tapf'rer indem sicherem Tod' er entgeht.
Staunend erblickt es der Feind, unmuthig; Jenem zu folgen
    Wagte nicht Einer — zu groß war des Gewaltigen That!
Trefflich lenkt' er das Roß, mit dem Mann entrann auch die
                                        Mähre,
    Freudigen Sprunges gewinnt bald sie den rettenden
                                        Strand. —
Daß im Strome der Zeit solch Wagniß nimmer verrausche,
    Gruben sie dort in den Stein sorgsam ein mahnendes
                                        Kreuz,
Achtung wurde dem Felsen und ungeahnte Verehrung,
    Und es verlautet, ein Gott wohn' in der rettenden Fluth.

Dieses Denkmal wurde wahrscheinlich bei dem Neubau der Straße gegen Ende des 17. Jahrhunderts zerstört, Reuß a. a. O. — Vergl. Wolf, Beiträge II. 24 ff., und Nr. 158 der Rheinsagen.

67. **Der Schild von Nürburg.** Von Gottfried Kinkel. Nach Kinkel a. a. O. 345 als „im Volk erhaltene Sage" bezeichnet. Vergl. Schannat, Eiflia illustrata I. 179, wo außer der vorliegenden noch weitere Sagen von der Nürburg mitgetheilt werden.

68. **Das salische Blut.** Von Karl Simrock. Ditmar, Merseb. VIII. 5. 9, Rupert. Tuit. in den Nachträgen zu Lantberti vita Heriberti bei Pertz, Monum. IV. 749, Annal. Quedlinb. ad a. 1020 bei Pertz a. a. O. III. 85, Annal. Hildesh. ad eund. a. bei Pertz a. a. O. 95. Die Annalen von Quedlinburg schildern die Festigkeit von Hammerstein: Quam naturae ope, non hominum arte, saxigenis undique molibus undique muratam Rhenique circumferentia adeo munitam ferunt, ut difficilem cuilibet vel obsidendi vel quoquo modo oppugnandi pandat accessum. Heinrich IV. baute Hammerstein wieder auf, Lambert. Hersf. ad a. 1071 bei Pertz a. a. O. V. 180. Vergl. über das Historische des Gedichtes Giesebrecht, Kaiserzeit II. 150 ff. — Auf Hammerstein läßt die Sage den Schüler Hildebrand, den nachherigen Pabst Gregor VII., einige Zeit als Gefangenen leben, Grimm, Deutsche Sagen. II. 184. 185.

69. **Das versunkene Schloß.** Von Fr. Schlegel. Simrock, Rheinland. 306: „Der Charakter aller

4*

dieser Eifelmaare ist wie der des lacher Sees schaurig tiefe
Wehmuth; die ausgetrockneten sind lieblicher, weil hier der
üppige Pflanzenwuchs den Eindruck der Zerstörung mildert.
Jenen Charakter spiegeln auch die Sagen, die um diese ver=
sunkenen Krater spielen, Friedrich Schlegel hat ihn in der
bekannten Romanze vom lacher See, die sonst fast ganz seine
Erfindung ist, wunderschön ausgedrückt." Zur Gründung
der Abtei soll eine wunderbare Lichterscheinung auf dem See
Anlaß gegeben haben, Hocker, Rhein. 155. Vergl. Brower
et Masen. antiq. Trev. I. 569. 570. Eine andere auf
den See bezügliche Sage habe ich in Mannhardts Zeitschrift
IV. 167 mitgetheilt: „An einem strengen Wintertage schritt
einmal ein Fremder über die Höhen, welche den lacher See
umgeben, um in der gastfreien Abtei Stärkung und ein
Ruhelager zu finden. Vor dem Kloster breitete sich eine
ansehnliche,*) mit Schnee und Eis bedeckte Fläche, über die
der Wanderer in der Meinung, er habe festen Fuß unter
sich, rüstig einherschritt. In der Abtei angelangt, pries er
die Mönche wegen ihrer weiten, herrlichen Wiese; da vernahm er, daß er über den gefrorenen See gegangen, aber
herzhafter, als der bekannte Reiter auf dem Bodensee oder
der Jude, von dem Aehnliches erzählt wird, verschied unser
Wanderer nicht am nachträglichen Schrecken, sondern baute
zum Dank für die glücklich überstandene Gefahr in Lach
eine Capelle, von welcher sich noch ein Thurm mit Raub=
bogen erhalten hat." Eine dritte Sage berichtet Caesarius,
Dial. V. 43. wonach ein Dämon (Elbe, vergl. meinen

*) Der lacher See soll so groß gewesen sein wie die Stadt
Cöln, Brower. et Masen. a. a. O. I. 75. In jüngerer Zeit ist dem
See ein bedeutendes Terrain für wirthschaftliche Zwecke abgewonnen
worden.

Caesarius. 138) einige Zeit in Lach gedient und sich dann zum
Lohn für seine treuen Dienste ausgebeten, in den Weinbergen
der Abtei naschen zu dürfen. Derselbe Schriftsteller rühmt
IV. 71 die Gastlichkeit derselben. Ueber die ehemalige pfalz=
gräfliche Burg s. Simrock a. a. O. und Hocker a. a. O.
Sophie Laroche schreibt in einem Briefe an Merck vom
30. Oct. 1779 bei Wenig, Denkschrift auf Goethe. 151,
von den „Ruinen eines alten Schlosses auf Lava," die sich
in der Nähe des Sees befänden. See und Kloster werden
bei Freher, Orig. Pal. II. c. 9, eingehend beschrieben.
S. auch Wegeler, Kloster Laach. Ein sinniges Gedicht von
Karl Fresenius, bei Kinkel, Vom Rhein. 400. schildert den
landschaftlichen Eindruck.

70. **Siegfried und Genovefa.** 1. 2. Von Karl
Simrock. Bekannte Mythe, Legende und Volksbuch, über
deren Localisirung im Maifeld von Lach aus Näheres bei
Wegeler, Kloster Laach, Sauerborn, Geschichte der Pfalz=
gräfin Genovefa. Regensb. 1856, und Julius Zacher,
Historie von der Pfalzgräfin Genovefa. Königsb. 1860.
Ueber die mythische Grundlage s. Leo, Beowulf. 21 ff.
und Zacher a. a. O. Vergl. Grimm, deutsche Sagen.
II. 280 ff., Arndt, Wanderungen 330, Simrock, Rhein=
land. 308. und Hocker, Moselthal. 100 ff. Grimm, Ge=
schichte der deutschen Sprache. 377, bemerkt: „Fifa
bedeutet nach Biörn einen gefiederten Pfeil und eine
gefiederte wollige Pflanze eriophorum, wonach
mir auch Gênofeifa ursprünglich nichts als Name
einer Blume zu sein scheint, deren Blätter auf der linken
Seite (was gagan meint) mit Wolle besetzt sind." —
Im Hochstein soll die Felsengrotte sein, worin Genovefa

gelebt; die Frauenkirche bezeichnet die Stelle, wo der Pfalzgraf sie wiederfand; im Maien zeigt man den Genovefa-
thurm, in Pfalzel bei Trier den Kerker, in welchem Golo
gefangen gehalten wurde. Die Frauenkirche gilt auch für
die Begräbnißstätte der Pfalzgräfin, welche sich auf dem
Hochaltar bisweilen als Spinnerin (Berhta) zeigen soll.
Vergl. auch Tolner und Crollius. Ueber das Verhältniß
der Frauenkirche zum Kloster Lach s. Wegeler in den
Annalen des histor. Vereins für den Niederrhein. IX. X.
285. 286.

71. **Wassernoth.** Wunderhorn. N. A. I. 88.
Wohl ein Lied von Clemens Brentano? Was den ästheti-
schen Werth betrifft, so bezeichnet ihn Goethe in seiner Kritik des Wunderhorns mit den kurzen Worten: „Anschauung,
Gefühl, Darstellung; überall das Rechte."

72. **St. Rika.** Von Karl Simrock. Nach Strüm-
berg, dem jüngeren rheinischen Antiquarius, kam St. Rika
(Henrica) von Arzheim und betete entweder bei der Kirche
der Märtyrer auf der Höhe oder in St. Castor. Die Stütze
soll sie sich im Faufenberg gebrochen haben. Vergl. auch
Günther, Geschichte von Cöblenz 35. 36, und Simrock,
Rheinland 7, wo unsere Legende mit Goethes indischer Erzählung von der reinen Frau des Bramen zusammengehal-
ten wird, die, so lange kein verwirrendes Gefühl ihre Reinheit trübt, das Wasser des Ganges zur Kristallkugel gestaltet.
Eine noch augenfälligere Variante bietet sich in der Legende
der hl. Edigna von Puch, vor der sich, so lange sie reinen
Herzens blieb, die Berge öffneten und wunderbare Brücken
erhoben, aber alle diese Begnadigungen hörten plötzlich auf,

los sich der Heiligen beim Anblick eines verurtheilten Mörders
ein harter Gedanke aufdrängte. Simrock, Legenden. 101 ff.
Fast gleichlautend erzählt Baader, Sagen des Landes Baden.
269, von einem Fräulein von Schönenburg. Ueber das
Wandeln der Heiligen auf dem Wasser s. auch Görres,
Christliche Mystik. II, 515 ff.

73. **Corporal Spohn.** Von Karl Simrock. Nach
Stromberg ist Franz Spohn 1776 geboren. Er trat, nachdem er als Zimmermann einen Hausstand gegründet und
bereits zwei Kinder erhalten, in das 36. französische Linien-
regiment und starb an den Folgen seiner bei Austerlitz
empfangenen Wunden am 13. Jan. 1806. In Coblenz
war damals das Gerücht verbreitet, ein Coblenzer habe am
Vorabende jener Schlacht dem Kaiser das Leben gerettet
wofür seine Hinterbliebenen mit kaiserlicher Freigebigkeit be-
lohnt worden seien. Letzteres bezieht sich auf ein Decret
Napoleons, die Erziehung der Kinder der bei Austerlitz Gefallenen betr., vom 16. Frim. 14.

74. **Heinrich und Bertha.** Von Fr. Oebeke.
Bezieht sich auf einen Vorfall aus jüngerer Zeit, dessen
Umstände mir unbekannt sind, und von welchem sich der
Dichter nur erinnert, ihn seiner Zeit in einem coblenzer
Blatte gelesen zu haben. — Freunden Kinkels wird bei
diesem Gedichte unwillkürlich das Ereigniß einfallen, wel-
ches er, Gedichte 227 ff. als „Eine Lebensstunde" (4. Sept.
1840) geschildert hat.

75. **Das Miserähelchen.** Von Karl Simrock.
Höchst launiger und trefflich dargestellter Volksscherz, der,

wenn er neueren Ursprungs sein sollte, den Beweis liefern würde, daß Einzelne noch in altem, tüchtigem Geist und Ton zu erfinden und zu dichten verstehen. Wolf, Beiträge II. 56, findet im Wein holenden Petrus jenen Petrum, magistrum coeorum, der uns in dem Gedichte vom falschen Propheten, s. Nr. 114 der Rheinsagen, begegnet und scheint somit älteren Ursprung vorauszusetzen. Vergl. Grimm, Mythologie XXXVI. Ueber die Wanderungen der Götter, wobei Petrus den Loki (Bruder Lustig) oder Hönir zu vertreten pflegt: Grimm a. a. O. XXXIV ff. — Da bei Coblenz das engere Rheinthal beginnt oder beziehungsweise endet, so dürfte es nicht ohne Interesse sein, hier eine darauf bezügliche Stelle aus dem Hodoeporicon des Nikolaus Roding v. Jahre 1542 (bei Senckenberg, Sel. iur. et hist. VI. 515 ff. einzufügen. Der Reisende, welcher Professor in Marburg war, kommt über Gießen und Frankfurt nach Mainz, wo er einen mehrtägigen Aufenthalt macht und außer den Kirchen besonders den Eigelstein bewundert; in Mainz geht er dann zu Schiffe, um die Reise ad partes Ubias fortzusetzen:

Vidimus hic urbes varias vicosque celebres,
   Praebentes oculis gaudia multa meis:
Primum sese offert Rheno contermina Binga,
   Quam gelido celer perluit amne Noa:
Moenia conspexi Bacchi cognomine dicta,
   Parva quidem, fama sed celebrata tamen;
Protinus a Bacchi funem solventibus ara
   Occurit celsis arx Cuba structa locis;
Moenia conspexi peramoenae pulchra Vesellae
   Nec procul hinc Rheni saeva Charybdis erat;

Moenia contigimus tandem tua, dive Goare,
   Quae semper parent, clare Philippe, tibi.
Sed iam devexo cursu decurrit Appollo,
   Sol erat Hesperias iam subiturus aquas.
Mane ab arenoso solventes littore duri
   Nautae, spumantem vela tulere ratem.
Milibus inde aliquot descendo classe secunda,
   Conspiciens ripas, clara Mosella, tuas;
Vidimus hic Lanum sese miscere profundo
   Rheno, ubi ad occiduas cornua flectit aquas.
Hinc urbs clara*) iacet, quam tangit ripa Mosellae,
   Et Rhenus rapido littore tangit eam.
Iam dicturus eram praeclari nominis urbem,
   Cogere at in carmen syllaba iniqua negat:
Hic positam videas arcem**) tam rupe sub alta,
   Quam merito Latiis alpibus aequipares:
Casuram timeas ipsis cum rupibus arcem,
   Iamiam tacturam sydera summa putes:
Hanc ubi vidissem, nullos ego moenia dixi
   Arbitror haec homines, sed posuisse deos.

Es wäre nicht unverdienstlich, eine Sammlung der älteren Rheinreisen, wie des Königs Eduard III von England 1338, des böhmischen Ritters Leo von Rozmital 1465/66, des eben erwähnten N. Roding 1542, des B. Möller 1570 u. A., zu veranstalten und mit einem Commentar zu begleiten.

76. **Die Frau von Stein.** Von Karl Simrock. Limburger Chronik. Ausg. v. Vogel. 93. Die Ver=

*) Coblenz. **) Ehrenbreitstein.

4**

schwundens war eine Ahnmutter des berühmten Freihern
von Stein, Perg, Stein's Leben. I. 1. Vergl. Nr. 1 der
Rheinsagen.

77. **Kaiser Wenzel.** Von F. G. Drimborn.
Woher Drimborn den Stoff genommen, ist mir unbekannt;
es könnte folgende Erzählung der Apophtegm. imp. bei
Freher. II. 395 zu Sage oder Dichtung Anlaß gegeben haben:
Hunc (sc. Wenceslaum) principes electores velut iner-
tem atque socordem imperio deiecerunt, Ruperto Boia-
rio in locum eius suffecto: ad quem civitates Teutoniae
omnes defecerunt, demptis Noribergensibus, qui Wen-
ceslao iurassent. Hi cum hinc iurisiurandi religionem
vererentur, inde vim Boiarii timerent, legatos ad Wenceslaum mittunt, qui se iuramento solvi petunt ac si
necesse sit auri viginti millia nummum in eam rem
offerunt. Rex auditis legatis liberos Noribergenses di-
cit, si currus quatuor tradant onustos vino, quod Bac-
characense vocant. Ueber die Absetzung Wenzels und
die Wahl Ruprechts (21. Aug. 1400) f. Chmel, Reg.
Rupr. 7, und Höflers so eben erschienenes Werk: Ruprecht
von der Pfalz, genannt Clem, römischer König. Freib.
1861.

78. **Ritter Konrad Baier von Boppard.** Von
A. von Stolterfoth. Bögt, welcher a. a. O. III.
179 ff. eine kurze Geschichte der Stadt Boppard giebt,
erwähnt diese Sage nicht. Sie hat ganz den Anstrich, als
ob sie einem italienischen Roman, vielleicht dem Ariost
entnommen sei. Ueber die Sagenarmuth dieser Strecke
spricht Simrock, Rheinland. 280. 281. — Das wegen

der Vornehmheit seiner Bewohnerinnen s. g. hohe Kloster Marienberg wurde zu Anfang des 12. Jahrhunderts errichtet, und dürfte ebensowenig seinen Namen von einer weltlichen Maria ableiten, wie das höher aufwärts gelegene Kloster Marienburg, die ehemalige Mattenburg, wo Graf Diether von Katzenelnbogen 1245 die Feste Rheinfels anlegte.

79. 80. **Die feindlichen Brüder**. Von H. Heine. **Die Brüder**. Von G. C. Braun. Ganz gleichlautend mit Braun wurde mir die Sage durch einen Schiffer erzählt, der mich einmal von Bornhofen nach Boppard fuhr. Der alte rheinische Antiquar. 483 weiß ebenfalls von den beiden Brüdern und der blinden Schwester, welche von ihrem Erbtheil drei Andachten zu Bornhofen, Kidrich und Rothgottes gestiftet habe. Auch erzählt er von späterer Uneinigkeit der Brüder. Der Verfasser der Reise durch Thüringen, den ober= und niederrheinischen Kreis. 1796. II. 45. bemerkt nur: „Diese Schlösser (Liebenstein und Sternberg) gehörten zwei Brüdern, welche einander unaufhörlich von da aus befehdeten und ihre Burgen verheerten." Simrock a. a. O. 277 theilt die echte Sage mit: Die Brüder hatten sich einst zur Jagd bestellt. Da nun der Eine früher aufwachte und den Laden in der andern Burg noch verschlossen sah, schoß er, den Bruder zu wecken, mit einem Pfeile dagegen. In demselben Augenblick öffnet ihn Jener und empfängt das tödtliche Geschoß. Völlig in eine romantische Novelle umgewandelt findet sich die Sage bei Vogt a. a. O. III. 173 ff., so jedoch, daß der ursprüngliche Zug von der Erbtheilung weggefallen, dagegen, wohl auf jene kurze Andeutung des Antiquarius hin, eine Liebes=

geschichte ganz im Ton älterer Romantik an die Stelle getreten ist. In dieser Gestalt gieng die Sage in Schreiber
und andere Rheinreisen oder Sagenbücher über. Der Name
„die Brüder" und der Umstand, daß Mauer und Gräben
die beiden so nahen, jedoch durch Verschiedenheit der Besitzer getrennten Burgen schied, mag die Sage von der
Zwietracht der Brüder hervorgerufen haben. Vergl. Simrock a. a. O. 278. Die blinde Schwester, welche die
Stiftung der drei Andachten zu Bornhofen, Kidrich und
Nothgottes als Brömserin von Rüdesheim kennzeichnet, gehört in die Kategorie jener Schenkerinnen oder Heilräthin-
nen, über die Panzer in seinem Beitrag zur deutschen
Mythologie so reiche Zeugnisse aus Süd- und Mittel-
deutschland, zum Theil unter Beifügung jenes Zuges von
der Erbtheilung, gesammelt hat. Die von dem Walddorf
Presberg (Bronsbur) im Nassauischen herstammenden und
hauptsächlich in Rüdesheim begüterten Brömser besaßen eine
Zeitlang Sternberg als Lehen von Trier, und Giselbert
Brömser erkämpfte Liebenstein für den Erzbischof Kuno, als
die Katzenelnbogner es genommen hatten. Sein Sohn
Johann, Amtmann zu Sternberg und Burgmann zu Lieben-
stein, baute die Kirche von Bornhofen. Vergl. Nr. 96. —
Die Localität, welche hier in Betracht kommt, ist im neuesten
Roman der Gräfin Hahn-Hahn: Doralice, trefflich ge-
schildert. Ueber Sternberg (Sternenberg, Sterenberg) als
Reichsburg s. die Urkunden Ludwigs des Bayern für Erz-
bischof Balduin von Trier vom 9. März 1316 und 23. Aug.
1332 bei Böhmer, Reg. Lud. Bav. 270. 280. Der
Name dürfte nicht von Stern, stella, sondern vom ahd.
stëro, aries, abzuleiten sein. Vergl. die würzburger, den
Widder im Wappen führende Familie vom Stern (urkund-

lich de ariete), Heffner und Reuß, Würzburg und seine Umgebungen. 29. 30. Vergl. Grimm, Grammatik. III. 326.

81. **Hans Theuerlich.** Von Guido Görres. Simrock hat gewiß einmal in Hirzenach einen gründlich „Getauften" zu trinken bekommen; für die Hirzenacher mag es ein Trost sein, daß sich in des Helden Grangoschier wohlbestelltem Keller neben anderen Sorten von Qualität auch „Hirzenawer" befunden, Fischart, Geschichtl. Ausg. von Scheible. 96.

82. **St. Goar.** Von Karl Simrock. Rettberg, Kirchengeschichte. I. 481 ff., giebt Quellen, Literatur und kritische Bemerkungen zu der Legende, Alexander Grebel hat in seinen Schriften über Rheinfels und St. Goar den berühmten „Hanselorden" besprochen und geschildert. Vergl. auch Wenck, Hessische Landesgeschichte. I. 115, u. A. — Das nie leer werdende Faß erinnert an das mit gleicher Eigenschaft begabte Fläschlein des h. Otmar.

83—87. **Lorelei.** Von Clemens Brentano. **Die Lorelei.** Von H. Heine. **Von der Lorelei.** Von J. von Eichendorff. **Ballate von der Lorelei.** Von Karl Simrock. **Der Teufel und die Lorelei.** Von demselben. Ich habe bereits in der Vorrede zu meinen 1853 erschienenen Mainsagen die Lorelei besprochen und für unvollsthümlich erklärt; da sie unterdessen eine förmliche „Frage" geworden, an deren Bereinigung sich namentlich Menzel, Düntzer und Hocker betheiligt haben, so kann ich nicht umhin, mich hier noch einmal darüber auszusprechen. Als ältestes Zeugniß dafür hat man die Stelle Marners bei Grimm, Heldensage. 162:

Der Ymelunge (al. Nibelunge) hort lît in dem Barlen-
berge (al. Lurlenberge) in (d. h. den Rheinländern) bi,
angeführt. Sollten die Lesarten Nibelunge und Lurlen-
berg die richtigen und mit letzterem der Lurlei bei St.
Goar gemeint sein, so würde sich zunächst ein Widerspruch
mit der Nibelungensage ergeben, indem nach dieser der Hort
nicht in einen Berg, sondern in den Rheinstrom versenkt
worden ist, vergl. Nr. 133 und 134 unserer Rheinsagen.
Nehmen wir, wie der Wortlaut verlangt, eine Versenkung
in den Berg an, so würde sich freilich eine ihn behütende
Jungfrau folgern lassen, die Lorelei trägt jedoch nirgendwo
den Charakter einer Schatzhüterin; fassen wir dagegen die
Stelle weniger strict und nehmen eine Versenkung in den
Rhein unweit der Lurlei an, wodurch sich jener Widerspruch
mit der Nibelungensage löste, so würde eine Hüterin des
Schatzes gänzlich wegfallen, da uns niemals ein Wasser-
weib in dieser Eigenschaft erscheint, Zwerge und weiße
Jungfrauen aber nur Schätze der Bergwelt behüten. Wir
werden deßhalb mit Grimm, Mythologie 933, und Simrock, Rheinland. 52. 269, obige Stelle auf den Bürglen-
berg *) bei Breisach beziehen müssen, wo die Harlungen,
nahe Verwandte der Amelungen, mit ihrem Schatze hausten.
Vergl. Nr. 181 der Rheinsagen. Wenn sodann Celtes in
seinen 1502 erschienenen Liebesgedichten. III. 13. des
Strudels, der Sandbank und namentlich des Wiederhalls
von den hohen, durch „Waldgötter" bewohnten Grotten
gedenkt, so geht auch dieses Zeugniß auf keine bestimmte
weibliche Gottheit, beziehungsweise Halbgottheit und verliert
im Munde eines an classische Anschauungen und Ausdrucks-

*) Einen Burlberg gab es auch nach werthelmer Urkunden
des 14. Jahrhunderts bei Erlenbach am Main.

weisen gewohnten Dichters völlig an Bedeutung; läge aber
auch eine Localsage heimischen Ursprungs zu Grunde, so
könnte sich diese in ihrem Zusammenhang mit dem Echo
nur auf Zwerge beziehen, welche nach scandinavischen und
deutschem Volksglauben als Erzeuger des Wiederhalls (schwed.
dwerg-mal) gelten, Grimm, Mythologie. 421, E. Meyer,
Sagen aus Schwaben. I. 54: Die nun folgenden, von
mir in der erwähnten Vorrede zu den Mainsagen und noch
reichhaltiger von Düntzer in seiner sehr beachtungswerthen
Abhandlung über die Lorelei im Feuill. der cöln. Zeitung.
1855. Nr. 167 zusammengestellten Touristen und Topo-
graphen gedenken alle mit größerer oder geringerer Ausführlichkeit des merkwürdigen Wiederhalls und suchen ihn,
manchmal in höchst sonderbarer Weise, aus der Natur der
Localität zu erklären. So schildert der westfälische Reisende
Bernhard Möller in seinem 1570 veröffentlichten lateinischen Gedichte über den Rhein, wie beim Ruf Vorüber-
gehender der Gipfel mit fürchterlicher Stimme den Einsturz
drohe, wie er bei Schüssen ertöne, als ob man ihn ein-
reiße, und leitet diese wunderbare Kraft von den vielen
Höhlen im Innern des Felsen, von denen keine ganz durch-
gehe und so den Hall vielfältig breche. Merian in der
Topographia Palatina meint, dieses sonderbar lustige Echo
rühre von dem Zwirbel *) im Rhein, gleichsam als wenn
der Rhein daselbst heimliche Gänge unter der Erde hätte.
Wie der ältere rheinische Antiquarius erzählt, war es eine
Volksansicht, die Lurlei sei inwendig hohl. Der Antiquarius
berichtet ferner, daß Schiffleute und Vorüberreisende sich

*) Wirbel. Die würzburgische Mundart hat noch das verb.
zwirbla, im Kreise drehen. Vergl. auch Schmeller, III. 548. s. v.
Schwirbeln.

daselbst durch Waldhörner, Schießen und Rufen viele und
öftere Kurzweile zu machen pflegten. *) Die Schriftsteller
bewunderten das Echo als einzig in seiner Art, vielleicht
der Grund, daß später Manche behaupteten, es sei im
Lauf der Zeit schwächer geworden. Von einer Sage aber
findet sich nirgendwo eine Spur, eine Stelle bei Freher
(1612) ausgenommen, wo er von „Panen, Waldleuten und
Bergnymphen" redet, welche nach früherem Glauben den
Felsen bewohnt haben sollten. Die „Bergnymphe" würde
in Zusammenhang mit der Stelle des Marner zu beachten
sein, wäre Frehers Aeußerung nicht zu allgemein und un=
bestimmt gehalten, als daß man wagen dürfte, auf Grund
derselben einen Bau mythologischer Conjecturen zu errichten.
Seit dem Anfang unseres Jahrhunderts aber wird die
Lorelei plötzlich eine der bekanntesten und beliebtesten Ge=
stalten, und man kann nicht umhin, dies dem zuerst 1802
in Godwi. II. 392 ff. abgedruckten Gedichte Brentano's zu=
zuschreiben. Brentano's Lore Lay ist indessen kein mythisches
Wesen oder eine Zauberin im eigentlichen Sinn, sondern eine
schöne Erdentochter aus Bacharach, welche durch ihren Liebreiz
und besonders durch die Gewalt ihrer Augen die Männer berückt,
selbst aber unglücklich durch Liebe den Tod in den Wellen sucht
— also eine dichterische Einkleidung für die häufig zu beobach=
tende Wahrnehmung, daß der magische Reiz, welchen ein=
zelne Frauen gleich Zauberinnen ausüben, sie dort im Stiche
läßt, wo ihr eigenes Herz in's Spiel kommt, und sie dann
physischem oder sittlichem Verderben entgegenführt. „In sich

*) Quad von Kinkelbach, Teutscher Nation Herrlichkeit. 212,
bemerkt: „Nit weit hie dannen auff der Touber seiten ligt der grosse
steinern Berg Lourley. Frag denselben ein mal mit heller stim,
was er mache, du wirst wol hören, wie er dich bescheiden wirdt."

zufammenfallend „kann ich diefe Dichtung fo wenig nennen, wie ich eine „Unmöglichkeit" darin fehe, für folch eine Wahrnehmung eine paffende und, wie hier der Fall, durch= aus nicht hyperphantaftifche Einkleidung zu finden. Simrock hat, wohl um das Gedicht wirkfamer abzufchließen, die beiden letzten Strophen deffelben weggelaffen. Sie lauten:

Die Ritter mußten fterben,
   Sie konnten nicht hinab,
  Sie mußten all verderben,
    Ohn Priefter und ohn Grab.

Wer hat dies Lied gefungen?
  Ein Schiffer auf dem Rhein,
Und immer hats geklungen
  Von dem drei Ritterftein:
    Lore Lay,
    Lore Lay,
    Lore Lay,
Als wären es meiner drei.

Zum vierten Verfe der Schlußftrophe macht der Dichter die Anmerkung: „Bei Bacharach fteht diefer Felfen, Lore Lay genannt, alle vorbeifahrende Schiffer rufen ihn an und freuen fich des vielfachen Echo's." Man hat in dem Drei= ritterftein ein Zeugniß für die Sage finden wollen; ich möchte jedoch Genaueres über diefen Namen und feine Be= deutung wiffen, bevor ich ihn als folches gelten laffen kann. Vergl. Gräter, Idunna. 1812. 191. 192, und Simrock, Rheinland. 269. Ungefähr zehn Jahre nach Erfcheinen des Gedichtes veröffentlichte Vogt (1811 im rheinifchen Archiv) folgende Erzählung: „Diefer Lurelei oder vielmehr

sein. Echo soll die Stimme eines Weibes sein, welche durch
ihre außerordentliche Schönheit alle Männer bezaubert hat,
nur den nicht, welchen sie selbst liebte. Sie entschloß sich
daher, in ein Kloster zu gehen, wohin sie drei ihrer Liebhaber begleiteten. Da sie auf die Höhe des Felsen gekommen war, sah sie unten auf dem Rheine ihren Geliebten
dahinfahren. Verzweiflungsvoll stürzte sie sich in den Fluß
hinab. Ihr folgten die Ritter in gleichem Gefühle. Man
nennt daher auch den vorderen Felsen den Dreiritterstein.
Er gibt drei Mal den Laut wieder." Düntzer hält diese
Erzählung für volksthümlich, Vogt könne sie als Knabe
während seines jährlichen Aufenthalts beim Pfarrer Müller
zu Geisenheim oder als Jüngling auf seinen Wanderzügen
an den Ufern des heimatlichen Stromes vernommen haben;
er glaubt dann ferner annehmen zu dürfen, Brentano habe
die gleiche Sage aus Volksmund erhalten, aber in seiner
Weise dichterisch umgestaltet, wodurch Abweichungen zwischen
beiden Berichten entstanden seien. Ich würde mich dieser
Ansicht Düntzers entschieden anschließen, wäre Vogt eine
kritisch zuverlässige Quelle; ich glaube vielmehr, Vogt hat
sich Brentano's Lore Lay in seiner Weise umgebildet, wozu
ihm seine erregbare, bewegliche Phantasie das ganz geeig-
nete Instrument bot. Bei beiden könnte auch eine dunkele
Erinnerung an das sehr bekannte Volkslied:

> Stand ich auf hohem Berge,
> Sah in den tiefen Rhein,

mitgewirkt haben. Dazu kommt, daß Vogts Erzählung so
wenig wie die des Clemens Brentano durch ein unver-
dächtiges Zeugniß aus dem Munde der betreffenden Rhein-
bewohner eine Bestätigung erhalten hat. Daß die Lore Lay

Brentano's eigenste Erfindung sei, behauptet außer Stramberg auch die Herausgeberin der sämmtlichen Werke, Clemens Schwägerin, welche VIII. 15 das Gedicht ausdrücklich als „erfunden" bezeichnet und an den Namen des Berges angeknüpft. Dr. Böhmer endlich schreibt mir am 1. Februar 1862: „Daß er die Lorelei auf keine andere Grundlage als den Namen Lurlei erfunden habe, hat mir Clemens Brentano gesagt." Erst Heine, von ächt mythischen Vorstellungen ausgehend, wandelt die Bacharacherin in eine durch Schönheit und Gesang bezaubernde Nixe, während sie Eichendorff als eine den Wald durchschweifende, über Männertreu klagende „Hexe" (im edleren Sinne) auffaßt. Offenbar war kein mythisches Wesen von bestimmtem Charakter vorhanden, sondern der dichterischen Phantasie der freieste Spielraum gelassen. Die von Menzel, Odin 288 ff. versuchte Rettung der Lorelelsage findet den Kern derselben in dem von Dönniges, Altenglische und schottische Balladen 219 ff. mitgetheilten „alten Liede," das aber in der Form, wie es vorliegt, weder auf Alter noch auf Volksthümlichkeit Anspruch erheben darf. Es ist eine versificirte Sage Schreiber's oder eines andern modernen Touristen. Wenn ferner Menzel eine Reihe von Fluß-, Bach- und Bädernamen anführt, worin die Wurzel Lor oder Lur erscheint (Lohr, Lohrbach, Lorsbach, Lorsibad, Lorey u. s. f.) so dürfte höchst zweifelhaft sein, daß sie diesen Namen, wie Menzel vermuthet, von einer in Schwanengestalt zum Wasser kommenden Walkyrie erhalten haben, zumal die hier in Betracht gezogene Lara (Kara) des Helgiliedes nur einer Conjectur von Rask ihr Dasein verdankt. Vergl. Grimm a. a. O. 369, 395 und Simrock, Edda. 145. Man er-

klärt den Namen Lurlei als lauernden Felsen (Lei), Sim=
rock, Rheinland. 269, oder als Horchfelsen, d. h. als Fel=
sen, wo auf den Widerhall gehorcht, gelauert wird, Bischoff
im Feuill. der cöln. Zeitung. 1855. — Simrocks Ballade
von der Lorelei, deutet die „oft verfolgte, aber nie erjagte,
gleichwohl nicht unempfindliche Fee" auf die deutsche Poesie
mit besonderem Hinblick auf Goethe. Sein zweites Gedicht:
„Der Teufel und die Lorelei" beruht, was den Teufelsein-
druck betrifft, auf echter Grundlage. — Stellt man der
Lorelei, dieser reizenden, coquetten Zauberin mit dem ver=
lockenden, aber in unabweisbares Verderben stürzenden Ge=
sange, die Holda des fränkischen Landvolkes gegenüber, wie
sie auf einem Felsen am Main lehnend, wunderbare Lieder
singt, denen man nicht lauschen darf, ohne unwiderstehlich
in die Kreise der Göttin und ihren die Wälder durchschwei-
fenden Zug gerissen zu werden, vergl. Nr. 63 der Mainsagen,
so könnte man Lorelei mit der modernen Poesie der Zer=
rissenheit und des Weltschmerzes vergleichen, die unrettbar
zu Verzweiflung oder Wahnsinn führt, Holda jedoch mit
der echten, innerlich freudigen und ewig romantischen Dich=
tung, die zwar auch den von ihr Ergriffenen für immer
fesselt, aber nicht um ihn zu verderben, sondern um ihn fort
und fort im Walddunkel der Poesie durch Lieder voll Schön=
heit, Wohlklang und innerer Befriedigung zu beglücken.

88. **Die sieben Schwestern.** Von Karl Simrock.
Mythen und Sagen, welche sich an wunderlich gestaltete
Felsbildungen knüpfen, sind so verbreitet und fehlen fast bei
keinem Gebilde dieser Art, daß es beinahe zu verwundern
gewesen wäre, hätte sich an die s. g. sieben Schwe=
stern bei Oberwesel keine Sage angesetzt. Vogt a. a. O.

154 scheint dieses Mal in Bezug auf die Sage das Rich=
tige mitgetheilt zu haben, wogegen der von ihm behauptete
historische Bezug weniger glücklich ist: Er will die Sage
mit den sieben Töchtern des Grafen Ludwig I von Arn=
stein, die sich öfter in Oberwesel aufgehalten und viele Be=
werber um sich gesammelt, in Zusammenhang bringen; die
Fräulein von Arnstein scheinen jedoch nichts weniger als
spröde gewesen zu sein, da sich alle verheirathet haben. Vogt
a. a. O. 151. Vergl. Vita Lodewici comitis de Arnstein, bei Böhmer, Fontes III. 327, wo die verschiedenen
Ehebündnisse dieser septem virgines vultus elegantia
gratiosae, in quibus quasi quodam in speculo universa
morum habilitas resultabat, aufgeführt sind. Nach Gräter, Idunna. 1812. 191, sollen sieben Fräulein auf Schön=
berg gewohnt haben, die wegen ihrer Sprödigkeit verur=
theilt wurden, so lange als Felsen im Rheine zu liegen,
bis ein Fürst sie herausholen und mit ihnen eine Kirche
bauen würde. S. auch Hocker a. a. O. 77.

89. St. Theonest. Von Karl Simrock. Ueber
seine Legende s. das Martyrologium Romanum. Ed. Baron.
671, Serarius, Mogunt. rer. libr. quinque. 269. 270.
und Rettberg, Kirchengeschichte. I. 212. Er war nach dem
römischen Martyrologium zu Anfang des 5. Jahrhunderts
Bischof und wurde zu Altinum durch die Arianer getödtet.
Das mainzer Brevier zum 30. Oktober erzählt die Legende
folgendermaßen: Theonestus episcopus Philippis, urbe
Macedoniae, Hunerichi, Wandalorum regis Ariani, per-
fidia evocatus ab eodemque cum aliis plerisque catho-
licis episcopis in exilium pulsus cum Albano sacerdote,
Urso, Tabraamo et Tabrataamo Romam pervenit. A pon-

tifice autem ad Gallias evangelizandi gratia destinatus
Tusciam Liguriamque docendo brevi percurrit. Inde
vero Augustam Vindelicorum perveniens beatum Ursum
martyrio coronatum ibidem reliquit. Nihilominus pro-
positum iter continuans Moguntiae tum forte pastore
suo orbatae praedicationem rectae fidei exorsus Alba-
num quoque ab Arianis trucidatum vidit. Theonestus
vero ultro progredi molitus ab iisdem fidei hostibus
naviculae perforatae absque omni instrumento nautico
cum discipulis, qui supererant, imponitur, Rheni fluoti-
bus, ut pereat, commissus: At divinitus omnes scaphâ
ad littus incolumes deferuntur. Hinc per medias gallias redeuntes ad mare pleraque loca Italiae sana doc-
trina illustrarunt. Tandem apud Altinum, dum ubique
praedicationis officio fideliter incumbunt, comprehensi
capite et ipsi plectuntur. Das älteste Siegel der Stadt
Caub (Cuba) 983 zeigt den Heiligen*) in einem Schiffe
sitzend, worin man eine Kufe sehen will, Jahrbücher des
Vereins von Alterthumsfreunden im Rheinlande. XII. Taf.
5. — Wolf, Beiträge. II. 111, erinnert bei Erwähnung des
mit dem heiligen Urban zusammenhängenden Brautkessels zu
Oelßen, Bechstein, Deutsches Sagenbuch. 485, an die Kufe
des Theonest. Auf den Cultus eines Weingottes deutet
auch der bei Wolf a. a. O. 111, 112 beschriebene bacha-
rocher Brauch: „Wenn bei kleinem Wasserstand der El-
terstein sich im Rheine zeigt, putzen die Schiffer eine Stroh-
puppe als Bacchus auf und setzen sie auf den Stein: Man
hat darum aus dem Stein Bacchi ara gemacht und davon

*) Weidenbach hält ihn dagegen für den heil. Nikolaus, den
Patron der rauber Kirche, mit drei Knaben in einer Kufe.

den Namen Bacharach abgeleitet. Es ist ein neuer Beweis für den weit verbreiteten Kultus dieses Weingottes, der hier unfern von dem alten Wudinsberg *) wiederum wohl nur Wuotan sein kann. Oder ist es Niördr, der Wassergott, der nach Finn Magnusen homines arare vinumque plantare docuit?" — Der Name Theonest könnte an Dionysos erinnert haben. — Vergl. Nr. 98 und 101 der Rheinsagen.

90. **Pfalzgrafenstein.** Von Karl Simrock. Gräter, Idunna. 1812. 191; Vogt a. a. O. II. 257 ff. Agnes, die Tochter des Pfalzgrafen Konrad und Nichte Friedrich Rothbarts, wurde 1194 mit Heinrich, dem Sohne Heinrichs des Löwen, vermählt, eine durch die Mutter der Braut unerwartet herbeigeführte Verbindung zwischen den so lange entzweiten Geschlechtern der Staufen und Welfen. Eine Tochter aus dieser Ehe, die jüngere Agnes, vermählte sich um Pfingsten 1225 mit dem Sohne Ludwigs von Bayern, Otto dem Erlauchten, und brachte so, nachdem ihr Schwiegervater 1214 mit dem Reichslehen der Pfalzgrafen begabt worden, auch die Erbgüter an das Haus Wittelsbach, Häusser, Geschichte der rheinischen Pfalz. I. 68. ff. S. auch Böhmer, Wittelsbachische Regesten. 7. — Wenn die bei Widder, Beschreibung der Kur-Pfalz. III. 405, angeführte Stelle des Ligurinus:

Hermannusque sacrae comes inclitus aulae,
Cujus erat tumido tellus circumflua Rheno,

wirklich eine Anspielung auf Geburt im Pfalzgrafenstein enthalten sollte, so würde dieses Zeugniß doch nur zu den

*) Godesberg. S. meinen Caesarius. 60.

jüngeren gehören, da der Ligurinus kein Werk des 12. oder 13. Jahrhunderts ist, sondern von Celtes oder einem Zeitgenossen desselben herrührt. Der Verfasser der Rheinreise von 1796. II. 13. 14 kennt die Pfalz nur als Staatsgefängniß, woran er einige humanistische Betrachtungen knüpft. Bei Vogt a. a. O. II. 257 findet sich der Roman, Pfalzgraf Konrad habe, um die Heirath mit dem Welfen zu verhüten, die Feste im Rhein gebaut und seine Tochter darin eingesperrt; Heinrich aber sei mit Hülfe der Mutter als Page verkleidet hineingelassen worden, und die gesegneten Umstände der Prinzessin hätten den Vater bestimmt, die Heirath zuzulassen. Der Sicherheit wegen aber habe dieser durch ein Familiengesetz *) verordnet, daß alle künftigen Pfalzgräfinnen in dem engen Kämmerlein der Rheinburg den Stammfürsten zur Welt bringen sollten. Diese Erzählung ist sowohl zusammenhanglos, als unhistorisch, zusammenhanglos, weil sich der Bau ja gerade für Sicherheitszwecke als ungenügend erwiesen hatte, unhistorisch, weil einer der naivsten und sittlich reinsten Vorfälle in einem fürstlichen Hause — man lese die quellenmäßige Darstellung bei Raumer — in einen Hoffcandal à la Louis XIV. verwandelt worden ist. — Ueber Errichtung und Zweck des „festen Thurms auf der Rheininsel" bei Caub durch Ludwig den Bayer giebt außerdem die Urkunde des Papstes Johann XXII vom 23. Juli 1327, Böhmer, Reg. Lud. Bav. 220, genügende Auskunft. Als Gewahrsam für Missethäter erscheint die Pfalz bereits im holzfelder Weisthum von 1473. Die Insel, auf welcher das Schlößchen, offenbar nur zum Zweck der Zollsicherung errichtet worden war, hieß vorher Helbingeswerth und könnte nach Weidenbachs Vermuthung

*) Von dem jedoch auch Widder gehört haben muß.

in deſſen Abhandlung über den Pfalzgrafenſtein (in Nr. 9
der Beilage zum Amtsblatt für Eltville, Rübesheim und
St. Goarshauſen. Jahrg. 1846) Gaumal der Grafſchaft
Stahleck geweſen ſein. Quad v. Kinkelbach a. a. O. 212
bemerkt: „Mit weit davon (St. Goar) ligt ein kleines,
jedoch ſchones und ſtarck erbautes ſchlos mitten im Rhein
auff einem Velſen und wird die Pfalz genannt, vnd ſind viel
in dem wahn als wan die Churfürſtliche Pfaltgraven jhren
Nahmen von dieſem ſchlos hetten" — eine Stelle, worin
wohl Niemand ein Zengniß für die Sage finden wird.

91. **Der Ritter von Lorch.** Von A. v. Stolterfoth. Der alte rheiniſche Antiquarius. 449 erzählt,
ein verwegener Menſch ſei mit Hülfe eines außerordentlichen
Pferdes die Teufelsleiter hinaufgeritten; der Zaum des
Pferdes werde noch auf dem Rathhauſe zu Lorch gezeigt.
Ausgeſchmückter bei Gräter, Jdunna. 1812. 184, Vogt
a. a. O. III. 119, Schreiber n. A. Gräter nennt die
Burg „Rheinberg", wie eine zerſtörte Burg beim Einfluß
des Werkbachs in die Wiſper hieß; auch ſoll nach ihm nicht
der Zaum, ſondern der Sattel des kühnen Reiters gezeigt
werden. „Nach Sattel und Zaum des Pferdes aber mag,
wer gerne ausgelacht wird, am Rathhaus fragen," Simrock,
Rheinland. 225. Ob die ſ. g. Teufelsleiter, der Fels,
welchen der Abenteurer, einem Siegfried ähnlich, der zu
Roß die Waberlohe durchbricht, hinaufgeritten, im Rhein-
oder Wiſperthal gelegen, ließ ſich nach Simrock a. a. O.
nicht ermitteln. — Rheinberg war erzſtiftiſches Lehen des
Rheingrafen, ab archiepiscopo Moguntino habet in beni-
ficio comeciam in Rinchowe et castrum in Rinberch,

5

heißt es in einer Beschreibung der rheingräflichen Güter
aus dem Anfang des 13. Jahrhunderts. Fünfzehn Dörfer
gehörten zu der mit dem Schloß verbundenen Herrschaft.
Als sich Rheingraf Stegfried in der Fehde wegen Böckelnheim
(vergl. Nr. 105) auf Seite Johanns von Sponheim geschlagen, ließ Erzbischof Werner die Rheinburg brechen,
worauf nach wiederhergestelltem Frieden (1281) der Rheingraf seinen Sitz nach dem Rheingrafenstein verlegte. Vergl.
Weidenbachs Geschichte der Burg in der Beil. z. Amtsblatt
f. Eltville, Rüdesheim und St. Goarshausen. Jahrg. 1856.
Nr. 11 ff.

92. **Der blinde Schütz.** Von Wolfgang Müller.
U. Schreiber, Sagen aus den Rheingegenden. 286 ff. Müller,
Lorelei. 479, beruft sich auf mündliche Ueberlieferung. Bei
dieser Sage, wie geschehen ist, an den Schuß des blinden
Hödur zu denken, ist etwas gewagt. — Schloß Sonneck (San-
egge, Sainnecke) soll 1015 von Willegis erbaut worden
sein; 1282 wurde es mit Reichenstein durch König Rudolf
zerstört, Böhmer, Reg. inde ab 1246—1313, 115. 148.
Vergl. auch Ann. Mogunt. bei Böhmer, Fontes II. 251,
und Trithem. ad a. 1282. Der Spon heißt in einer Urkunde von 868 bei Martene und Durand, Coll. ampl. I.
189, Sana.

93. **Die Clemenskirche.** Von Karl Simrock.
Schreiber a. a. O. 125 mit Berufung auf „ein altes Lied*).“

*) Ich habe mich nach diesem Liede erkundigt. Weidenbach schreibt
mir jedoch: „Ein Lied, das die Sage behandelt, kenne ich nicht, habe
auch nach genauen Erkundigungen in Trechtingshausen und Heimbach
nichts über das Bestehen eines solchen erfahren können.“

Ueber St. Clemens als Schifferpatron heißt es bei Simrock, Handbuch. 560: „Wie der Tag mit der Nacht, so
beginnt das Jahr mit dem Winter. Altdeutsche Calender
lassen diesen mit St. Clemens (23. Nov.) anheben; das
thut auch der nordische, der den Tag mit dem Anker bezeichnet, sei es weil St. Clemens mit dem Anker am Halse
ins Wasser geworfen ward oder weil an seinem Tage die
Schiffe im Hafen liegen mußten." — Die Clemenskirche,
welche durch die Prinzessin Friedrich von Preußen restaurirt
worden, soll zu Seelenmessen für die durch König Rudolf
1282 als Landfriedensbrecher aufgeknüpften Waldecker erbaut und dotirt worden sein, Simrock, Rheinland. 258.
Ueber die drei Burgen Rheinstein (Vogtsberg, Königstein),
Reichenstein (Falkenburg) und Sooneck s. ebendas. 255 ff.
Das Wisperthal schildert Bettina, Goethe's Briefwechsel
mit einem Kinde. I. 338 ff. Es ist wegen seines scharfen
Nordostwindes verschrieen.

94. **Die Braut vom Rheinstein.** Von A. von Stolterfoth. Nach einer französischen Erzählung bei Méon
et Barbazan, welche Tieck in seinem „Zauberschloß" benützt
hat. — Ueber Burg Rheinstein (Vogtsberg, Baitzberg) s.
auch von Stramberg, Rhein. Antiq. Bd. IX.

95. **Der Mäusethurm.** Nach dem Froschmäusler des
Georg Rollenhagen. Die älteste Aufzeichnung der Sage findet
sich bei Trithemius ad a. 973, weßhalb ihn Bodmann
„die wahre Hebamme dieser kläglichen Legende" nennt;
Trithem. beruft sich jedoch sowohl auf ältere Aufzeichnungen,
als auf mündliche Volkserzählung. Bischof Hatto starb wahrscheinlich am 15. Mai 913, Giesebrecht, Kaiserzeit. I. 763;

5*

nach einer andern Sage hat ihn ein Blitzstrahl getödtet,
Giesebrecht a. a. O. 179. Varianten finden sich in Straß=
burg (Bischof Wilderolf, Königshoven. 241, Bischof Alewig,
Hist. Novient. mon. bei Böhmer, Fontes III. 12. 13.),
Cöln (Annal. Quedlinb. ad a. 1012 bei Pertz, Monum.
III. 81.), Osnabrück, Polen, Wales und Dänemark. Herzog
Popiel von Polen wird gleich Hatto auf einer Inselburg,
dem vom goplenschen See umflossenen Schlosse Cruswitz
in Cujavien von den Mäusen ereilt, Joh. Laeti comp.
hist. univ. 285, Zeiler, Neue Beschreibung von Polen. 68,
Lucä, Uhr=Alter Fürsten=Saal. 1356. Vergl. auch Fisch=
art, Geschichtklitterung. Ausg. von Scheible. 626. Felix
Liebrecht bringt in Wolfs Zeitschrift. II. 405 ff. diese
Sagen mit der alten Sitte zusammen, in Zeiten allgemei=
ner Landplage die Götter durch Opferung der Fürsten zu
versöhnen, wie dies z. B. nach Ynglingasaga. 18 mit
dem schwedischen König Domaldi geschah. — Die Mäuse=
thurmsage behandeln mit großer Ausführlichkeit die mainzer
Geschichtschreiber (Serarius 692—710, Bodmann u. A.),
sowie in einer besonderen Abhandlung Lins - Volland, De
Haltone II, archiep. Mog. comment. Lips. 1753. Der
Name Mäusethurm wird zwiefach erklärt, als Muserie,
Waffenplatz, oder als Musshaus, Speisehaus, Simrock,
Rheinland 220. Ueber das Geschichtliche des Mäusethurms f.
Weidenbach, Bingen und Kreuznach. 50 ff. und bei Stram=
berg a. a. O. 386 ff. wo eine sehr lesenswerthe Abhand=
lung Weidenbachs über den Mäusethurm abgedruckt ist. Er
nimmt an, Erzbischof Willigis habe, nachdem er dem Erz=
stift den Rheingau und die linksrheinische Strecke von der
Selz bis Heimbach erworben, den Thurm zur Beschützung
dieser neuen Erwerbung angelegt — ein Zweck, der offenbar

einleuchtender ift, als der in jenen Ethymologien angedeu=
tete. — Robert Southey hat den Stoff englisch behandelt:
Gods judgment on a bishop, in Brönners British Poets
of the nineteenth century. 631. — S. über Hatto auch
Nr. 112 und 113 der Rheinsagen.

96. **Gisela.** Von Karl Simrock. Gräter,
Idunna. 1812. 184, und Vogt a. a. O. III. 116. ff.
erzählen Brömsers Gefangenschaft im Orient, seine Be=
freiung durch das Gelübde, ein Kloster zu stiften, die drei=
fache Mahnung und schließlich die entschieden volksthümlich
gehaltene Stiftung von Nothgottes; bei Schreiber a. a. O.
17 ff. findet sich auch die Geschichte der Gisela, wie sie
unser Gedicht erzählt. — Clemens Brentano nennt in einem
Briefe vom Jahre 1800, Gesammelte Werke. VIII. 24,
die Brömserburg das „Schloß der Gisella;" der Sage
von Nothgottes gedenkt Goethe, Reise am Rhein, Main
und Neckar. 1814. 1815, sämmtliche Werke. XX. 365. 369.
Er schildert daselbst auch das Wunderbild, welches durch
seinen Jammerruf den Anlaß zu Gründung von Nothgot=
tes gegeben haben soll: „Christus knieend, mit aufgehobenen
Händen, etwa acht Zoll hoch, wahrscheinlich die übrigge=
bliebene Hauptfigur einer uralten Oelbergsgruppe. Kopf
und Körper aus Holz geschnitzt. Das Gewand von feinem
Leinenzeuge aufgeklebt, fest anliegend, wo die Falten schon
ins Holz geschnitzt waren, an den rohen Armen aber locker,
die Aermel bildend und ausgestopft, das Ganze bekreidet
und bemalt. Die angesetzten Hände zwar zu lang, die Ge=
lenke und Nägel hingegen gut ausgedrückt. Aus einer nicht
unfähigen, aber ungeschickten Zeit." — Nothgottes war An=
fangs Capelle, seit 1390 Kirche und wurde erst 1621 in

ein Capuzinerkloster umgewandelt, Weidenbach a. a. O. 59. Die Kirche (agonia Dei) war dem Blut schwitzenden Heilande geweiht, und dürfte die Sage diesem Umstand ihre Entstehung verdanken.

97. **Die goldene Brücke.** Von Emanuel Geibel. Unter den Stoffen, welche sich der bekannte Griechendichter Wilhelm Müller auf seiner Rheinreise im Sommer 1827 zur Bearbeitung aufgezeichnet, befand sich auch: „Die goldene Brücke über den Rhein, die der Vollmond bei Rüdesheim darüber strahlte, und worauf der Kaiser Karl herüberschritt, um nach seinen Reben zu sehen," W. Müller, Vermischte Schriften. I. LII. Dagegen schreibt mir Weidenbach: „An der goldenen Brücke zu Rüdesheim ist nichts Volksthümliches." Sie dürfte deßhalb nur eine dichterische Vorstellung W. Müllers sein, welche Geibel aufgefaßt und behandelt hat. Die Anlage der rüdesheimer Weinberge stammt nach Urkunde Erzbischof Siegfrieds bei Gudenus, Cod. dipl. I. 381, aus dem Jahre 1074. Vergl. jedoch Nr. 109 der Rheinsagen. — Freiligraths verwandtes Gedicht: „Des Kaisers Segen" scheint der älteren Romanze von Geibel seine Entstehung zu verdanken.

98—100. **Der weinende Trinker. Rheingauer Maigeläute.** Von Karl Simrock. **Die Mönche vom Johannisberg.** Von Alexander Kaufmann. Aehnliche Züge aus dem „seit tausend Jahren gleichsam in Wein getränkten" rheingauer Leben erzählt Riehl, Land und Leute. 138 ff. Vergl. auch meine „Auswanderer." Gedichte. 144 ff. und den „rheingauer Selbstmörder" im düsseldorfer Künstleralbum. 1857. 41. Letzteren Stoff verdanke ich Riehl, während der erstere Erfindung ist. S. auch die Schwänke

vom Pater Crescentius in W. Müller's Lorelei. 184 ff. Es
ließe sich aus diesen verschiedenen Anekdoten und Volksscher-
zen ein sehr lustiges Wein- und Rheinbüchlein zusammenstellen, welches Adolf Schrödter illustriren müßte. Als einen
Beitrag dazu theilen wir noch folgenden Schwank mit:

Im Rheingau an des Weines Quelle
Da lebt' ein alter Junggeselle,
    Der liebte nächst des Fasses Spund
    Am meisten seinen treuen Hund.

Es war ein wunderschöner Pudel,
Wohlgenährt mit Fleisch und Nudel,
    So daß der Hund dem Herren gar
    Glich wie ein Häärchen dem andern Haar.

Einst sprach der Herre: „Meinem Kind
Könnt' ich nicht besser sein gesinnt,
    Hab' ihm von je alles Gute gegönnt,
    Ach, wenn das Thier nur sprechen könnt'!"

„Könnt' Einer den Pudel lehren sprechen,
Ich wollt mir ein Schöpplein per Tag abbrechen,
    Kein Schulgeld sollte zu hoch mir sein" —
    Da sprach ein fahrender Schüler ein.

Der hörte kaum, was der Mann begehrt,
Da sprach er: „„Darin bin ich gelehrt!
    Solch Kunststück ist für mich zum Lachen,
    Gebt mir den Pudel, ich will's schon machen.""

„„Doch fürcht' ich mich gar sehr vor Schulden,
Ihr müßt mir borgen hundert Gulden,
    Denn es bedarf manch Medicament,
    Eh' solch ein Vieh das A nur kennt.""

Der Geselle gab es halb mit Schmerzen
Und halber auch mit fröhlichem Herzen.
   „Geld zur Erziehung angewandt
   Kehrt hundertfältig in die Hand." —

Der junge Herbst war eingebracht,
Dann laufen die Brenner Tag und Nacht,
   Im ganzen Gau die neuen Proben
   Zu schelten oder auch zu loben.

Da litt's den unsern nicht zu Hause,
Er saß bald hier, bald dort im Sause,
   Von Walluf bis gen Rüdesheim
   Erlabt' er sich am jungen Seim.

Und erst nach drei oder vier Wochen
Hat er beim Schüler wieder eingesprochen:
   „Wie geht's dem lieben Thierlein? Wie?
   Macht's rechten Fortschritt?" — „„Herre, nie

Hab ich solch kluges Thier geseh'n!
Als ob ein Wunder wär' gescheh'n,
   So sprach es schon nach wenig Tagen,
   Konnt's A B C fürtrefflich sagen,

Und als vergangen kaum zwei Wochen,
Da hat es ganz vernehmlich gesprochen —„„
   „Gesprochen? Ei du lieber Gott!
   Was sprach er denn?" — „„Es war ein Spott!

Viel Schlimmes hat er Euch nachgesagt,
Zum Beispiel von Euch und Euerer Magd —„„
   „Nun, das wär nicht so schlimm — ja, ja,
   Ich halt's mit meiner Ursula —

Nichts Schlimmeres?" — „„Dann sagt er auch,
Ihr wärt ein ganz unnützer Gauch,
  Ihr gäbt Euch aus für einen Brenner
  Und wärt der schlechteste Probenkenner,

Es stieg der Wein Euch gleich zu Kopfe,
Drei Schöpplein reichten schon zum Zopfe,
  Drum wär' auch Euere tägliche Nahrung
  Bitt're Mandeln und salzen Harung."" —

„Das undankbare Vieh — schwer Noth!
Warum schlugt Ihr das Thier nicht todt?" —
  „„So that ich, Herr, denn nie vertragen
  Konnt' ich Verleumder und Neidkragen.""

Da gab ihm der Gesell zum Lohn
Ein zweites Sümmchen und davon
  Gieng lachend unser Schülerlein
  Und dacht: „„Solch Handwerk trägt was ein!""

Den in dem Gedichte vorkommenden Ausdruck „Brenner" erklärt Riehl a. a. O. 139: Ein „tüchtiger Brenner,"
wie man am Rhein den vollendeten Zecher nennt, trinkt
alltäglich seine sieben Flaschen, wird steinalt dabei, ist sehr
selten betrunken und höchstens durch eine rothe Nase ausgezeichnet. Die Charakterköpfe der gepichten Trinker, der
haarspaltenden Weingelehrten und Weinkenner, die übrigens
doch allesammt mit verbundenen Augen durch die bloße Zunge
noch nicht rothen Wein vom weißen unterscheiden können,
der Weinpropheten, der Probenfahrer, die von einer Wein-
versteigerung zur andern bummeln, um sich an den Proben
gratis satt zu trinken, finden sich wol nirgend anders in
so frischer Originalität, als im Rheingau."

101. **St. Nikolaus.** Simrock. Handbuch 474:
„Der älteste Name der Wassergeister ist Nichus, angs. ni-
cor, niederl. nicker oder necker. Ob Odhins Namen
Hnikar oder Nikuz ihn als Wassergott bezeichnet, ist zweifelhaft, doch würde sich daraus noch besser erklären, warum
der heil. Nikolous als Patron der Schiffer gilt, und sein
Bild am binger Loch steht, wo ihm für glückliche Durch-
fahrt Gelübde geweiht wurden." Nach Hocker, Volksglaube.
223, ist Nikolaus als Schifferpatron Vertreter Niördrs,
des Gottes der Schifffahrt und Fischerei. Eine der unseren nahe verwandte Sage aus Trier findet sich in den bei
Arnz erschienenen Mährchen und Sagen. 120. Einem jungen Kaufmann, der seine Braut, eine ägyptische Königs-
tochter entführen will, verschafft der h. Nikolaus ein Schiff,
Scala celi s. v. elemosina. Diejenige Legende aber, welche
dem Heiligen vorzugsweise das Vertrauen der Schiffer und
Seefahrer zugezogen zu haben scheint, findet sich in des
Jacob. a Voragine legenda aurea. Ed. Graesse. 23. 24.
Die darin geschilderte Scene, wie der h. Nikolaus den betenden Seeleuten eines auf dem Meer vom Sturm bedroh-
ten Schiffes erscheint, hat Fiesole auf einem kleinen Bilde
(jetzt in der vaticanischen Gemäldesammlung) dargestellt,
Piper, Mythologie und Symbolik der christlichen Kunst. II.
427. Nicolaus, sagt Joh. Lasicz, De diis Samagitarum,
in Haupts Zeitschrift I. 143, quasi alter Neptunus maris
curam gerit. Idem a periclitantibus iis vocibus exci-
tatur: O sancte Nicolae, nos ad portum maris trahe!
Das St. Elmsfeuer führt in Italien auch den Namen des
h. Nikolaus, Piper a. a. O. 428. — Wie kommt jedoch der
Heilige in Beziehung zu Dieben und Wegelagerern, die bei Shak-
speare King Henry IV., Part. I. Act. 2. Sc. 1, als saint

Nicholas' clerks bezeichnet werden? Vergl. auch die Er=
zählung vom heil. Nikolas und dem Dieb bei Grimm,
Deutsche Sagen. I. 205. Nach Lasicz a. a. O. 144 wur=
den ihm auch die Heerden empfohlen: Nicolao apud nos
gregis est custodia iniuncta. Seine Patronatschaft über
die Kinder beruht theils auf der bekannten Erzählung von
der Begabung der drei Jungfrauen, theils auf einer in Eng=
land, Frankreich und Italien heimisch gewesenen Legende,
wonach er zwei Schüler, welche in Mira ermordet worden,
ins Leben zurückgerufen, Wolf, Beiträge. II. 113 ff. —
Ueber bildliche Darstellungen des Heiligen s. meinen Caesarius. — Das in unserem Gedichte erwähnte Bild des heil.
Nikolaus steht in einer Nische unfern des Mühlsteins, in
welchen das Herz N. Vogts eingesenkt ist. Im gegenüber=
liegenden Bingen stifteten 1243 Anselm der Schultheiß und
seine Hausfrau Lukardis eine Capelle zu Ehren des Heili=
gen, Weidenbach, Regesten der Stadt Bingen. 14. Einer
Nikolauscapelle zu Disibodenberg gedenken die Annal. Disibod. ad a. 1142, bei Böhmer, Fontes. III. 211. Auch
auf dem Johannisberg (Bischofsberg) soll eine solche ge=
standen haben. In Caub waren Kirche und Hochaltar dem
Heiligen geweiht, u. s. f. Diese Beispiele, welchen ein
Ortskundiger gewiß noch mehrere beifügen könnte, deuten
auf besondere Verehrung für den heil. Nikolaus. — Ueber
das binger Loch s. von Stramberg, Rhein. Antiq. Bd. IX.
363 ff.

102. **Die Gründung Kreuznachs.** Von Gustav
Pfarrius. Vogt a. a. O. III. 123. Der alte Name
Crucinaha (Palatium Crucinacium) scheint die Sage zu
bestätigen, Simrock, Rheinland. 243. Vergl. Jahrbücher des

Vereins von Alterthumsfreunden im Rheinlande. XV. 213.
Das meinem jetzigen Wohnort gegenüberliegende Dorf
Kreuzwerthheim, im Volksmunde Kreuz genannt, soll in ähn=
licher Weise entstanden sein. S. Nr. 61 der Mainsagen.

103. **Der wilde Jäger.** Von Bürger. Sim=
rock, Rheinland. 240: „Man hat mich gefragt, woher ich
wisse, daß Bürgers Ballade vom wilden Jäger grade am
Rheingrafenstein spiele? Ich berufe mich auf die An=
fangszeilen:

Der Wild = und Rheingraf stieß in's Horn.

Wo anders hausten die Rheingrafen, welche, wie wir
wissen, als Erben der Wildgrafen deren Titel und Würden
an sich brachten?“ Vergl. auch Handbuch. 244. Gegen die
Versetzung auf den Rheingrafenstein erklärt sich Pröhle,
Harzsagen. 248: „Bürgers Gedicht vom wilden Jäger,
worüber ich anderswo ausführlicher zu reden gedenke, scheint
in Bürgers bekannter Productionsweise aus verschiedenen
niedersächsischen Sagen von Hackelberg zusammengesetzt; als
Rheinsage existirt der Inhalt keineswegs, und wenn K.
Simrock ihn doch als solche betrachtet und nach dem Rhein=
grafenstein verlegt, so geht er von der falschen Voraus=
setzung aus, daß Bürger in seinen größeren erzählenden
Gedichten einen gegebenen Sagenstoff einfach erzählte (was
er in der „Lenore“ und „des Pfarrers Tochter zu Tauben=
hain“ keineswegs that), und stützt sich außerdem lediglich
darauf, daß Bürger seinen wilden Jäger „Wild = und
Rheingraf“ nennt. Diese gab es nur am Rhein, aber
ein wilder Jäger ist uns von da durch wirkliche Sage nicht
nachgewiesen. Bürger kannte den Titel Wild= und Rhein=
graf und scheint ihn einfach für den eines braunschweigi=

schen Oberjägermeisters gesetzt zu haben." Ueber den
Mythus vom wilden Jäger, der übrigens bei Bürger in
seiner verzerrtesten Gestalt erscheint, s. Nr. 94 ff. der
Mainsagen.

104. **Der Trunk aus dem Stiefel.** Von Gustav
Pfarrius. Nach Simrock, Rheinland. 241, zuerst durch
Stork, vermuthlich aus dem Munde J. H. Kaufmanns,
aufgezeichnet und in seinen Darstellungen aus dem Rhein-
und Moselland. I. 179 veröffentlicht. Die Bilder aus
dem Nahethal. 59 erzählen, Boos habe, nachdem er seiner
Familie durch den Trunk Hüffelsheim erworben, mit den
Worten: „Es war ja für mein Weib und meine Kinder!"
den Geist aufgegeben. Die Sitte, sich durch Trinken Güter
zu erwerben, bestand nach Behse, Geschichte des preußischen
Hofes. I. 170, auch unter dem Kurfürsten Georg Wilhelm, und soll der Oberkämmerer Hans von Burgsdorf
auf diese Weise ansehnlicher Güterbesitzer geworden sein.

105. **Michel Mort der Kreuznacher.** Von Gustav
Pfarrius. Scholl, Chronik von Bingen. Ausg. von Sander,
129. 180. „Alß dieß Ertz B. Werner gesehen, hatt er ihm (dem
Grafen Johann von Spanheim) auch zwar kein seythen
gesponnen, sondern ihm mit heerßkrafft inß land gefallen
und bei Genkingen nit fern von Sprenglingen ist eß zur
schlacht kommen. Unter andern war ein metzger von
Creützenach, der hieß Michael Mord, ein starker und hertz-
haffter mann, derselbe stritt also mannlich gegen die feind,
daß er ihm einen ewigen nahmen gemacht. Dan alß er
sich mitten unter den feinden befand, schluch er mit seinem
schlachtschwerd zur rechten und lincken, daß er allein bey

20 umbragt, alß aber er letzlich durch die vill der feind
überwunden und an den füßen verletzt wurd zum fall ge=
bracht, erholt er sich doch bald wieder und ob er schon nit
konnt stehen, hatt er sich doch tapffer auf den knien ge=
wehret, daß er noch 5 personen seiner feind erlegt und noch
ville verwundete, letzlich aber huben die seinigen an die
flucht zu nehmen, und hatt er niemand, der ihm zu hülff
kommen, wurde also von den Meinzischen erschlagen und
starb also mit großer Ehr unter den feinden." — „Graff
Johann ist auff seinem pferd mit großer mühe entrunnen,
dan alß er sich unter den feinden mit eigener (Hand) tapffer
gewehret, er aber an einem fuß lam war, haben in die
feind umringt und gefangen, alß aber gedachter Michael
Mord sahe, daß sein Herr in gefahr war, fiele er sambt
anderen metzgern von Creutznach in die feind und erlöst
also seinen Herrn mit eigenem bluth." Den Anlaß zur
Fehde hatte der Verkauf von Böckelnheim gegeben, welches
Heinrich, der jüngere Graf von Sponheim, um sich gegen
seinen älteren, gewaltthätigen Bruder, Johann den Hinken=
den, Hülfe zu schaffen, an den Erzbischof Werner von
Mainz veräußert und als Lehen zurückerhalten hatte. Vergl.
auch Trith. ad a. 1279, Böhmer, Reg. inde ab 1246—
1313. 110, und die Werke des Malers Müller. I. 349.
Den alten Gedächtnißstein auf die That des Michel Mort,
„darin sein bildnuß ausgehauen," beschreibt Schöll a. a. O.
Vergl. 47. 202 der Rhein= und 30 der Mainsagen.

106. **Die Gründung von Spanheim.** Von Karl
Simrock. Nach mündlicher, an Ort und Stelle ver=
nommener Erzählung; Simrock a. a. O. 246. Vergl.
dessen Guten Gerhard und die dankbaren Todten. 127.

Eine Gräfin von Hückeswagen erhält auf gleiche Weise ein silbernes Kästchen „mit einem Beinlein, groß wie ein Muscatnägelein," welches eine Reliquie ihrer Namenspatronin, der heil. Katharina war, Floß, Aachener Heiligthümer. 159.

107. **Der Affe zu Dhaun.** Von Karl Simrock. Ein Basrelief von rothem Sandstein über dem Thürbogen im alten Palas zu Dhaun scheint die Sage hervorgerufen zu haben, Simrock a. a. O. 232. Vergl. Kinkel in den Jahrbüchern des Vereins von Alterthumsfreunden im Rheinlande. XII. 118. Das Bild könnte den Teufel, den Affen Gottes, darstellen, wie er dem Menschen den Apfel der Verfuchung hinhält. — Eine verwandte Sage von einem auf Schloß Veldenz durch einen Wolf (Mummart) geraubten und wohlbehalten wiedergefundenen Kinde erzählt Caesarius, Dial. VII. 45.

108. **Die Felsenkirche zu Oberstein.** Von Karl Simrock. Simrock a. a. O. 280: „In welcher Leidenschaft der Brudermord begangen wurde, darüber findet man nur modern entstellte Angaben, nirgend aber eine nähere Auskunft, als die mir der Küster gab: „Der eine Bruder konnte die Katzen nicht leiden; der andere steckte ihm einen alten Kater in den Stiefel, der grausam kreischte und spauchte: Das war die Ursache." Nach Dertel, Heimat. 13 ff., hätte der Wildgraf Heinrich aus Aerger darüber, daß ihm sein Vetter Johann von Dhaun eine Katze in den Stiefel gesteckt, die Schmiedburg an den dem Dhauner feindlichen Erzbischof Balduin von Trier verkauft.

109. **Trinklied von Karl dem Großen.** Von
A. W. von Schlegel. Eine Sage (?), welche G.
Kinkel poetisch behandelt hat, erzählt, Karl der Große habe
einst von Ingelheim aus bemerkt, wie der Schnee am
frühesten auf dem rüdesheimer Berg geschmolzen sei, und
habe an diese warme Stelle Reben von Orleans verpflanzt,
Simrock a. a. O. 222. Vergl. auch Bogt, Abriß einer
Geschichte von Mainz. 43. Diese Rebensorte findet sich
noch heute im rüdesheimer Berge, neben ihr der f. g.
Grünfreusch (Franztraube?) und der jetzt vorherrschende
Riesling. Den Weinbau im Rheingau bespricht außer
Bädeker, Rheinreise. XXXVI ff., Weidenbach, Bingen
und Kreuznach. 13 ff. — Ueber die Pfalz zu Ingelheim
f. Mabillon de re dipl. 298. 299, Schöpflin in Acad.
Th. Pal. comm. I. 300, Bock, die Bildwerke in der
Pfalz in Ingelheim, bei Lersch, Niederrheinisches Jahr-
buch. II., und von Cohausen, der Palast Karls b. Gr. in
Ingelheim. Mainz. 1845. Vergl. auch Jahrbücher des
Vereins von Alterthumsfreunden im Rheinlande. XX.
140 ff. und Goethe, Sämmtliche Werke. XX. 371. Ueber
die sagenhafte Entstehung des Namens Ingelheim f. die
folgende Nr. — Die „Nixen" und namentlich die „Zwerge"
tanzen wohl nur um des Reims willen um Hatto's Thurm.
— Ueber das St. Martinsschwein in Str. 9 f. Simrock
Abhandlung über Martinslieder. XIV.

110. **Karl und Elbegast.** Von Karl Simrock.
Nach Karl ende Elegast, mittel-niederländ. Gedicht bei
Hoffmann, Horae Belg. IV, und Alberici chron. ad a.
788. Ueber den biebischen Elbegast (Agez) f. Grimm,
Mythologie. 434, W. Müller, Nibelungensage. 65, Sim-

rock, Handbuch. 457 u. A. — Hermann Müller, Lex Sal. 95, erinnert bei Karl und Elegast an die Stelle Caesars: Latrocinia nullam habent infamiam. — Die rheinische Sage läßt den Kaiser vielfach mit Engeln verkehren: Ein Engel brachte ihm nach Urkunde Karls IV. von 1354 bei Gudenus, Cod. dipl. III. 377, zu Ingelheim das „Siegerschwert des wahren Glaubens." Vergl. Scheidemantel, Repertorium. I. 578. Ein anderer Engel verhalf dem Kaiser, wie wir in Nr. 40 gesehen, zur Heimkehr aus Ungarn u. s. f. — Das benachbarte Algesheim deutet Simrock, Rheinland, 228, als Alsgastesheim. — Eine vom Grafen Hartrad in Ostfranken angezettelte Verschwörung, die aber unterdrückt wurde, fällt in das Jahr 785, Böhmer, Reg. Karol. 14.

111. **Die goldene Luft.** Von Rückert. Der Dichter gibt im Gedichte selbst seine Quelle an. Der Name der goldenen Luft soll mit dem vicus salutaris der alten Römerstadt zusammenhängen. Mainz selbst führte den Beinamen des goldenen.

Aurea sum villa, Moguntia nomine dicta,
Mundi matrona, specialis filia Romae,
Plebe foecunda, speciosa situque iocunda,
Fontibus et fluviis atque aëre tota salubris.

Vergl. Serarius Mogunt. rer. libr. quinque. 48. 66.

112. **Adelbert von Babenberg.** Von Karl Simrock. Widuk. Corb. I. 22 bei Pertz, Monum. III. 427, Liudpr., Otto Fris. u. A. Adelbert wohnte nach Rudhart, „Ist Regino's Babenberg die Altenburg bei Bam-

berg?" auf der Anhöhe, worauf jetzt das Schloß und der
Dom stehen. In Theres, wo nach Einigen die Hinrichtung Statt gefunden haben soll, wurde das Fürstengericht
gehalten, welches den Grafen, nachdem er den Konradiner
Rudolf aus dem Bisthum Würzburg vertrieben, seiner
Aemter und Lehen verlustig erklärte, Contzen, Geschichte
Bayerns. I. 250. Ueber Anlaß und Verlauf der Fehde
zwischen den Babenbergern und Konradinern s. außer Contzen
a. a. O. auch Giesebrecht, Kaiserzeit. I. 165 ff. Nach
Eckehard, De cas. S. Galli, und Otto von Freisingen gab
es Volkslieder über Hatto's Verrath. — Wenn diese und
ähnliche Sagen den Charakter des Bischofs in höchst un-
günstigem Lichte darstellen, so dürfen andere vortheilhafter
lautende und schwerer, als die zweideutige Volksstimme, in's
Gewicht fallende Zeugnisse nicht außer Acht gelassen werden. König Arnulf bezeichnet ihn in einer Urkunde bei
Dümge, Reg. Bad. 82, als in divinis et humanis negotiis religiosum acutumque, Eckehard, De cas. S. Galli,
bei Pertz. II. 83, sagt, Hatto habe den Beinamen cor
regis geführt. Er nahm eine Stellung ein, die sehr
leicht zu Mißdeutungen und falscher Auffassung Anlaß geben
konnte und gegeben hat. Dazu kam der bekannte Glaube,
die Mainzer überhaupt seien tückisch und ränkevoll, und
Ganelon, der Verräther in der karolingischen Heldensage,
kann als ihr Typus gelten. Die Rheinbrücke versank nach
der Kaiserchronik wegen der Sünde,

> Daz die Megenzaere nie nicheineme ir hêrren
> Mit triuwen mite wâren.

Ueber die Entstehung dieser Ansicht: Simrock, Rheinland. 109 ff. — Hatto wurde seines Verrathes an Adelbert wegen in den Aetna versetzt, Compil. chron. ad a.

914 bei Pistor. I. 731, Serarius u. A., vergl. meinen
Caesarius. 144, und hat offenbar mit der vox populi
nicht im beßten Vernehmen gestanden.

113. **Die goldene Halskette.** Von Karl Sim=
rock. Widnk. Corb. a. a. O. Vergl. Giesebrecht a. a. O.
178. 179.

114. **Der falsche Prophete.** Nach dem Gedichte
bei Grimm und Schmeller, Lateinische Gedichte des 10.
und 11. Jahrhunderts. 335 ff. Vergl. Grimm, Mytho=
logie. 761, und Wolf, Beiträge. II. 56. Daß in diesem
Liede, bemerkt Hocker, Volksglaube. 232, „die Hölle auf
allen Seiten von dichten Waldungen umgeben ist, erinnert
an die Haine der Hel." — Ueber Petrus s. Nr. 75 der
Rheinsagen. — Wie der Dieb hier die Leber, stiehlt Bruder
Lustig in dem bekannten Mährchen das Lammherz, der
Landsknecht oder Schwab das Leberlein. Heriger oder
Hurger war der Nachfolger des Hatto. Vergl. Serarius
a. a. O. 674. 675.

115. **Willegis.** Von August Kopisch. Grimm,
Deutsche Sagen. II. 163, mit Berufung auf Bange, Thür.
Chron., und Thomas Lirer. Vergl. auch Sifr. presb.,
Trith. u. A. Ueber Willegis Ursprung und Laufbahn s.
Giesebrecht a. a. O. 589. 590. 793. In Nr. 80 der
Mainsagen wird uns das mainzer Rad noch einmal be=
gegnen.

116. **Frauenlob.** Von Karl Simrock. Albert.
Argent.: Anno Domini MCCCCXVII, in vigilia Sancti

Andreae, sepultus est Henricus Frowenlob in Maguntia in ambitu maioris ecclesiae iuxta scalas (scolas) honorifice valde: qui deportatus fuit a mulieribus ab hospitio usque ad locum sepulturae, et lamentationes et querelae maximae auditae fuerunt ab eis propter laudes infinitas, quas imposuit omni generi femineo in dictaminibus suis. Tanta enim ibi copia fuit vini fusa in sepulchrum suum, quod circum fluebat per totum ambitum ecclesiae. Ueber Frauenlobs ursprünglichen Grabstein und die spätere Nachbildung desselben s. Braun in den Quartalblättern des Vereins für Literatur und Kunst zu Mainz. 1832. IV. 26 ff. Vergl. auch die Abbildungen des jüngeren, auf Vogts Betreiben angefertigten und namentlich in der unteren Darstellung mehrfach verfehlten Steines bei Görres, Volks- und Meisterlieder, und Kurz, Geschichte der deutschen Literatur. I. 147. Ueber Frauenlobs und Raumeland's Streit, ob der Name „Frau" oder „Weib" höher stehe, s. Simrock, Rheinland. 142 ff. Weil sich Frauenlob für den ersteren entschieden, soll er seinen Beinamen erhalten haben; Andere, wie Goedeke, bringen diesen mit einem großen Leich zu Ehren der h. Jungfrau in Zusammenhang. Frauenlobs Gedichte veröffentlichte Ettmüller, Heinrichs von Meissen, des Frauenlobes, Leiche, Sprüche, Streitgedichte und Lieder. Quedlinb. und Leipz. 1843. Vergl. Ettmüller, Handbuch der deutschen Literaturgeschichte. 263. Er hält Frauenlob auch für den Dichter des Lohengrin. Vergl. Nr. 5 der Rheinsagen. — Ueber das Besprengen der Gräber mit Wein, s. Nr. 35 der Mainsagen. — Bearbeitungen des gleichen Stoffs giebt es von A. von Stolterfoth, Wolfgang Müller u. A.

117. **Der arme Spielmann.** Von G. Görres. Ueber ähnliche Sagen, welchen ein altheidnischer, später in christliche Legenden und Mährchen übergegangener Zug zu Grunde liegt, s. Grimm, Mythologie. 103, wo eine Reihe von Beispielen aufgeführt werden, daß Götter- oder Heiligenbilder Ringe vom Finger oder Schuhe vom Fuß zur Gabe für die vor ihnen Betenden fallen lassen. Auriemma, Marianische Schau-Bühne. II. 12, erzählt unsere Sage von Vergata in Biscaien, Justinus Kerner versetzt sie nach Gmünd in Schwaben u. s. f. Auch knüpft sie sich an die fabelhafte h. Prinzessin Kümmerniß oder St. Gehülfen, über die man eine kleine Abschweifung verzeihe. Sie wird ihrer Schönheit halber vom eigenen Vater mit Zudringlichkeiten verfolgt und, damit sie diesen entgehe, verwandelt Christus mit den Worten: „Du sollst mir gleichen!" ihr zartes, weibliches Antlitz in ein mänrliches, stattliches, bebartetes (vergl. die Sage vom Hündchen Quedl bei Grimm, Deutsche Sagen. II. 182. 183); ihr Vater, der Heide ist, läßt sie, um sie in Allem dem Heiland ähnlich zu machen, an ein Kreuz schlagen, und von diesem aus wirft sie einem armen Geiger ihre Goldpantoffeln zu, Schöppner, Bayerisches Sagenbuch. I. 426. Hierauf bezieht sich auch eine Angabe der Chronik von Schuttern bei Mone, Quellensammlung der badischen Landesgeschichte. III. 108: In secunda columna extra vel descensu altero, chori egressu, cernitur huius Hermanni (sc. abbatis) depicta imago provoluti ad genua iuxta s. Mariae Magdalenae effigiem ... Mariae Magdalenae capiti imminet figura s. virginis Cumini, vulgo s. Kümmerniß, in cruce pendentis, cuiusmodi forma et in altari s. Petri et Pafili aspicitur, advoluta paupere tibicina et miraculo calcei adsignato

ab eadem virgine audite, uti in eiusdem virginis sa-
cello in Holandia legitur et passim omnium ore cir-
cumfertur. Eine der h. Kümmerniß geweihte Capelle fand
sich auf dem Hülfenberg bei Wanfried in Hessen, Grimm,
Deutsche Sagen. I. 262. 263, eine andere zu Salfeld
mitten im Flusse, Grimm a. a. O. 426. 427; ein Dorf
zu St. Hülfe und ein St. Hülfenberg bei Diepholt scheinen
gleichfalls mit der h. Kümmerniß in Verbindung zu stehen,
obwohl die Sage den Namen von der wunderbaren Hülfe
ableitet, welche Gott dem König Karl in einer Schlacht
mit dem Sachsen Wittekind geleistet haben soll, Lucä, Uhr-
alter Graffen-Saal. 915. Anderswo erscheint sie unter
dem Namen h. Wilgefortis. Menzel im Literaturblatt. 1852.
Nr. 11, hat sie ihres Namens St. Gehülfen wegen mit
der nordischen Hlif (Hlif, tutela, parca, Grimm, Mythologie. 1102), der Dienerin der Aerztin Menglada, zusam-
mengehalten und ferner an die ciprische, den Mond bedeutende Venus barbata oder deus Venus, Macrob. Sa-
turn. III. 8, erinnert. Vergl. auch Wolf, Beiträge. II.
116. 117.

118. **Auch ein Held.** Von Rückert. Ein Scherz
aus moderner Zeit, der keiner weitern Erklärung bedarf.

119. **Das Fräulein vom Steine.** Von Wilhelm
von Waldbrühl. Ich habe bei Pertz, Steins Leben,
vergebens nach einem Anhaltpunkt für dieses Gedicht ge-
sucht. Eine persönliche Mißhandlung erlitt nur die Schwester
des Ministers, die Aebtissin von Wallenstein, wegen an-
geblicher Betheiligung am dörnbergischen Aufstand. Sie
wurde am 23. Mai 1809 durch Gensdarmerie nach Mainz

und von da nach Paris gebracht, Steins Leben. Ausz. I. 380. Sollte sich daraus die von Waldbrühl mitgetheilte Fabel gebildet haben?

120. Herr von Falkenstein. Wunderhorn. N. A. III. 263. Goethe bezeichnet das Lied als „von der guten, zarten, innigen Romanzenart." Eine Frage ist jedoch, ob es von Simrock an die richtige Stelle gesetzt worden ist. Bei Firmenich, Germaniens Völkerstimmen. I. 263. 282, finden sich zwei niederdeutsche Versionen, die eine aus dem Lippischen, die andere aus der Gegend von Steinhagen, und sollen sie sich auf die s. g. obersteinische Fehde beziehen, in welcher Herzog Heinrich von Braunschweig am 19. Nov. 1404 durch Bernhard, edeln Herrn zur Lippe, gefangen und bis zum 22. Juni 1405 auf der Falkenburg im teutoburger Walde in Verwahrsam gehalten wurde. Die Fürbitte seiner Gemahlin soll zur endlichen Entlassung vorwiegend mitgewirkt haben, Firmenich a. a. O. 262. 263.

121. Der Weg zum Falkenstein. Von A. von Stolterfoth. Vermuthlich nach Schreiber a. a. O. 4 ff. Ueber die Geschichte der durch Philipp von Bolanden (seit 1269) Schwager des Königs Richard von Cornwallis, *) gegründeten Burg Falkenstein s. Wenck, Hessische Landesgeschichte. I. 280. 281.

*) Thomas Wikes ad 1269 bei Böhmer, Fontes. II. 456. Rex.... nobilem quandam filiam clarissimi viri domini Theodorici de Falkemonte, non ambitu dotalitii, sed incomparabilis forme ipsius captus illecebra, XVI kal. iulii, scilicet dominica proxima post festum sancti Barnabe apostoli, sollempni sibi connubio copulavit et imperiale palatium suum de Lutro, quod

**122. Drusus Tod. Von Karl Simrod. Cass.
Dio. LV. 1, Suet. in Claud. I.** Dem Alexander Severus
soll in ähnlicher Weise eine Druidin entgegengetreten sein,
Ael. Lamprid. in Alex. Sev. 60, und den Attila beim
Lechübergang eine Riesenjungfrau durch ein dreimaliges:
Retro, Attila! verscheucht haben, v. Stetten, Erl. aus der
Gesch. Augsburgs. 25. Vergl. Grimm, Mythologie. 375,
und Giesebrecht, Kaiserzeit I. 16. Ueber das angebliche
Grabmal des Drusus, den Eichel- oder Eigelstein: Sim-
rod, Rheinland. 120 ff. S. auch Grimm d. a. O. 349
und Höder, Stammsagen der Hohenzollern und Welfen. 80.

**123. Frankfurt. Von August Kopisch. Ditmar.
Merseb. VII. 53 bei Pertz, Monum. 860. Vergl. Grimm,
Mythologie. 1094.** Eine andere Sage von der Entstehung
Frankfurts erzählt Peter Herp in seinen Annales Domini-
canorum Francofurtensium bei Senckenberg, Sel. iur. et
hist. II. 3. 4: Cum rex Carolus M. cum exercitu per-
gebat contra Saxones ad praeliandum, et Saxones ha-
buissent magnum exercitum, obviavere Carolo prae-
valueruntque contra eum, ac fugerunt super montem
altum, qui nunc vocatur Hulgen. Carolus vero cum
ad praelium ierat crucem secum ferebat fixitque crucem

diversis in regnis comparationem recipere dedignatur, nuptiali
solempnitate, convocatis ibidem non paucis Germanie magnati-
bus illustrabat. Weidenbach in seiner Abhandlung über Caub und
Gutenfels in Nr. 2 der Beil. zum Amtsbl. für Eltville, Rüdesheim
und St. Goarshausen. Jahrg. 1856, hält den Theodorich von Falkemonte für Theodorich von Falkeuburg, den Bruder des cölnischen
Erzbischofs Engelbert, und somit Beatrix nicht für eine Falkensteinerin,
sondern für eine Falkenburgerin.

ibidem et imploravit auxilium divinum. Interea cum rex Carolus fuit in monte, fugit suus populus ultra aquam, quae vocatur Moganus, ibique insecuti sunt eos Saxones clamantes: Frank fort, Frank fort! aedificaveruntque ibi unum castrum nominantes illud Saxenhausen, quasi domus Saxonum. Praeterea Carolus reversus ad populum, pergens contra Saxones et fugavit eos de castello, quod aedificaverant, scilicet de Saxenhausen et aedificavit ex altera parte Mogani castrum nominans illud Franckfort ex clamore Saxonum. Die erste urkundliche Erwähnung der Stadt ist vom 22. Febr. 794, Böhmer, Reg. Karol. 18; In demselben Jahre wird in loco celebri, qui dicitur Franconofurd, das berühmte Concil gehalten, in welchem die Ketzerei des Felix von Urgel verdammt wurde. Vergl. von Fichard, Entstehung der Reichsstadt Frankfurt. — Ueber weisende Thiere: Grimm a. a. O. 1193; über den weisenden Hirsch: Simrock, Bertha, die Spinnerin. 90. Mainaufwärts beginnt nun eine ganze Reihe von Ortsnamen, welche mit Furt zusammengesetzt sind: Trennfurt, Kirschfurt, Lengfurt, Ochsenfurt, Schweinfurt, Haßfurt u. s. w.

124. 125. **Der Schelm von Bergen.** Von Karl Simrock. **Schelm von Bergen.** Von H. Heine. Hr. Senator Usener in Frankfurt schrieb mir am 31. Juli 1849: „Die Geschichte der Burg in Bergen, welche ich vor vielen Jahren bearbeitet habe, ist in dem Werk: die Ritterburgen und Bergschlösser Deutschlands von Gottschalk. VIII. 251, gedruckt. Die Sage über den Ursprung des Geschlechts der Schelme und dessen Namen sind dort berührt, und ich trage hier noch eine dort nicht enthaltene nach: Dem auf der Jagd im Dreieichenhain ermüdeten Kaiser Barbarossa reichte der

Abdecker von Bergen einen Trunk, wofür er in den Adel=
stand erhoben wurde. Wenn man auch diese Sagen, die
alle einander ähnlich sind, nicht für eine in den Motiven
veränderte Wahrheit halten wollte, so reichen solche jedenfalls
in eine ganz alte Zeit; wohin aber weiß ich nicht. Doch
glaube ich der Wahrheit näher zu kommen, wenn ich den
Namen von einem Hofdienst herleite, was schon darum wahr=
scheinlich sein dürfte, weil die Schelmen zu den Ministerialen
des kaiserlichen Palatiums in Frankfurt gehörten. Daß die=
ses Geschlecht den Namen Schelm von Bergen schon am
Ende des zwölften Jahrhunderts führte, ist urkundlich ge=
wiß. Es starb 1844 im Mannsstamme aus." — Ich möchte
dem Namen der Schelme den der Echter (von Mespelbrunn)
— in der activen Bedeutung, die passive der Sage ist
jünger — an die Seite stellen und ihn auf ein dienstliches,
beziehungsweise amtliches Verhältniß zurückleiten. — Ueber
die Schelm von Bergen s. auch Karl Lyncker, Sagen in
hessischen Gauen. 150 ff. Eine seiner Mittheilungen folge
hier in metrischem Gewande:

> Der gute Kaiser Friedrich lag
>   Im Schloß zu Gelnhausen:
> „Ist heut nicht St. Huberti Tag?
>   Horch, wie die Wipfel brausen!"
>
> „Mein treuer Spessart, zeige dich
>   Noch einmal heut im Glanze" —
> Auszog der Kaiser Friederich
>   Zu lust'gem Jägertanze.
>
> Schon blutet's hier, schon fällt es dort,
>   Wie froh die Rüden bellen!
> Da findet sich an wildem Ort
>   Der Fürst, fern den Gesellen.

Er spät umher: „Wo Pfad' und Spur?
　　Nie trat ich diesen Boden —“
Da bricht voll Wuth ein wilder Ur
　　Aus den geknickten Loden.

Rasch faßt der Held sich — vor den Spieß:
　　„Gnad' Gott in solcher Schwere!“
Und mächtig in die Seite stieß
　　Dem Ungethüm die Wehre.

Hinstürzt der Ur, erathmend steht
　　Der Fürst vor dem Gefällten,
Doch horcht wie hat sein Dankgebet
　　Sich rasch verkehrt in Schelten:

„Du standst dabei, treuloser Mann,
　　Und zagtest, Schutz zu reichen?
Weiß Gott, dir ziemet Acht und Bann,
　　Du Feigling sonder Gleichen!“

„Fort aus dem Auge“ — „„Herr, verzeiht!
　　Als Ihr den Fleck geröthet,
Hab' ich in gleich gewalt'gem Streit
　　Den andern Ur getödtet.““

„„Schaut hin: Dort liegt das zweite Thier,
　　Das droh'nder Euch bestürmte —““
Verröchelnd' liegt ein mächt'ger Stier,
　　Der felsenhoch sich thürmte.

„Du wack'rer Mann, wie nennst du dich?
　　Solch Thun darf sich nicht bergen!
Ich bin dein Kaiser“ — „„Herr, und ich,
　　Ich bin der Schelm von Bergen!“„

6*

„Und bist von Bergen du der Schelm,
Dein Blut ist sonder Tadel!
Giebt dir der Kaiser Schild und Helm,
Wer schmähte solchen Adel?"

„Knie nieder, Schelm, und nimm den Streich
Gott und Marien zu Ehren!
So lange wie das heil'ge Reich
Mög' auch dein Adel währen!"

126. **Die 9 in der Wetterfahne.** Von Karl Sim=
rock. Scheint auf mündlicher Ueberlieferung zu beruhen,
da mir in den verschiedenen Werken über Frankfurt, welche
ich einzusehen Gelegenheit hatte, nichts darüber vorgekommen.
Herr Senator Usener, den ich um nähere Auskunft ange=
gangen, schrieb mir am 28. Jan. 1862: „Die Sage von
Hans Winkelsee ist keinesfalls alt, da die Schießgewehre
von so sicherer Tragweite, um in die Fahne eines Thur=
mes Löcher zu schießen, eine Erfindung späterer Zeit sind
und vor Ende des 17. Jahrhunderts wohl nicht existir=
ten. Die Sage hat auch hier niemals große Verbreitung
gehabt oder im Munde des Volkes gelebt, und ich erin=
nere mich nicht solche in früheren Jahren gehört zu haben,
bis vor einiger Zeit dieselbe einer Erzählung zu
Grunde gelegt und durch den Druck verbreitet wurde.
Keiner der frankfurter Geschichtsforscher, Lersner, Fich. d,
Kirchner u. s. f., erwähnt derselben oder einer Begebenheit,
auf der sich solche gründen könnte, wie denn überhaupt histo=
risch nichts aufgefunden ist, was als Veranlassung zu die=
ser Sage betrachtet werden könnte." — Vergl. Nr. 91 der
Mainsagen.

127. Die Weismutter. Volkslied, aufgefunden in Poppelsdorf durch meinen früh verstorbenen Freund Jacob Thomas, den Sohn des bekannten frankfurter Geschichtsforschers und Bürgermeisters Thomas. Vergl. Kretzschmer und von Zuccalmaglio, Volkslieder. II. 7. ff.

128. Gottes Thränen. Von Karl Simrock. Grimm, deutsche Sagen. I. 462, nach mündlicher Mittheilung. Eine Variante findet sich bei Wolff, Hessische Sagen. 131. Derselbe bemerkt, Beiträge. II. 367: „Viele Sagen melden, wie Gott mit den unschuldig Hingerichteten weinte, d. h. wie bei der Hinrichtung plötzlich aus heiterer Luft ein Regen fiel. Das ist echte und reine und schöne christliche Umbildung eines ältern heidnischen Glaubens. Den Helden nämlich war die Hinrichtung ein Opfer, geopfert wurden nämlich Sclaven, Kriegsgefangene und Verbrecher. Wenn darum während der Opferhandlung Regen fiel, so konnte man dies nur im günstigsten Sinne deuten und als Zeichen, daß die höchsten Götter das Opfer wohlgefällig aufgenommen hatten."

129. Friedrich I. und Gela. Von Franz Kugler. Schreiber a. a. O. 1 ff. Barthold, Geschichte der deutschen Städte. I. 304, sagt über Gelnhausen und Friedrichs Vorliebe für den Ort: „Am Fuß der wetterauischen Bergkette, welche die fränkische Rhön mit dem Vogelsgebirge verbindet, wo die Ufer der ehemals schiffbaren Kinzig rebenbekleidet die Pracht Süddeutschlands dem nordischen Wanderer zuerst eröffnen, hatte Friedrich nach 1152 eine großartige Burg erbaut, deren Trümmer, räumlich so unbedeutend gegen das ehemalige Ganze und von häßlichem

Elend bewohnt, noch jetzt die Zierlichkeit und Pracht des
Stils jener Zeit bezeugen. Im Jahre 1170 stiftete Friedrich
bei dieser Pfalz Gelnhausen eine Stadt, sicherte den Kauf-
leuten Zollfreiheit an allen kaiserlichen Orten u. s. w. gegen
einen Reichsgrundzins zu und stellte die Bürger allein unter
seine und seines Schultheißen Gerichtsbarkeit. So entstand
die freie Reichsstadt Gelnhausen, in welcher der Gründer
gern weilte, dort selbst das wichtige Geschäft, die Berthei-
lung der Reichslehen des geächteten Heinrich, vollzog und
noch kurz vor dem Kreuzzuge wohnte," S. auch Hundes-
hagens Werk über den Palast von Gelnhausen. — Das
mhd. gelle, vergl. ahd. ella, bedeutet aemula, pellex und
könnte, wenn die Sage echt sein sollte, zur Entstehung derselben Anlaß gegeben haben. Unbestritten echte Sagen von
Gelnhausen (nach Mittheilungen von Landau) finden sich bei
Hüsser a. a. O. 149 ff.

130. **Walter von Birbach.** Von Karl Simrock.
Caesarius Heisterbacensis, Dialogus. VII. 38, ohne Angabe des Ortes. Caesarius bezeichnet Walther als vir dives ac potens et nobilis valde, consanguineus Henrici,
ducis Lovaniae, und berichtet noch manche Züge sowohl
von seiner Andacht zur h. Jungfrau, als von den Begnadigungen, welche ihm dafür zu Theil geworden. Birbach
(Bierbeek, Bierbais) liegt bei Löwen. Varianten zu unserer
Sage finden sich bei Wolf, Niederländische Sagen. 54, und
bei Uhland (Pascal Vivas), ein den Gegenstand verallgemeinert behandelndes mhd. Gedicht in den stuttgarter Marienlegenden. 34 ff. und bei Goedeke, Deutsche Dichtung
des Mittelalters. 137. Vergl. auch meinen Caesarius. 86.
87. 113. 135 und Nr. 4 der Rheinsagen.

131. **Das Fräulein von Mörsheim.** Von G. Pfar=
ri us. Schreiber a. a. O. 61 ff. Die Sage war auch dem
Maler Müller bekannt, der in seinem Idyll: „Die Schaf=
schur," den Walther sie erzählen läßt, jedoch fehlt bei ihm der
Schlangenstich. Das Fräulein findet den Geliebten todt bei
der Quelle, „setzt sich neben den Leichnam hin und weint
in die Quelle. So weit geht das Lied. Aber, wie sie her=
nach gestorben, und wie die Ritter alle zusammen Beyder
Treue und unglücklichen Liebe zum Andenken eine stattliche
Kirche haben bauen lassen und vorn an den Giebel das
Fräulein und den Schäfer mit seinem Hund und Dudelsack
haben aushauen lassen (wie man dieß noch heut zu Tag
Alles sehen kann), können alte Männer noch gar ausführlich
erzählen. Ey, Kinder, ihr müßt die Kirche gesehen haben,
sie liegt rechter Hand, wenn man auf Trippstadt zugeht."
Danach scheint auch diese Sage einem Bildwerk ihre Ent=
stehung zu verdanken.

132. **Der lorscher See.** Von Karl Simrock.
Zuerst mitgetheilt in Wolffs hessischen Sagen. 11. In den
Beiträgen. I. 172 ff. bemerkt derselbe: „Die Sage liegt
ziemlich rein vor, nur die christliche Färbung ist neu, und
der Köhler und der Einsiedler sind Umwandlungen alter
Geister, in denen ich zwei Wassergeister sehen möchte, da
ihr Aeußeres nicht unverwandt mit dem des Nichus ist.
Die Plage vorerst ist hier eine Plage der Felder, die Frucht=
barkeit ist durch sie bedroht; in der hameler Sage leidet
das Hauswesen. Wie dort die Frucht vom Acker, so ver=
schwindet in Hameln das Mehl aus dem Kasten, das Brod
aus dem Schrank. Die Gottheit, welche also im Alterthume
anzurufen war, mußte eine Gottheit der Fruchtbarkeit und

des Hauswesens, eine mütterliche sein; folglich eine der Holda verwandte; unter welchem Namen dieselbe hier bekannt gewesen sein mag, könnte ich noch nicht ermitteln. Ich halte mich darum rein an die Sache. Sie wurde um Abwendung der Plage angefleht, sie sandte Hülfe gegen, wie es scheint, ein Opfer an ihren Tempel, an ihr Heiligthum. Die helfenden Geister erscheinen am lorscher See. Eine Heiligkeit dieses Sees liegt nahe zur Annahme, denn neben ihm erhob sich bereits im 8. Jahrh. das berühmte Kloster Lorsch*) und, wie bekannt, stiftete man Kirchen und Klöster gerne an altheiliger Stätte. Als dem See entsteigend und im See verschwindend können diese Geister nur Wassergeister sein und als solche müssen sie Diener, Boten der Holda sein, da diese in Seen und Brunnen wohnt. Die Bauern halten ihr Gelübde nicht, dafür trifft sie Strafe. Zuerst verlieren sie durch einen der Geister ihre Schweine. Hier stoßen wir auf eine Berührung der Göttin mit der

*) Die Abtei Lorsch (Monasterium Laureacense, Laurissense, Laureshamense) wurde durch die Gräfin Williswind und ihren Sohn Cancor anfangs auf einer Insel der Weschnitz errichtet; als die Insel zu enge wurde, errichtete man einen zweiten höher gelegenen Bau, Rettberg, Kirchengeschichte. I. 584. Am 14. Aug. 774 wurde im Beisein Karls des Großen, seiner Gemahlin Hildegard und seiner Söhne die Kirche eingeweiht, 13 Jahre nach der ersten Stiftung des Klosters, Böhmer, Reg. Karol. 9. Vergl. Rettberg a. a. O. 585. Für die rheinische Sagengeschichte ist Lorsch auch dadurch von Wichtigkeit, daß sich in ihm die Sage von Eginhard und Emma erhalten hat. S. Nr. 37 der Rheinsagen. Die Abtei hat „eine gar alte Liberei gehabt, dergleichen man in ganzem Teutschland nicht gefunden hat, aber die alten bücher sindt meist theils daraus verzuckt worden. Es sindt noch inwendig hundert jahren Bucher drin gewesen, die Virgilius mit eigner hand geschrieben hat." Quad von Kinkelbach a. a. O. 143.

Frouwa und ihrem Bruder (?) Fro. Der Frouwa war
auch wol der Eber heilig, das Hildenschwein; durch das
Notfeuer werden zuerst die Schweine getrieben, bei dem
Julmahl erscheint im Norden, bei andern dahin gehörigen
Mahlen in Deutschland vor allem der Schweinekopf, der
Schweinebraten auf dem Tische. Die Rache trifft den Haus=
halt, wie die Plage den Ackerbau, und beider Göttin war
Holda. Strafend sendet die Göttin im zweiten Jahre den
Grillenregen, und als die Bauern abermals um Hülfe flehen,
den rettenden Diener, der abermals getäuscht, das Wollen=
vieh mit sich in den See zieht. Statt des Wollenviehs
haben wir unbedenklich das Rindvieh zu setzen, das sagt uns
der ganze Bau der Sage, das alle Analogieen. Die Göttin
kann nicht durch Verlust der Wollenheerde strafen, da sie
mit ihr nichts zu schaffen hat, wohl aber durch den des
Rindviehs, da dies unter ihrer Obhut steht, wie sich dies
aus ihrer Berührung mit Fro und Frouwa ergiebt. Ihrem
Zorne über die Treulosigkeit der Bauern folgt die Plage
durch die Mäuse. Der rettende Diener ist ein Bergmänn=
chen, ein Kobold. Sehr schön ist die hohe Milde und Güte
der Göttin, welche aus dem Preise der angebotenen Ret=
tung spricht: Die beiden vorigen Male soll das Opfer der
Bauern rein dem Tempel gehören, sie sollen nur von der
Plage befreit werden, nun soll aber auch noch ein riesiger
Damm erstehen, der die Felder auf ewige Zeit vor den
Wassern der Gebirge schützt; es ist der Bauern eigenes In=
teresse auf jede Weise im Spiel, die Göttin in ihrer Lang=
muth versucht das Aeußerste, aber dennoch siegt die Habsucht;
treulos brechen die Bauern zum drittenmale ihr Wort, und
die Göttin nimmt ihrer Ehe Segen zurück, dem Diener fol=
gen alle Kinder bis zum kleinsten, bis zum Säugling in

6 **

den Berg, wo sie wohnt, gerade wie sie dies in Hameln thut, als dort ihrem Diener der Lohn verweigert wird." — Ueber Götterboten ähnlicher Art (wie der Rattenfänger, der zauberische Pfeifer von Belfast u. a.) s. auch Simrock, Handbuch. 461, und bei Grimm, Mythologie. 566, die esthnische Sage vom See Eim.

133. 134. **Der versenkte Hort. Der Nibelungenhort.** Von **Karl Simrock.** Ausführungen und freie poetische Verwendung der Sage von dem in den Rhein versenkten Hort der Nibelungen. Die Localität für das zweite Gedicht ergiebt sich aus Nib. 1077³. Ausg. von Lachmann. 149:

Er sancte in dâ ze Lôche allen in den Rîn,

worauf sich auch die Verse des Otto von Botenlauben beziehen:

> Karfunkel ist ein Stein genant,
> Von dem saget man, wie liehte er schîne;
> Der ist mîn und ist daz wol bewant:
> Zoche (l. ze Loche) lît er in dem Rîne.

Bei Seb. Franck giebt es ein Sprichwort: „Da das Gold im Rhein liegt," d. h. nirgends. Vergl. Grimm, Mythologie. 567. 933. — Auf den Nibelungenhort bezieht sich auch folgende Romanze:

> „Du bist gefesselt an sicherem Ort,
> König Günther, du bist besiegt!
> Nun sag mir, wo der Niblungshort,
> Der gewalt'ge, verborgen liegt?"

„„König Etzel, das ist nur dein Scherz!
  Es wird dir nie bekannt,
Es müßte des grimmen Hagen Herz
  Denn zittern in meiner Hand.“„

Herr Etzel winkt der Hunnen drei:
  „Mein wird nun doch der Schatz!
Bringt mir Herrn Hagens Herz herbei,
  Dann wissen wir den Platz.“

Der Hagen blickte so grimmig noch,
  Obwohl ihn die Fessel band —
Sie tödteten einen armen Koch:
  „Nun wieg's in deiner Hand!“

„Das ist Herrn Hagens blutend Herz“ —
  Der Günther schaut es an:
„„Das zittert noch von Furcht und Schmerz,
  Solch Herz trug nie ein Mann.“„

„„Dies Herz, wie hat es bang gebebt,
  Als der Mörderstahl es traf!
Gesteht es nur: Der Hagen lebt,
  Der Hagen, o, war brav!“„

Herr Etzel gebot zum andern Mal —
  Mit umgewandtem Blick
Stießen die Mörder den kalten Stahl
  Dem Hagen ins Genick.

„Nun bringen wir das rechte Herz —“
  „„O Gott, er hat gelebt!
Kaum merkbar zuckt's im Todesschmerz,
  Das lebend nie gebebt.“„

„„O Hagen, traf dich schnöder Mord,
  Weiß in der ganzen Welt,
Wo wir versenkt Herrn Siegfrieds Hort,
  Nur noch ein einz'ger Held.““

„„Paßt auf, ihr Herrn, und werdet froh:
  So irgendwo im Rhein,
Im weiten Rheine irgendwo
  Da senkten den Hort wir ein!““

136. Eberhard im Bart. Von K. Grüneisen.
Melancht. declam. III. 174, Zinkgref u. A. Graf Eberhard
soll den Ausspruch während des Reichstags von 1495 gethan
haben, Stälin, Wirtembergische Geschichte. III. 639. Stein-
hofers Chronik. 179 berichtet das Gleiche vom Herzog Ulrich.
Vergl. Schöppner, Bayerisches Sagenbuch. I. 209 ff. Nach
einer bei Weyden, Godesberg, 74. 75, und Hocker, Rhein.
179, mitgetheilten Sage stritten einst rheinische Adelige,
wer den kostbarsten Edelstein im Ringe habe. Der Ritter
vom Drachenfels gewann den Sieg mit einem Stückchen
von den Hausteinen seines Berges, weil er ihm jährlich von
den Cölnern, welche davon ihren Dom bauten, so bedeutende
Summen eintrüge. — Justinus Kerner hat die Sage von
Grafen Eberhard in seinem bekannten Gedichte: „Preisend
mit viel schönen Reden," behandelt.

137. Kaiser Maximilian. Von C. von Rap-
pard. Theuerdank. 77. Ausg. von Haltaus. 111 ff.,
Fuggers Ehrenspiegel u. A. Der französische Ritter soll
Claude de Barre geheißen haben. Vergl. Nro. 34 der
Rheinsagen.

138. Der Staar und das Badwännlein. Wun=
derhorn. N. A. II. 280 ff. mit der Angabe: „In der
Spinnstube eines hessischen Dorfs aufgeschrieben." Die
Echtheit des Gedichtes ist jedoch noch nicht außer Zweifel
gestellt. — Das Auffinden der verlorenen Schwester durch
den Bruder kehrt in anderen Volksliedern wieder, Wolf,
Hausschatz der Volkspoesie. 190, Kretzschmer und v. Zuc=
calmaglio, Volkslieder. II. 81.

139. Lindenschmidt. Wunderhorn. N. A. I. 134
mit Berufung auf das Venus=Gärtlein von Georg Pape.
Hamburg. 1659. Eine andere Version findet in dem von
Erck herausgegebenen 4ten Bande des Wunderhorns. 275 ff.
— Goethe in seiner Besprechung der alten Ausgabe des
Wunderhorns charakterisirt das Lied: „Von dem Reiter=
haften, Holzschnittartigen die allerbeßte Sorte." — Ge=
schichtliches über den Lindenschmidt (Schmidt von der Lin=
den) findet sich bei Schaab, Geschichte d. rhein. Städteb.
I. 523 ff., 511 ff, und Klüpfel, Urkunden z. Geschichte
des schwäb. Bundes. 91. 109. Vergl. auch von Schrecken=
stein, Reichsritterschaft. II. 185. Er scheint hauptsächlich
in den neunziger Jahren des 15. Jahrhunderts sein Wege=
lagern getrieben zu haben. Daß er bisweilen den Roden=
steiner vertritt, bemerkt Gräter, Idunna. 1826. Lit. Beil.
Nr. 6,

140. Deutschlands Wächter. Von Wolfgang
Müller. S. Nr. 94—96 der Mainsagen.

141. Der Hirt von Oggersheim. Von Lang=
bein. (Alter) rhein. Antiquarius. 352. Vergl. Hebel,

Hausfreund, in den sämmtlichen Werken. III. 27. Der
spanische Feldherr soll Gonsalvo de Cordova gewesen sein,
der zu Anfang des dreißigjährigen Kriegs nach Spinola
commandirte und 1625 Oggersheim in der in unserem
Gedicht erzählten Weise eingenommen haben soll, Stumpf,
Bayern. 427.   S. auch Weidenbach, Bacharach und die
Wernerskirche. 81.

142. 143. **Friedrich Barbarossa.** Von Rückert.
Der Roßkauf. Grimm, Deutsche Sagen. I. 382, mit
Berufung auf Georg Draud, Fürstliche Tischreden. Vergl.
auch Mythologie. 908. Der Entrückung bei Kaiserslautern
(Lutra, seit Kaiser Friedrich 1152 dort die Pfalz errichtet,
Kaiserslautern) gedenkt ferner Fischart, Geschichtklitterung,
Ausg. von Scheible. 504. — Ueber bergentrückte Helden:
Grimm a. a. O. 912 ff., Simrock, Handbuch. 178 ff.
231. 232. 366, W. Müller, Altdeutsche Religion. 396 ff.,
Menzel, Odin, 320 ff., u. A. — Wie lebendig sich diese
mythischen Erinnerungen auch am Niederrhein erhalten, be=
weist der im Jahre 1848 von Burg herausgegebene
„Spielbähn." Nach diesem modernen, jedoch alten An=
schauungen nicht fremden Propheten befindet sich zu Spich,
einem zur Gemeinde Sieglar gehörigen Dorfe, ein tiefer
Weiher, Pohstatt genannt; allda ist ehedem eines alten
deutschen Geschlechts prachtvolle Burg versunken; in der=
selben hausten damals zwei Brüder, von welchen der eine
bereits des wirklichen Todes Schrecknisse gekostet hat, der
andere hingegen einem Scheintodten ähnlich in Entzückung
liegt. „Diesem," sagt der alte Bernhard, „gehört recht=
mäßig das bergische Land." Nach der mörderischen Schlacht
bei Cöln, welche drei Tage und drei Nächte dauert, wird

der Entzückte erwachen, nach Cöln kommen, und Alle werden ihn als Herrn anerkennen. Ebenso wach haben sich
Erinnerungen dieser Art in Westfalen erhalten. Vergl.
Kuhn, Volksglaube. 234, und über verwandte Sagen in
den Moselgegenden dessen Stammsagen der Hohenzollern
und Welfen. 81. Mit diesen Sagen vom letzten Welt-
kampf scheint auch die am Niederrhein noch sehr verbreitete
Tradition von einem großen Kriege mit den Türken (An-
tichrist) in Zusammenhang zu stehen: Sie werden bis Cöln
vorrücken und im Dom ihre Pferde einstellen. Im Mittelalter glaubte man, die Völker des Ostens würden auf-
stehen und sich in Cöln die Gebeine der h. drei Könige
zurückholen, Annal. Disibod. ad a. 1222 bei Böhmer,
Fontes. III. 103. 104: De terra Persarum exercitus
magnus valde et fortis egressus de finibus suis per
adiacentes sibi provincias transitum fecit. Qui dicebantur
fuisse homines magne proceritatis et stature horribilis.
Quod tamen non credimus. Sed qua de causa egressi
fuerint vel quid egerint ignoramus. In brevi vero
reversi sunt ad propria. Dicebant tamen quidam, quod versus Coloniam vellent ire et
tres magos de gente eorum natos ibidem
accipere. Unum tamen scimus, quod Judeorum
gens super eodem rumore ingenti leticia exultabant
et vehementer sibi applaudebant, nescio quid de futura
libertate sua ex hoc provenire sibi sperantes. Unde
et regem illius multitudinis filium David appellabant.
Vergl. Caesarius, Dial. X. 47: Quaedam etiam gens
anno praeterito intravit regna Rutenorum et totam
ibidem gentem delevit, de qua nobis non constat, quae
sit, unde veniat vel quo tendat, und Fritsche Closener.

Stuttg. Ausg. 120: Es fur ouch ein her us von Asya bi des keisers (Friedrichs II.) ziten, die worent von eine waszer, daz heiszet Kan, un furent uf die Valben *) mit eime groszen her; den koment die Ruszen zu helfe und strittent mit dem her uñ wurdent sigelos. Do wart der Ruszen uñ der Falben me danne hundert dusent erschlagen. — Ueber die Traditionen und Mythen von einem künftigen Retter und Befreier s. auch Lüken, Traditionen des Menschengeschlechts. 300 ff. Döllinger, Kirche und Kirchen. 653, gedenkt einer italiänischen Weissagung, „daß einst ein Papa Angelico kommen werde, der Ordnung aus der Zerrüttung, Friede aus der Zwietracht, Frömmigkeit aus dem religiösen Zerfalle schaffen, der Restaurator und Beglücker Italiens werden würde." Savonarola wurde beschuldigt, seine ehrgeizige Absicht sei gewesen: Farsi Papa Angelico, Marchese, Scritti vari. Fir. 1855. 294.

144. Friedrich der Siegreiche. Von Karl Simrock. Herolt, Chronik von Hall. Ausg. von Schönhuth. 63, Lehmann, Speierische Chronik. VII. 107, Crusii ann. u. A. Hans Sachs bearbeitete den Gegenstand poetisch: „Wahrhaffte Geschichte Pfaltzgraffs Friedrichs" in Hopf's Auswahl. I. 112 ff. Bei gleichzeitigen Geschichtschreibern

---

*) „Die Slawen, die ihren (der Cumanen) ersten Anfall im Jahre 1058 erlitten (Dlugoss. I. 247), nannten sie Polowci, Bewohner der Flächen, ebenso die Deutschen Falawa (buchstäblich identisch mit Polowci), Falon, bei den Chronisten auch Valui, Valewe, Valwen geschrieben, auch verderbt Waluwen, Valans bei Rubruquis (Berger. p. 26.) C'étoit là, que vivoient les Comans et qu'ils tenoient leur troupeaux; ils s'appellent Capchat et selon les Allemans Valans et leur pais Valanie." Zeuß, die Deutschen und die Nachbarstämme. 744.

wird der Vorfall beim Mahl nicht erwähnt, Stälin,
Wirtembergische Geschichte. III. 544, was indessen die Be=
deutung und Echtheit der Sage nicht beeinträchtigt. Ueber
die Schlacht bei Seckenheim (30. Juni 1462) s. außer
Stälin a. a. O. und Kremer, Geschichte Friedrichs des
Siegreichen, das höchst lebendige und kernhafte „liet der
nyederlag“ des Gilgenschein und das „Lied von des bösen
Fritzen Schlacht“ von Hans von Westernach bei Mone,
Quellensammlung der badischen Landesgeschichte. III. 140 ff.
Um die Fruchtfelder desto sicherer zu verwüsten, hatten
manche Reiter Baumäste an die Schweife der Pferde ge=
bunden, Stälin a. a. O. 537.

145. **Die Sage vom Wolfsbrunnen.** Von Eduard
Brauer. Zuerst erzählt von Hubert Thomas Leodius,
De Heidelbergae antiquitatibus, welcher die Sage von
Joh. Berger aus einem alten Buch erhalten haben will,
bei Grimm, Mythologie. 85: Quo tempore Velleda
virgo in Bruchteris imperitabat, vetula quedam, cui
nomen Jettha, eum collem, ubi nunc est arx heidel-
bergensis et Jetthae collis etiam nunc nomen habet,
inhabitabat vetustissimumque phanum incolebat, cujus
fragmenta adhuc nuper vidimus, dum comes palatinus
Fridericus factus elector egregiam domum construxit,
quam novam aulam appelant. Haec mulier vaticiniis
inclyta et quo venerabilior foret, raro in conspectum
hominum prodiens volentibus consilium ab ea petere
de fenestra, non prodeunte vultu, respondebat . . . .
Sed ut tandem fabulosae antiquitati valedicamus, lubet
adscribere, quae is liber de infelici morte ipsius Jetthae
continebat. Eggressa quondam amoenissimo tempore

phanum, ut deambulatione recrearetur, progrediebatur juxta montes, donec pervenit in locum, quo montes intra convallem declinant et multis locis scaturiebant pulcherrimi fontes, quibus vehementer illa coepit delectari, et assidens ex illis bibebat, cum ecce lupa famelica cum catulis e silva prorupit, quae conspectam mulierem nequicquam divos invocantem dilaniat et frustatim discerpsit. Quae casu suo fonti nomen dedit vocaturque quippe in hodiernum diem fons luporum, ob amoenitatem loci omnibus notus. Grimm a. a. O. 86 bemerkt hiezu: „Es wird jetzt kaum angehen, zu scheiden was hierin echte Sage sein kann und was die Gelehrsamkeit des 16. Jahrh. zur Verherrlichung der neuerbauten Pfalz Heidelberg (= Heidberg) zudichtete; selbst das Fenster auf dem Hügel mag dem Thurm der Beleba nachgebildet scheinen, obgleich auch Brynhild auf dem Felsen wohnt und einen hohen Thurm hat (Völs. saga. cap. 20. 24. 25), vergl. Menglöd (ahd. Maniklata?) mit neun Jungfrauen zu ihren Knien auf dem Felsen (Saem. 110. 111.) Wäre der Zauberin Name statt Jettha Heida, so würde das zu der Oertlichkeit besser stimmen, und vielleicht das altn. Heidr darin wiederklingen." S. auch Quad von Kinkelbach. a a. O. 140. 141 und Grimm, Deutsche Sagen. I. 209. 210. Der Name Jettha bezeichnet die Wahrsagerin als den Riesen (nord. iötunn, schwed. Jätten) angehörig, Simrock, Handbuch. 435. — Amalie von Helwigs deutsch=nordische „Sage vom Wolfsbrunnen" ist „ein schillerndes buntscheckiges Mährchen, dem nichts fehlt, als der Schein der Wahrheit."

146. **Der Nixentritt.** Von G. Kinkel, Grimm, Deutsche Sagen. I. 394, nach der badischen Wochenschrift.

1806. Nr. 21. Ueber Nixen, Mümmelchen und sonstige Wassergeister: Grimm, Mythologie. 456 ff., W. Müller, Altdeutsche Religion. 369 ff., Simrock, Handbuch. 473 ff., Hocker, Volksglaube. 229. 230, u. A. S. auch Nr. 159. 160 der Rhein= und Nr. 27. 57. 58. 69 der Mainsagen.

147. **Kaiser Rudolfs Grabritt.** Von W. Wacker=nagel. Nach Ottokar von Hornek bei Pez. 344. König Rudolf starb am 15. Juli 1291: „Bis zum letzten Augen=blick blieb er der Sinne und der Sprache mächtig. Sein Leichnam wurde beigesetzt im Münster unserer lieben Frau, wo er sich den Platz selbst gewählt hatte neben Philipp, dem letzten Könige, der als solcher in deutscher Erde be=graben worden war. Sein Grabstein enthielt das früheste Portrait, welches man in Deutschland kennt (vergl. Ottokar. 344), und die Umschrift: Anno domini m. cc. xc. I. mense iulio in die divisionis apostolorum obiit Ru-dolfus de Habesbure Romanorum rex anno regni sui XVIII. Er hat die Verwüstungen, welche den speierer Dom durch die Franzosen trafen, überdauert und existirt, wenn auch beschädigt (eine gute Abbildung bei Lichnowsky), aber nicht mehr im Dom, sondern in der Antiquitätenhalle zu Speier!" Böhmer, Reg. inde ab 1246—1313. 156. Simrock, Rheinland. 67, beschreibt den Stein: „Rudolfs Gestalt ist hocherhaben ausgehauen, auf dem Rücken liegend, die Hände auf der Brust gefaltet. Das Gesicht bezeichnet einen magern Greis, die Runzeln der Stirne sind scharf ausgegraben, das Haupt deckt die Königskrone, ein falten=reicher Talar geht ohne Gürtel bis zu den Füßen, die auf einen ruhenden Löwen gestellt sind. Brust und Schultern verzieren Wappenschilde mit dem Adler und springenden

Löwen." — Justinus Kerner in seinem Gedichte: Kaiser
Rudolfs Ritt zum Grabe, hat den schönen Zug vom Bild-
hauer unbenützt gelassen, schildert dagegen höchst wirksam
Rudolfs letzte Lebensstunden.

148. **Nächtliche Erscheinung zu Speier.** Von Wolfgang Müller. Grimm, deutsche Sagen. I. 363, nach
Melanchthons Erzählung reimsweise gestellt von Georg Sabinus und abgedruckt bei Weier, Von der Zauberei. I. 17.
Vergl. Mythologie. 792. Simrock a. a. O. 68. „Wir
haben Speier die Todtenstadt unserer Kaiser genannt. Galt
sie aber unsern Altvordern vielleicht für die Todtenstadt überhaupt? Da es schwer ist, in diesen mythischen Halbfinster-
nissen klar zu sehen, so wollen wir die Leser selber urtheilen
lassen. Man weiß aus Grimm, daß hier und da auch bei
den Deutschen die Vorstellung auftaucht, als ob die Seelen
der Verstorbenen durch ein stygisches Wasser müßten, welches das Reich der Lebendigen von dem der Todten scheide.
Selbst die Sitte, den Leichnamen eine Münze in den Mund
zu legen, damit sie das Fährgeld zahlen könnten, muß uns
einst nicht fremd gewesen sein. An einigen Orten und darunter auch zu Speier weiß der Volksglaube, dem uralte heid-
nische Erinnerungen zu Grunde liegen mögen, von gespen-
stischen Erscheinungen zu erzählen, die durchaus an solche
Vorstellungen erinnern. In stürmischer Nacht wird z. B.
ein schlaftrunkener Schiffer von einer unheimlichen Gestalt
geweckt, die ihm den Fährlohn in die Hand drückt und über
den Strom gebracht zu werden verlangt. Statt des Einen
steigen dann Sechse ein, und wenn der Schiffer nicht gleich
abstößt, so füllt sich der Kahn mit schwarzen und weißen
Gästen, daß der Fährmann keinen Raum für sich selber behält.

Ist er endlich drüben, so wirft ein Sturm den Kahn an
die Stelle der Abfahrt zurück, wo schon neue Reisende har-
ren und das gespenstische Wesen von Neuem angeht. Zuweilen haben die Unbekannten auch ihre eigenen Nachen,
die so gedrängt voll geladen werden, daß der Rand kaum
fingerbreit über dem Wasser steht. Nicht immer sind die
Reisenden sichtbar, aber deutlich werden ihre Stimmen vernommen. Schon Procop hat eine solche Ueberlieferung aufgezeichnet, jene zu Speier von den überschiffenden
Mönchen hat Georg Sabinus nach Melanchthons Erzählung in Reime gestellt. Es ist gewiß nicht zufällig, daß
diese weit verbreitete Sage unter allen Rheinstädten gerade
in Speier heimisch ist. Doch könnte man fragen, ob die
Gräber unserer Kaiser zu der Ansiedelung der Sage Veranlassung waren oder ob umgekehrt die fränkischen Kaiser
ihre Begräbnisse nach Speier verlegten, weil die bortige
Gegend unsern Vätern für das Land der Seelen galt?"
Ueber die bei Procop., De bello Goth. IV. 20. Ed. Bonn.
II. 567, mitgetheilte brittische Sage von der Seelenüber-
fahrt und verwandte Nachrichten: Grimm, Mythologie 792
ff.; vergl. Piper, Mythologie und Symbolik der christlichen
Kunst. I. 226 ff.; über den Rhein als Todtenfluß und
eine Seelenfahrt von Cöln nach dem Siebengebirge: Schade,
Ursula, 123, Hocker, Stammsagen der Hohenzollern und
Welfen. 94 ff., und mein Caesarius. 9. 148. Aus der
mitgetheilten Stelle Simrocks ergiebt sich die Veränderung,
welche der Dichter mit der Sage, übrigens höchst geistvoll
und im Sinne derselben, vorgenommen hat.

149. **Die Glocken zu Speier.** Von Max von Oer.
Nr. 1 bezieht sich auf Heinrich IV, der am 6. Aug. 1106

zu Lüttich, und Nr. 2 auf Heinrich V. der am 23. Mai 1125 zu Uetrecht starb. Eine Quelle der Sage habe ich nicht auffinden können. Schöppner, Bayerisches Sagenbuch. I. 312, beruft sich auf Geiffel, Kaiserdom. III. 325, wo aber nur der Tod der beiden Kaiser kurz erwähnt wird. Ueber Gründung und Bau des Doms zu Speier s. Giesebrecht, Kaiserzeit. II. 570. 571. Vergl. auch meinen Caesarius. 19.

150. **Der Recrut auf Philippsburg.** Von Karl Simrock. (Alter) rheinischer Antiquarius. 283 ff., Vergl. auch Hebel, Hausfreund, in den sämmtlichen Werken. III. 118. Philippsburg wurde 1734 während des über die polnische Königswahl entstandenen Kriegs belagert und am 18. Juli erobert, Reichs-Fama. XXII. 129. 275, Häberlin. §1607 ff.

151. **Die Gründung von Karlsruhe.** Von Eduard Brauer. Baader, Volkssagen aus Baden. 184. Markgraf Karl von Baden-Durlach (1709—1738) legte 1715 den Grundstein zu dem einfachen Jagdschlosse im Hartwalde, welches zur Gründung von Karlsruhe Anlaß gab. Wie er sich das Schloß zu einem orientalischen Paradiese umgewandelt, ist bekannt. Vergl. die Briefe der Herzogin Elisabeth Charlotte von Orleans. 361. 419. 492.

152. **Das Hündchen von Bretten.** Grimm, Deutsche Sagen. I. 154, nach mündlicher Mittheilung. Fischart spielt öfter darauf an, Geschichtklitterung. Ausg. von Scheible. 102, Aller Practik Großmutter. Dies. Ausg. 565, und Leben des heil. Dominicus bei Goedeke, Elf Bücher deutscher Dichtung. I. 168.

153. **Graf Eberstein.** Von Uhland. Crusii ann.

Suev. Dod. II, 108, nach ihm Lehmann, Speierische Chronik. 344, Grimm a. a. O. II. 166 ff. u. A. Der Kaiser soll Otto I. gewesen sein, das Jungfräulein seine Schwester Hedwig, die sich mit Grafen Eberhard von Eberstein ver= mählt.

154. **Branthemd und Todtenhemd.** Von Karl Simrock. Lothar, Volkssagen. 61 ff. Vergl. Grimm, Mythologie. 1055, und Simrock, Handbuch. 437.

155. **Der Grafensprung bei Neueberstein.** Von August Kopisch. A. Schreiber, Sagen aus den Rhein= gegenden. 192. Wolfgang Müller beruft sich für seine Be= arbeitung, Lorelei. 479, auf mündliche Ueberlieferung. Eine andere Deutung des „Grafensprungs" findet sich bei Baader a. a. O. 147. Vergl. Nr. 66 der Rheinsagen.

156. **Die Teufelskanzel.** Von August Stöber. Grimm, Deutsche Sagen. I. 272, mit Berufung auf des Teufels Homilien. Frankfurt. 1800. Der hier fehlende Zug vom Einschreiten des Engels findet sich bei Schreiber a. a. O. 182. 183. Vergl. auch Wolf, Deutsche Sagen. 559.

157. **Das Burgfräulein von Windeck.** Von A. von Chamisso. Schreiber a. a. O. 173 ff., wo ein alter Winzer als Quelle angegeben wird. Vergl. Menzel, Odin. 253. Ueber Burgfräulein der in unserem Gedicht bezeichneten Art: Grimm, Mythologie. 914, W. Müller, Altdeutsche Religion. 126. 127, Wolf, Deutsche Götter= lehre. 124 ff., u. A. Die Wein darbietende Jungfrau erinnert an Odins Wunschmädchen (Freyja), welche den

Einheriern in Valhöll das Trinkhorn reichen, Simrock,
Handbuch. 377; der verlockende Hirsch hat in dessen Bertha,
die Spinnerin. 77 ff. seine Erklärung gefunden: Es ist
der Sonnenhirsch des eddischen Sólarljód, der als Psycho-
pompos der Unterwelt zuführt. Vergl. Wolf, Beiträge.
II. 421 ff. Ueber die Bedeutung der Berge als Götter-
wohnungen (Himmel, Unterwelt) s. W. Müller a. a. O.
396 ff., Simrock, Handbuch. 178 ff. 231. 232. 366,
u. A. — Verwandte Sagen von Schätze hütenden Jungfrauen sind überaus verbreitet und finden sich beinah in
jeder größeren Sagensammlung. Am Niederrhein scheint
die Jungfrau von der Löwenburg, wie sie Weyden, Godesberg. 65. 66, schildert, auf Echtheit Anspruch erheben zu
können: Sie erscheint einem Jäger und verlockt ihn zu den
Ruinen der Löwenburg, wo sie eine steinerne Wendeltreppe
hinunter zuerst in ein Gewölbe und dann in eine hell er-
leuchtete Kammer gelangen. Dort sitzen an steinernem Tisch
drei Todtengerippe, neben jedem ein Häuflein Bohnen. Die
Jungfrau winkt dem Jäger sich davon zu nehmen, und er
nimmt sich von jedem Häuflein drei Bohnen. Als er sich
im Freien befindet, hat er drei Goldstücke, drei Silber-
und drei Kupfermünzen. Vergl. die Sage von der hohen
Acht bei von Mering, Burgen rc. V. 105. 106, sowie
Nr. 192 der Rhein= und 48 der Mainsagen.

158. **Die Felsenkirche zu Oberachern.** Von A.
Kopisch. Lothar, Volkssagen. 94 ff. Vergl. Wolf, Bei-
träge. II. 35 ff. Eine nahe verwandte Sage von der
Landskrone berichtet Kinkel, Ahr. 210, worüber es bei
Wolf a. a. O. heißt: „Ein feindlicher Ritter brach in
Abwesenheit der Herren von Landskron in deren Schloß

ein. Die drei Fräulein von Landskron flohen von dem Räuber verfolgt auf eine Felskante und sprangen von dort auf den Fels herab, der noch eine Capelle trägt. Dort verschwanden sie, denn der Felsen hatte sich geöffnet und eine Grotte gebildet, die sich hinter ihnen schloß. In der Grotte entschliefen sie. Dem wiederkehrenden Vater zeigte ein Engel den Ort. Noch sieht man in der That in der Capelle, eine natürliche Felsengrotte aus den schönsten regelmäßigen Basaltsäulen gebildet, die jetzt als Sanctuarium der dicht an die Felsenwand angelehnten Capelle dient. Die Stätte bleibt fortwährend ein besuchter Wallfahrtsort bei Kinderkrankheiten.“ Daß es ursprünglich jedoch fünf Jungfrauen gewesen, bezeugt eine Urkunde bei Gudenus, Cod. dipl. II. 1341, vom Jahr 1470, worin die Capelle als capella beatae Mariae virginis prope castrum Landskron, vulgariter nuncupata der fünff Junfern Capell bezeichnet wird. S. auch die Legende von der h. Odilie, Nr. 180 der Rheinsagen. Wolf a. a. O. sucht in den drei, fünf oder sieben Jungfrauen die aufgelöste Einheit Holda (Maria), für welche bei Verfolgungen die ganze Natur zum Schutze auftritt, während verfolgte Götter mehr auf ihre Kraft vertrauen und jenes Schutzes weniger bedürftig sind. Weitere Varianten finden sich außer bei Wolf a. a. O. 32 ff. bei Grimm, Deutsche Sagen. I. 413 ff.

159, 160. Mummelsee. Mummelsees Rache. Von August Schnezler. Simplicissimus. V. 10. Ausg. von Wolff. 53 ff. Bergl. Kircheri mund. subterram. VIII, 4, 2, Grimm, Mythologie. 473. 564, und Nr. 146 der Rheinsagen. — Bei dem engen Zusammenhang dieser Sagen mit der umgebenden Natur dürfte fol-

7

gende Schilderung des Mummelsees, welche wir einem
trefflichen Landschafter, Alban Stolz, entnehmen, an ihrer
Stelle sein: „In der Ortenau liegt ein hoher bunkler Berg,
lang und schwarz dahingestreckt wie ein ungeheurer Riesen=
sarg und bis in den Sommer hinein mit Schneestreifen
befleckt. Dieses gewaltige Felsenwerk heißt man die Hor=
nißgründe. Auf diesem Gebirg liegt zwischen hohen steilen
Bergwänden ein See, der Mummelsee. Rings um ihn
stehen graue Felsen und schwarze Tannen in die Höhe und
schauen herab in das tiefe unergründliche Gewässer. Nur
wenig Himmel sieht man über sich und weit und breit keine
menschliche Spur; kein Feld, kein Weg, kein Laut; wie
wenn du der erste Mensch wärest, der diese Einöde betritt.
Nur still wie ein Geist schwebt ein weißer Schmetterling
über die Höhe, und dem Ufer nahe sitzen schwarze Molche
unter dem Wasser wie in stummem Staunen verloren und
erstarrt. Aber kein Fisch regt sich und lebt in diesem
dunkeln Wasser; nur ein kühles Bächlein drängt sich aus
dem See heraus und sucht zwischen Wald und Fels einen
wilden Weg zu den Menschen hinab in's ferne Thal.
Manchmal — nach Jahren noch — sitzt meine Seele dort
auf einem Stein und schaut hinüber in den schwarzen Wald
und hinunter in den tiefen See. Und wenn du auch da hin
sitzest, und Alles so unendlich still und einsam um dich ist,
und du schauest über den dunkeln grundlosen See hin und
zu den uralten Felsen und den melancholischen Tannen=
bäumen um ihn her, da wird es dir sehr wunderbar im
Gemüth, wie wenn du nicht mehr auf der Erde wärest,
und es kommt dir, als wollest du aus tiefster Seele heraus
bitterlich weinen, lang und ohne Unterlaß, und weißt nicht
warum."

161. **Richard Löwenherz.** Von Karl Simrock. Raumer, Geschichte der Hohenstaufen. III, Michaud, Hist. des crois, II. 324, Capefigue, Hist. de Philippe Auguste. II. 99, u. A. Das Lied, mit welchem Blondel seinen Herrn begrüßt, soll begonnen haben:

> Wer mag ohne tiefstes Sehnen,
> Grausame, bei dir verweilen?
> Doch ertrag' ich Leid und Thränen,
> Weil mein Loos so Viele theilen.

Worauf der König geantwortet:

> Mein Gemüth beweget Keine,
> Deren Blicke ringsum wandern —
> Lieber noch verschmäht alleine,
> Als geliebt mit so viel Andern.

Ein von Richard kurz vor seiner Befreiung im Kerker gedichtetes Lied übersetzt Diez, Leben und Werke der Troubadours. 103:

> Zwar redet ein Gesang'ner insgemein
> Nicht mit Geschick in seiner herben Pein,
> Doch dichtet er, vom Gram sich zu befrei'n.
> Freund' hab' ich viel, doch sind die Gaben klein,
> Schmach ihnen, daß um Lösgeld ich allein
> Zwei Winter lieg' in Haft.

> Nun ist es meinen Mannen doch bekannt
> In Normandie, Poitou und Engelland;
> So armen Kriegsmann hab' ich nicht im Land,
> Den ich im Kerker ließ um solchen Tand.
> Nicht hab' ich dieß zu ihrem Schimpf bekannt,
> Doch bin ich noch in Haft.

7*

148

Wohl ist es mir gewiß zu dieser Zeit
Todt und gefangen thut man Niemand leid,
Und werd' ich ob des Goldes nicht befreit,
Ist mir's um mich, mehr um mein Volk noch leid,
Dem man nach meinem Tod es nicht verzeiht,
Wenn ich hier bleib' in Haft.

Kein Wunder, daß mein Herz von Kummer schwer:
Mein Herr drängt ja das Land mir allzusehr
Und denket unsers Eides nimmermehr,
Den wir vor Gott geschworen, ich und er;
Doch weiß ich wohl, daß ich nicht lange mehr
Hier schmachten muß in Haft.

Uebrigens wurde Richard in der kaiserlichen Haft, nach
dem Zeugniß des Scholasters Oliver, ehrenvoll behandelt
und scheint sogar ein lustiges Leben geführt zu haben, Rau=
mer a. a. O. Er empfing häufig Besuche und Geschenke
von englischen Großen, Otto Sanblas. bei Böhmer, Fontes. III. 621. — S. auch Percy, Reliques of ancient
english poetry. Lond. Ausg. von 1845. Einl. XVII,
wo das Original obigen Liedes (Domna, vostra beutas)
mitgetheilt wird.

162. Kaiser Heinrich der Heilige. Von August
Stöber. Königshoven. Ausg. von Schilter. 111. Vergl.
Gfrörer, Kirchengeschichte. IV. 1. 196, wo die ältere Er=
zählung, welche den Vorgang nach Verdun verlegt, mitge=
theilt wird, und Giesebrecht, Kaiserzeit. II. 76. 177. 178.
— Bischof Werinchar (Werner) wird uns noch einmal in
Nr. 198 begegnen.

163. **Das Münster zu Straßburg.** Von L. A. von Arnim. Königshoven a. a. O. 563. Das Ereigniß soll am Tage Maria Lichtmeß 1276 unter Bischof Konrad von Lichtenberg Statt gefunden haben. Vergl. Stöber, Oberrheinisches Sagenbuch. 593. Ueber den alten Glauben, Bauwerke müßten durch Blut befestigt werden, und die Sagen von eingemauerten Menschen (Opfer) s. Grimm, Mythologie. 1095 ff. Simrock, Handbuch. 517.

164. **Das Uhrwerk im Münster.** Von Adolf Stöber. Nach Stöber a. a. O. "verbreitete straßburger Volkssage, die sich bis auf den heutigen Tag erhalten hat." J. Habrecht aus Schafhausen vollendete das Werk 1574, wurde dann Stadt- und Domuhrmeister und vererbte diese Stelle auf seine Familie, die 1732 erlosch. Stöber a. a. O. Fischart beschrieb (nach Dasypodius) das Werk poetisch: "Eigentliche Fürbildung Und Beschreibung deß Kunstreichen Astronomischen und Weitberühmten Uhrwerks zu Straßburg im Münster, in welcher nicht allein der abriß aller und ieder Scheiben Sondern auch ihre Abtheilung, Ziffern, und schrifften Eigentlich zu erkennen, wie auch die Rechnung aller sichtbaren Finsternussen biß auff das 1650. Jahr klärlich zu erlernen," bei Spedele. Elf Bücher deutscher Dichtung. I. 173 ff. — Varianten sind sehr verbreitet, in Nürnberg, Danzig u. a. a. O. In Danzig wird es von der astronomischen Uhr erzählt, welche Hans Düringer aus Nürnberg verfertigt hatte. Brun und Fischer, Minerva. 1856. II. 213. Nach der spanischen Romanze vom König Don Juan (Por Guadalquivir arriba) wird der Baumeister, welcher die Alhambra gebaut, ermordet, damit er dem Andalusierkönig nichts Gleiches erbaue. Geibel, Volks-

lieder und Romanzen der Spanier. 128. Johann Wassil=
jewitsch, der 1554 die höchst wunderliche, phantastisch=ver=
schnörkelte und koloſſal=kleinliche Kirche Waſſily Blaſhennoi
zu Moskau nach eigenen Ideen erbaute, ließ dem Architekten
die Augen ausstechen, um das tolle Werk als unicum zu
erhalten, Bodenstedt, Tausend und Ein Tag im Orient. 5;
Achmed Pascha ließ aus gleichem Grunde den Baumeister
der Moschee auf der Festung zu Achalzich ermorden, Boden=
stedt a. a. O. 177, u. s. w.

165. **Kaiser Sigismund**. Von Adolf Stöber.
Nach Bernhard Herzogs edelsässischer Chronik und einer
von Schilter nicht benützten Fortsetzung des Königshoven,
Stöber a. a. O. 583. Der Besuch des Kaisers fällt in
das Jahr 1414. Vergl. auch Lehmann, Chronik von Speier.
797. Sigismund war ein „fröhlicher, schimpflicher Herr"
und dem weiblichen Geschlechte höchst zugethan. Vergl. Eber=
hard Windeck bei Mencken. I. 1090. Auch seine Umge=
bung lebte diſſolut, Schreckenstein, Reichsritterschaft. I. 575;
ein galantes Abenteuer des Kanzlers Schlick gab zu dem
Roman Eurialus und Lucretia Anlaß, Gräße, Lehrbuch der
Literärgeschichte. II. Abth. 3. 483. 484. — Lorenzo von
Medici scheint ähnliche Tanzliebhabereien gehabt zu haben
wie Sigismund: Ein Bild stellt ihn dar, wie er Abends
durch die Gassen streichend von einer Schaar reigender Mäd=
chen einen Kranz erhält. Er verfaßte Tanzlieder für die
Töchter von Florenz in der Volkssprache.

166. **Die Reise des Züricher Breitopfs**. Von Lang=
bein. Nach Fischarts glückhaftem Schiff. Die Fahrt wurde
am 20. Juni 1576 vollführt. Vergl. Stöber a. a. O.

584 ff. Eine ähnliche Fahrt nach Straßburg hatte 1456 Statt gefunden, Johann von Müller, Schweizergeschichte. IV. Cap. 6. Ueber Schützenfeste s. die Einleitung zu Hallings Ausg. des glückhaften Schiffs.

167. **Der Ring.** Simrock, Volkslieder. 126 ff.

168. **Das Alphorn und der Schweizer.** Wunder= horn. N. A. I. 151.

169. **Münstersage.** Von Uhland. Dichterische Er= findung, auf dem Umstande gründend, daß der Name Goethe's von seinen akademischen Jahren her auf der Plattform des straßburger Münsters, dem Uhrwerk gegenüber eingegraben steht, Stöber a. a. O. 596. Unsere beiden Sammlungen enthalten außer dieser noch einige Huldigungen für Deutsch= lands größten Dichter, s. Nr. 86 der Rhein= und Nr. 92 und 105 der Mainsagen.

170. **Das Mährchen beim Weine.** Von Dräxler= Manfred. Stöber a. a. O. 574. Weinkellersagen sind äußerst verbreitet; sie finden sich bei Grimm, deutsche Sagen. I. 20 ff. 164 ff., und Menzel, Odin. 260 ff. S. auch Nr. 75 der Mainsagen. — Mir hat die Sage Anlaß zu folgendem Sonnete gegeben:

Im Elsaß ragt ein Berg in lichtem Scheine,
   Von wunderbarstem Weinesduft umronnen,
   Denn unten liegen alte schwere Tonnen,
Gefüllt mit starkem, gold'nem Kaiserweine;
Und nah'st Du Dich dem dufterfüllten Steine,
   So tritt ein Mann hervor an's Licht der Sonnen
   Und reicht dir aus dem unerschöpften Bronnen
Den besten Trunk, belebend Mark und Beine.

Wie lebhaft mahnt mich dieser Kellermeister,
Der freundlich lächelnd in gefülltem Römer
Den Labetrunk darreicht den durst'gen Gästen,

An einen Schenk im hohen Reich der Geister:
Gleich ihm reicht uns der Kaiserwerkmann Böhmer
Den Firnewein der Fontes und Regesten.

171. **Der Gang nach dem Eisenhammer.** Von
Schiller. Der Dichter soll die Sage in Jena von einem
elsäßischen Hammerschmied gehört haben.*) Zu den von
Stöber a. a. O. 561 gesammelten Zeugnissen für die Sage
(Méon, Nouv. recueil des fabl. II. 331, Cento nov.
ant. 68, Girald. Cinthio. Hecathommithi, VIII. 6, Vas-
concella, Thaten der Könige von Portugall. VIII. 15, Pel-
barti pomoerium, Serm. de temp. u. A.) gehören noch:
Die Erzählung aus der Seele Trost bei Wackernagel, Lesebuch. Ausl. II. I. 986; die bamberger Sage von der
Gertraudencapelle, Schöppner, Bayerisches Sagenbuch. I.
204; die Geschlechtssage der Herrn von Kaltreuth, Zedlitz-
Neukirch, Preußisches Adelslexikon. u. v. Kalkreuth. Der
Stoff wurde auch 1717 zu Ingolstadt als Jesuitenkomödie
aufgeführt: Poena tallonis, das ist Vergeltungsstrafe. Sie
spielt am Hofe des Königs Dionysius (Diniß) von Lusi-
tanien; Fridolin heißt Berill und sein Feind Ruffin. Der
Verfasser des Stücks scheint nach Ludovicus Granatensis,

*) Schiller schreibt an Goethe am 22. Sept. 1797: „Der Zu-
fall führte mir noch ein recht artiges Thema zu einer Ballade zu....
Sie ist überschrieben: Der Gang nach dem Eisenhammer, woraus
Sie sehen, daß ich auch das Feuerelement mir vindicire, nachdem ich
Wasser und Luft bereist habe." 1797 ist bekanntlich des Dichters
„Balladenjahr," in welchem auch der „Taucher," der „Handschuh,"
der Ring des Polykrates," die Kraniche des Ibykus" und „Ritter
Toggenburg" entstanden.

Catechismus in symbolum fidei, und P. Mich. Pexen-
felder, Concionator historicus, gearbeitet zu haben; Letzterer verlegt den Vorfall in das Jahr 1280. S. Zeuler
im Inland. 1829. Nr. 40. 41. Eine anklingende arabische
Sage erzählt der Engländer Burton: Abu Leheb, der Onkel
des Propheten, hatte einem seiner Diener befohlen, den ersten
Mann, welcher an einem vor Mekka gelegenen Brunnen
erscheinen würde, hineinzustürzen, und dann seinen Neffen
überredet, am Abend sich dorthin zu begeben. Abu Leheb
konnte indessen die Zeit nicht abwarten und gieng hin sich
zu überzeugen, ob Mohamed schon todt sei; der Diener aber
erfüllte den Befehl zu buchstäblich und stürzte den Oheim
statt des Neffen in den Brunnen. Daher das arabische
Sprichwort: „Wer seinem Bruder einen Brunnen gräbt,
fällt selbst hinein." Endlich dürfte auch daran erinnert werden,
daß sich unter den zwölf goldenen Lehren, welche der König
dem Ruodlieb (Fragm. III) mit auf den Weg gab, auch
diejenige befunden, deren Befolgung dem Fridolin das Leben
erhielt: „Nie an einer Kirche vorüberzugehen, ohne für einige Augenblicke einzutreten." — Stöber a. a. O. 504
behauptet, die Sage lebe noch als Volkstradition in den
Thälern hinter Zabern, namentlich in Reinhardsmünster,
wo noch jetzt ein Eisenhammer ist. Die gegen die Localität
gemachte Einwendung, es habe nie eine Gräfin von Zabern
gegeben, ist von keinem Belang. — Vergl. auch Götzinger,
Deutsche Dichter, erläutert. Zürich. 1831. I. 233 ff.

172. Das Riesenspielzeug. Von A. von Chamisso.
Durch einen Förster der Frau Engelhardt, geb. Schweig-
häuser, mitgetheilt und von Ihr in elsässische Reime gebracht,
wurde diese Sage durch Veröffentlichung in Grimms Mytho-

7**

logie. 505 sehr bekannt und auch von schriftdeutschen Dichtern bearbeitet. Seitdem fanden sich vielfache Varianten
derselben in und außerhalb Deutschlands. A. Kuhn erzählt
sie von Rietz in Brandenburg, Schambach aus Niedersach-
sen, Lyncker aus Hessen; Franken kennt sie in Rüdenau,
s. Nr. 68 der Mainsagen. Eine gleichlautende Erzählung
aus Södermannland berichtet R. Dybeck, Runa. Stoekh.
1842, 1843, Verwandtes aus der Walachei Schött, Walachische Märchen und Sagen. 283. Vergl. Grimm, Geschichte der deutschen Sprache. 11. 531, Hocker, Volksglaube.
231, dessen Stammsage der Hohenzollern und Welfen und
die schon erwähnte Nr. 68 der Mainsagen. — Meistens
schmählt der alte Riese mit der Tochter und sagt, der Bauer
sei kein Spielzeug: „Thu's fort, mein Kind! Sie gehören
zu einem Volk, das den Riesen großen Schaden zufügt:
Wir müssen weg aus diesem Land, und sie werden hier
wohnen." „Wie winzig klein der Mensch neben den unge-
heuern Riesen erscheint, so graut doch diesen heimlich vor ihm:
Besonders ist ihnen der Ackerbau verhaßt, weil er sie zur
Auswanderung zwingt. Die Riesen vertreibt die Kultur,
welche die Wälder lichtet und selbst Gebirge urbar macht,
das wilde Steinreich bewältigt, das in den Riesen vorgestellt ist," Simrock, Handbuch. 436. 437. Die Sage symbolisirt also den Sieg des Geistes über physische Kraft und
Körperstärke, während die modernen Dichter mehr das Moment
der Klugheit hervorheben, das dem Herren gebietet, die Un-
tergebenen, die für ihn schaffen und sich abmühen, mit Rück-
sicht und Schonung zu behandeln.

173. **Das hasselocher Thal.** S. Nr. 62 der Mainsagen.

174. Drei Aehren. Von August Stöber. Nach Ichtersheim Topographie, Stöber a. a. O. 551. Ueber die Achtung der Thiere, namentlich der Bienen, vor dem heil. Sakrament f. Wolf, Beiträge. II. 452 ff., und meinen Caesarius, 155; über Hostienraub ebendaf. 167 ff. Bergl. Nr. 216 der Rheinsagen. Verwandte Sagen finden sich schon bei den Alten: Nach Pausanias. X. 5 soll in Delphi ein Apollotempel gewesen sein, den die Bienen aus Wachs und Federn erbaut hätten. Die Bienen stammen aus dem Paradies; um der Sünde der Menschen willen verließen sie es, und Gott gab ihnen seinen Segen. Darum kann die Messe nicht gesungen werden ohne Wachs, Ancient laws of Wales. I. 739.

175. Der Fuß an der Wand. Von Karl Simrock. Bekannte Wunschweibsage. Bergl. Grimm, Mythologie, 391. 405. Simrock bearbeitete den Stoff nach dem mhd. Gedichte Erkenbolds auch für seine Volksbücher: Die Legende vom Ritter Peter Dimringer von Staufenberg in der Ortenau. Nr. XIII. der Volksbücher. Ueber den Zusammenhang der Sage mit älteren Mythen, namentlich Berte as grans piés, und dem Hause Zähringen: Simrock, Bertha, die Spinnerin. 132 ff., und Handbuch. 421. Bergl. auch Menzel, Odin. 309 ff. und unsere gleichfolgende Nr. 181. — Paracelsus gedenkt unserer Sage in seiner Abhandlung von Undinen, Sylphen u. f. w. Tract. 4, Fischart in der Geschichtklitterung. Ausg. von Scheible. 187.

176. Wie das hornberger Schießen ausgieng. Von Eduard Brauer. Schnezler, Badisches Sagenbuch. I. 485. Hornberg im badischen Schwarzwalde, bis 1810 wittem-

bergisch, ist nicht mit dem durch Götz von Berlichingen be=
rühmt gewordenen Hornberg am Neckar zu verwechseln. —
Das Sprichwort: „Er hat das Pulver zu früh verschossen,"
scheint mit unserem Schwank in Verbindung zu stehen; die
sprichwörtliche Redensart: „Das geht aus wie das hornber=
ger Schießen," höre ich fast täglich.

177. **Das Lügenfeld.** Von Adolf Stöber. The-
gani vita Ludovici. 42 bei Pertz, Monum. II. 598, Vita
Ludovici imperatoris ebendas: 635.

178. **Der Thurm von Thann.** Von Franz Kugler.
Chapuy, Moyen âge pittoresque. III. 16. Bergl. Stö=
ber a. a. O. 547. Ueber das Tannenfest am Vorabend
von St. Theobald s. auch Friedreich, Symbolik und Mytho=
logie der Natur. 326. 327.

179. **Die blinde Ottilia.** Simrock, Volkslieder. 146.
Bergl. Jacob. a Voragine, Legenda aurea. Ed. Graesse.
876 : Odilia sciens patrem suum in purgatorio uri in
latere montis, ubi nunc claustrum est situm, tantum et
tam lacrymabiliter oravit, quod coelum super eam aper-
tum est et lux magna circumfulsit eam et vox dixit:
Propter te liberatus est pater tuus. Näheres in der
folgenden Nr. 180.

180. **Drei Legenden von der heiligen Odilie.** Von
Karl Simrock. Quellen, Literatur und Kritik bei Rett=
berg, Kirchengeschichte. II. 75 ff. Das Legendarische findet
sich ausführlich in einer Vita des elften Jahrhunderts bei
Mabillon III. 2. 486, das Wunder von der Heilung des
Aussätzigen im Bruchstück einer alten Handschrift bei Ec-

card, Orig. fam. Habsb. 88; Odilias Blindheit und wie
sie durch das Taufwasser das Gesicht erhielt, berichten die
Annal. Argent. prolix. bei Böhmer, Fontes. III. 66,
Königshoven a. a. O. 515 u. A. Ueber die Entrückung
in den Felsen s. Wolf, Beiträge. II. 33, und Nr. 158 der
Rheinsagen. — Ueber eine hl. Ottilia zu Tüllingen: Baader
a. a. O. 15. 16. — S. auch Strauß, Evangelisches Kir-
chenjahr. 95, wo die Verwandtschaft der hl. Odilia mit
der h. Lucia besprochen wird.

181. Bähringens Ursprung. Von August Schnezler: Freiburger Chronik hinter Schilters Königshoven. 44.
Simrock, Rheinland. 52; vergl. Handbuch 421 ff., bringt
den in der Sage erwähnten Schatz mit dem Hort der Harlungen, dem Ymelungenhort des Marners, dem Hort der
Brisinge oder Brosunge im Beowulf und dem brîsinga men
(Brisingorum monile) der Freyja in Zusammenhang, indem er Alles als Hort der breisacher Harlungen, welche als
nahe Verwandte des ostgothischen Königshauses Ymelungen,
d. h. Amelungen genannt werden konnten, zusammenfaßt.
Da hierbei außer obiger Sage auch die Lorelei, der Staufenberger und der getreue Eckart in Beziehung treten, so
lassen wir die längere Auseinandersetzung des Handbuchs
420 ff. für sich selbst sprechen: „In der Sage von Bertha,
der kerlingischen Ahnmutter, ist von ihrer göttlichen Natur
nur ein großer Fuß (ursprünglich der Schwanenfuß) übrig;
bei der Reine pédauque (Regina pede aucae), deren
Bildniß französische und burgundische Kirchen zeigen, ward
der Schwanenfuß zum Gänsefuß. Sie heißt die Reine au
pieds d'oison, und bei der Spindel der Königin Gansfuß
schwur man einst zu Toulouse, vielleicht weil sie den Lebens-

faden spann. Wahrscheinlich war an jenen Kirchen die
Königin von Saba gemeint, welche dem König Salomon die
Zukunft enthüllt; dieser Weissagerin hatte die deutsche Sage
nach dem Gedicht von Sibyllen Weissagung (aus dem 14.
Jahrh.) Schwanen = oder Gansfüße beigelegt. Aus der
orientalischen Ueberlieferung kann ihr das nicht gekommen sein:
Es war als ein Zeichen höherer Abkunft von der germa=
nischen Göttin und den weissagenden Schwanenmädchen auf
sie übertragen. So stößt die Geliebte des Staufenbergers,
die ihn als Walküre im Kampf beschützt hatte, bei seiner
Hochzeit mit einer andern den Fuß durch die Bühne, die Decke
des Saales. Er wird nur als ein wunderschöner Frauen=
fuß bezeichnet; in der alten Sage war er wohl auch ein
Schwanenfuß: Das verschmähte Wunschmädchen wollte an
ihre höhere Natur erinnern. In der noch lebenden Volks=
sage (Mone, Anz. 1831. 88) ist durch den Einfluß des Volks=
buchs von der Melusina aus dem Schwanenfuß ein Schlan=
genschwanz geworden. Die Burg des Staufenbergers war
zähringisch und daß uns hier eine zähringische Geschlechtssage
vorliege, zeigt auch, daß der Staufenberger mit der neuen
Braut Kärnthen (Caerinthia) erheirathen wollte. In dem
Geschlecht der Zähringer kommt der Name Berchtold häufig
vor, vielleicht in Beziehung auf den Berchtung von Meran
der Heldensage. Sein gleichnamiger Sohn erhielt nach dem
Wolfdietrich Kärnthen; ein anderer, Hatze genannt, Brei=
sach und eine edle Herzogin, mit der er den getreuen Eckart,
den Pfleger der Harlungen, zeugte: Durch beide konnten sich
die Zähringer, die ihren Namen von Kärnthen ableiteten
und das Breisgau beherrschten, an den Ahnherrn jenes Hel=
dengeschlechts knüpfen. Aber Götter pflegen an der Spitze
der Stammtafeln und der Königsreihen zu stehen. Ein

männlicher Berchtold entspricht in der Göttersage der weiblichen Berchta, die auch Perchtölderli heißt, Myth. 257. 894: In Schwaben zieht er weiß gekleidet auf weißem Pferde der wilden Jagd vorauf. Wir sehen also Odhin als Ahnherrn an der Spitze desselben deutschen Fürstengeschlechts, dem in der Gestalt jener Schwanjungfrau auch Freyja vorsteht. Einen Bezug auf das Breisgau zeigt auch das Halsgeschmeide der Freyja, das Brisingamen (Brisingorum monile) heißt. Im Beowulf wird unter Brosinga mene ein Schatz verstanden, welchen Heime, ein Dienstmann Kaiser Ermenreichs, nach der heerglänzenden Burg getragen hat. Im Breisgau aber sollte nach der Heldensage das Harlungengold im Burlenberge (dem Berge bei Bürglen unweit Basel) liegen. In der Nähe ist auch der Venusberg nachgewiesen, vor welchem der getreue Eckart, der Pfleger der breisgauer Harlungen, nach der Volkssage Wache hält, wie er auch der wilden Jagd warnend vorauszieht. Im Burlenberge lag nach M. S. II. 169 der Imelungenhort (Amelungenhort). Er fällt aber mit dem Nibelungenhorte, der nach M. S. II. 241 im Burlenberge liegen soll, zusammen, wofür jetzt ein neues Zeugniß beizubringen ist. Auf dem Nibelungenhort lag ein Fluch: Denselben finden wir auch an Brisingamen, dem Halsband der Freyja, haften. Nach Ynglinga s. c. 17 freite Wisbur die Tochter Auds des Reichen und gab ihr zur Morgengabe drei große Güter und eine goldene Kette. Darauf verließ er sie und nahm eine andere Frau. Als seine Söhne erwuchsen forderten sie ihrer Mutter Morgengabe; aber Domaldi, den er in der neuen Ehe erzeugt hatte, verweigerte sie. Da legten sie einen Fluch darauf und sagten, die goldene Kette solle dem besten Manne in ihrem Geschlecht den Tod bringen. Wie dieser Fluch an König Agni (Feuer?) bei seiner Hochzeit mit Skialf (Leben), der Tochter des von ihm erschlagenen Frosti, in Erfüllung gieng, indem ihn die Kette erwürgte, mag man Yngl. c. 33 nachlesen. Auch in deutsche Sagen ist der Zug verflochten, daß Einer an goldener Kette hängen und erwürgen muß. So sehen wir Brosinga mene als Schatz gefaßt, an dem ein Fluch haftet, während auf dem Halsband Brisingamen, gleichfalls einem Werk der Zwerge, derselbe Fluch ruhte. Auf das Breisgau scheinen sich beide zu beziehen; der Schatz ruht auch bei den Herzogen von Zähringen noch einmal wieder. Ursprünglich sollen sie Köhler gewesen sein; die einst beim Aufräumen des Meilers geschmolzenes Erz am Boden fanden, das sich als gutes Silber erwies. So brachten sie einen ganzen Schatz zusammen, und dem Sie einem römischen Könige in seiner Bedrängniß zu Hilfe kamen und zum Lohn die Herzogswürde erlangten." — Wackernagel in seiner Abhandlung über die deutsche Heldensage im Lande der Zähringer und in Basel, Haupts Zeitschrift VI. 166 ff., bezeichnet die Vermuthung Simrocks in Betreff des Brisingamen als "ebenso richtig als schön." "Keinem Fürstenhause," bemerkt Wackernagel in derselben Abhandlung, "lag so wie dem der Zähringer die Erinnerung an die deutsche Heldensage beständig und lebendig nah vor Augen." Eine Hauptstadt ihres Landes war Breisach; in der Sage der vielgenannte Sitz der Harlungen und ihres Pflegers, des treuen Eckehard; ein Berg in der Nähe Breisachs trug von letzterem damals wie noch heut den Namen Eggehartberch (Urk. v. 1185 in Herrgotts Cod. probat. 195), und in dem Bürglenberge, von dessen klösterlichem Schlosse an schönen Abenden die Fenster bis herab nach Basel funkeln, sollte ein

Schatz alter Helden vergraben lieget." — Von Köhlern
sollen auch die Herrn von Arras an der Mosel abstammen,
Hocker, Moselthal 186, und wenn ich mich recht erinnere,
giebt es auch im isenburgischen Hause eine verwandte
Stammsage.

182. **Wolfdieterichs Buße.** Von Wolfgang Mül-
ler. Nach Ecken Ausfahrt und Rasser von der Rhön. Vergl.
Grimm, Heldensage, 217 ff. Sollte Burgheim die richtige
Localität sein?

183. **Das Pferd als Kläger.** Von Karl Simrock. Alte und sehr verbreitete, hier auf König Karl,
den Ahnherrn der Harlungen (Edvart), übertragene Sage.
Die Orientalen erzählen sie von Nuschirwan dem Gerechten,
die Abendländer von Karl dem Großen, Grimm, deutsche
Sagen II. 130; die Cento novelle antiche verlegen sie
nach Atri u. s. w. Pfarrer Wächtler in seinem Glocken-
Geläute auff geschehene Reparatur des Anno 1636 mit
ganzer Stadt Belzig abgebrandten, verwüsteten Kirchen-
Thurms. Leipz. MDCCI. 22. 23. sagt von dem Undank-
glöcklein: „In Indien hat ein gewisser König vor seinem
Gemach ein Supplicanten-Glöcklein, welches jedweder Sup-
plicant wegen seiner vorzubringenden Noth läuten mag,
Ludolf. L. II. c. 18. n. 30. Mollerus in seinen Alle-
gorien. p. L. §. 286. führet aus Hr. Camer. hor. subsic.
an, daß bey etlichen Hendin'schen Völkern ein sonderlich
Glöcklein der Undankbarkeit gebräuchlich gewesen, welches,
wenn es jemand wegen großen Undanks geläutet, gewisse
Gerichten darüber zusammen gekommen und nach Befindung
den Undank gestrafft; als auch ein ausgestossenes, altes
hinckendes Pferd ohngefehr in diese Capelle gekommen und

das Glöcklein bewegt, hats der Besitzer wieder annehmen und vollends verpflegen müssen: O wie offte müste heutiges Tages solch Undanck-Glöcklein geläutet werden!" Vergl. auch die Erzählung des Enenkel (bei Kurz, Geschichte der deutschen Literatur. I. 454) und die klagende Natter in von der Hagens Gesammtabenteuer.

184. Eckardt und die Harlungen. Aus Sibichs Verrath. Von Karl Simrock. Nach der Wilkinasage. c. 255—257 und dem Anhang zum alten Heldenbuch bei Grimm, Heldensage. 289. 295. 296. Vergl. Simrock im Anhang zu seinem Heldenbuch. 411. 413. Ueber Eckart (Eckewart) als mythische Figur: Grimm, Mythologie. 887 ff., Simrock, Handbuch. 242. 422, H. Müller, Ueber Moenus, Moguntia, Spechteshart und Wirziburg. 35 ff., Goedeke, Deutsche Dichtung des Mittelalters, 579 ff., u. A.; über Holda's Umwandlung in Frau Venus: Grimm a. a. O. 424. Vergl. auch Piper, Mythologie und Symbolik der christlichen Kunst, I. 249 ff.; über Nordian als wilden Jäger: Nr. 71 der Mainsagen. — Ein Abenteuer aus Eckarts Jugend ist in Nr. 8 der Rheinsagen nachzulesen.

185. Tannhäuser. Wunderhorn. N. A. I. 97, Uhland, Volkslieder. I. 2. 761 ff. Vergl. Grimm, Mythologie. 888, Deutsche Sagen. I. 246 ff. 402 ff., Grässe, Sage vom Ritter Tannhäuser, v. d. Hagen, Minnesänger. IV. 421 ff., Gervinus, Geschichte der deutschen Dichtung. I. 319, Simrock, Handbuch. 372, Menzel, Odin. 311 ff., Goedeke a. a. O. u. A. — Das Blüthentragen des dürren Stabes findet sich schon IV. Mose. 17. und begegnet dann häufig in Sagen und volksthümlichen Dichtungen, in rab-

linischen und christlichen Legenden, z. B. bei Jacob. a
Voragine, Legenda aurea, Ed. Graesse. 589, wo sich
der h. Joseph durch Blühen eines Stabes als den der h.
Jungfrau von Gott bestimmten Gemahl documentirt, Gräße,
Tannhäuser. 31. In einer schwedischen Sage — Lenau
hat sie poetisch behandelt, Gedichte. II. 237 ff. — blühen
aus trockenem Dielenholz frische Rosen als Zeichen, daß
eine entsetzliche Kindsmörderin, deren Schuld für unsühnbar
erklärt worden war, dennoch Vergebung gefunden habe. —
Vergl. auch Nr. 31 der Rheinsagen. Ein noch gangbares
Sprichwort lautet:

> Wenn Gott will,
> Blüht der Besenstiel.

Tannhäuser ist für die moderne Dichtung einer der beliebtesten Stoffe geworden: Tieck, Heine, die Chezy, Sallet,
Geibel, Wolfgang Müller, Richard Wagner haben denselben
in verschiedenen Formen und Auffassungsweisen behandelt.
Eine entsprechende altenglische Dichtung (Tamlane) findet
sich bei Scott, Minstrels II. 193.

186. **Der getreue Eckart.** Von Goethe. Grimm,
Deutsche Sagen. I. 9, 10, mit Berufung auf Prätorius,
Weihnachtsfratzen, Prop. 55, und Fallenstein, Thüringische
Chronik. I. 167. Die Sage wird hier in das thüringische
Dorf Schwarza verlegt. Goethe verfaßte sein Gedicht nach
den Annalen im Jahre 1813, in welchem auch der „Todtentanz" und „die wandelnde Glocke" entstanden. — Ueber
Geschenke und Gnaden der Götter soll man schweigen:

> Kommt das Glück, woher es will,
> Empfang's mit Dank und schweige still.

Bei Caesarius, Dial. VIII. 48. 95, verlieren zwei
Mönche ihre wunderbaren Gaben im Augenblick, da sie die-
selben besprechen und so verrathen. — Goethe hat den
Eckart auch in dem Spruche verwandt:

  Willst du der getreue Eckart sein
   Und Jedermann vor Schaden warnen,
  's ist auch eine Rolle, sie trägt nichts ein:
   Sie laufen dennoch nach den Garnen.

187. **Gespenst an der Kandererstraße.** Von
Hebel. Localsage. Goethe behauptet, man könne unter
den Gedichten Hebels, welche „auf heitere Weise vom Un-
sittlichen ab= und zum Sittlichen hinleiten sollten," besonders von diesem sagen, daß „in seiner Art nichts Besseres
gedacht, noch gemacht worden sei." Sämmtliche Werke,
Neueste Ausg. XXVI. 94.

188. **In Rosen baden.** Wunderhorn N. A. II.
137. mit der Bemerkung: „Bearbeitet nach Sylvestris
Psellionoros, Anmütiger Weißheit Lust=Garten. Straßb.
1621. 673." S. auch Joh. von Müller a. a. O. IV.
Cap. 1. Burkhard Münch war Pfandherr auf Landesehre
und Herr zu Augenstein; der Schweizer soll Arnold Schal
von Uri gewesen sein. — „Rosen bedeuten Wunden, der
Rosengarten ein Schlachtfeld," sagt Menzel, Odin. 265,
zu Anfang seines Abschnittes über den Rosengarten. Die
Beziehungen der Rose zum Tod bespricht auch Bader,
Stammsagen der Hohenzollern und Welffen. 83 ff.

189. **Die basler Uhr.** Von Karl Simrock.
(Alter) rheinischer Antiquarius. 131. Nach Joh. von
Müller a. a. O. IV. 4, datirt der seltsame Umstand aus

der Zeit der Kirchenversammlung, deren gewaltsame Spren-
gung auf die im Gedichte angegebene Weise verhindert
worden sei. Eine verwandte Sage aus Würzburg wird
uns in Nr. 37 der Mainsagen begegnen. — Der am
Schluß des Gedichtes erwähnte Gesichterschneider ist der
baseler Lälle. Der Lälenkönig, das ehemalige Wahrzeichen
der Stadt.

190. **Der Tod von Basel.** Simrock, Volkslieder.
382. 383. Häufig gedrucktes Lied.

191. **Der Haut des Herrn von Ramstein.** Von
G. Schwab, Schwab, Die Schweiz in ihren Ritterburgen.
I. 266. 267. Christoph von Ramstein starb 1523; seine
Gemahlin, für welche er sich beim Verkauf von Schloß und
Herrschaft Ramstein an die Stadt Basel ein Stück Sammt
oder Damast in die Kaufsumme einbedungen, war Christiane
Zurhein, eine Tochter jenes alten baseler Geschlechtes, wel-
chem auch Rudolf Zurhein angehört, der auf dem March-
felde mit dem Schlachtgesange:

Sancta Maria, Mutter und Magd,
All unsere Noth sei dir geklagt!

unter die Feinde stürmte, Schreckenstein, Reichsritterschaft.
I. 305.

192. **Der arme Leonhard.** Von Karl Sim-
rock, Deutsche Volksglaube. I. 18. ff., nach Stumpfs
Schweizerchronik zum Jahr 1520, Grimm, Deutsche Sagen.
I. 17. ff., mit Berufung auf Prätorius, Weltbeschreibung.
I. 661, Senfeid, Medulla. 477. 478, und Rorkmann,
Mons Venbola. 189. ff. — „Die unterweltlichen Schätze."

heißt es bei Simrock, Handbuch. 385. 386, „bedeuten
die Güter der Erde, den reichen Pflanzensegen, der sonst
von den Zwergen gewirkt, im Winter in die Erde zurück-
kehrt. Insofern er von der Schlange gewoben ist (Fafnir =
Fô = Ofnir, Schatzweber), sehen wir sie als ein heiliges
Thier gefaßt, wie sie noch oft in deutschen Sagen erscheint.
Die Unterwelt gönnt aber ihre Schätze nur dem stillen
Fleiß des Landmanns, dem sie goldene Körner spendet;
auch heldenkühne That und verwegenes Eindringen in die
unterweltlichen Gebiete erringt sie zuweilen; aber dann
pflegt ein Fluch darauf zu ruhen. Sigurd muß Fafnir
erschlagen, um den Niflungenhort zu gewinnen; der Zwerg,
der ihn ursprünglich zusammenbrachte, hat aber einen Fluch
darauf gelegt, und dem verfällt Er und Alle, die ihn nach
ihm besitzen, bis er in den Rhein geschüttet der Unterwelt
zurückgegeben wird. So sehen wir auch in unseren deutschen
Ortssagen den Schatz der aus Hel versunkenen Jungfrau
von Denen erworben, die den Muth haben, die Bedingungen
zu erfüllen, an die sein Besitz oder die Erlösung der Jung=
frau geknüpft ist. Diese Bedingungen sind aber meist so
illusorisch als jene, an welche Hel Baldurs Erlösung aus
ihrer Behausung bindet: Nur selten sehen wir sie erfüllt
und den Schatz ganz oder theilweise gehoben; dem Glück=
lichen ist aber dann nur kurzer Genuß beschieden: Nach
wenigen, höchstens sieben Jahren muß er sterben." Ueber
die Reinheit des Erlösers: Wolf, Beiträge. II. 245.
Verwandte Sagen aus den uns hier näher liegenden Gegenden finden sich bei Grimm, Deutsche Sagen. I. 304.
305 (Röthweiler im Wasgau), Mone, Anzeiger. 18. 43.
88. (Staufenberg), Baader a. a. O. 4. (Homburg) 29 ff.
(Neuenfels) u. s. f. Ueber das s. g. Heidenloch bei Augst

(Augusta Rauracorum) handeln Fischart in der Geschichtklitterung. Ausg. von Scheible. 45 ff. und der alte
rheinische Antiquarius. 117 ff. — Vergl. Nr. 157 der
Rhein= und Nr. 48 der Mainsagen.

198. **Die aargauer Lieben.** Localisirung des bekannten Volksliedes: „Nichts Schöneres kann uns erfreuen,“
und Simrock in dieser Form durch H. Hagenbuch aus
Aarau mitgetheilt. S. auch Firmenich, Germaniens Völkerstimmen. II. 572.

194. **Die gestörte Hochzeit.** Wie 193. Mittheilung
von Hagenbuch. Eine Variante aus Arnims Nachlaß findet
sich im Wunderhorn. N. A. II. 205; eine verwandte
Sage bei Grimm, Deutsche Sagen. I. 285. 286.

195. **Die Wölfe.** Von Wagner von Laufen-
burg. Ueber den vierten Rheinfall, Gewild, Höllhacken
oder die Wölfe genannt, s. Simrock, Rheinsand. 46. Fischart im glückhaften Schiff bezeichnet ihn als den dritten:

> Noch mußen sie sich weiter schicken
> Zu einem Strudel vnder Bücken,
> Welcher der britt ist inn dem Rein
> Vnd schrecklich laut vom Namen sein,
> Dann er genannt ist im Höllhacken,
> Weil nach den Schiffen er thut zwacken.

Unserem Gedichte scheint ein wirkliches Erlebniß zu Grunde
zu liegen, worüber ich nichts Näheres anzugeben weiß.

196. **St. Fridolin.** Von G. Schwab. Nach
einem Zusatz des 14ten Jahrhunderts zu Balthers Leben

des Heiligen in Act. Sanct. zum 1. März und bei Mone,
Quellensammlung der badischen Landesgeschichte. I. 99 ff.
Vergl. Stälin, Wirtenbergische Geschichte. I. 166, Rett-
berg, Kirchengeschichte. II. 29 ff.; und Wattenbach, Deutsche
Geschichtsquellen des Mittelalters. 446. — Das Siegel
der Stadt Säckingen zeigt den Heiligen mit einem Gerippe
an der Hand. Ueber Beschwörung der Todten (Odhin und
Wala, Maternus, Fridolin), Simrock, Handbuch, 219. 535.
Noth der Färeingasaga (aus dem Ende des 10. und An-
fang des 11. Jahrhunderts) beschwört Thrand den von
Thorgrim dem Bösen ermordeten Siegmund, um heraus-
zubringen, wie der Mord geschehen sei, P. E. Müller,
Sagenbibliothek des scandinavischen Alterthums. Uebers.
von Lachmann. 124. Im spätern Mittelalter war
Trithemius berühmt durch seine angebliche Beschwörung der
Maria von Burgund, Lercheimer, Bedenken von Zauberei.
18, nach mündlichen Erzählungen.

197. **Der Alte von Wigen.** Von A. E. Fröhlich. Die Sage scheint nach Simrock, Rheinland. 45,
erst durch Fröhlichs Gedicht bekannt geworden zu sein.
Die Trümmer des Bessensteins liegen auf dem Geißberg
zwischen den Mündungen der Reuß und Limmat in die
Aar und der Aar in den Rhein. — Seidl hat den gleichen
Stoff behandelt.

198. **Habsburgs Mauern.** Von Karl Simrock.
Grimm, Deutsche Sagen. II. 219 nach Fel. Faber, Hist.
Suev. II. Vergl. auch die Erzählung bei Senckenberg,
Sel. iur. et hist. IV. 27. 28. Das Gleiche wird von
Ludwig von Thüringen, dem eisernen Landgrafen, erzählt.

Grimm a. a. O. 387. — Ueber den durch Bischof Wer=
ner 1015 begonnenen Münsterbau in Straßburg s. Kreuser,
Christlicher Kirchenbau. I. 316. Derselbe Bischof ist uns
bereits in Nr. 162 begegnet.

199. **Königsfelden.** Von A. L. Follen. Die
Sagen von dem Wiedererscheinen des Johannes Parricida
in Deutschland und seinem blinden Sohne, der in
Wien am neuen Markt gebettelt haben soll, finden sich bei
Hemmerlin, Felix Faber und Thomas Ebendorffer von
Haselbach. Das Historische berichtet Böhmer, Reg. inde
ab 1246—1313. 252: „Herzog Johann starb, nachdem
der Pabst den Reuevollen an den weltlichen Richter zurück=
gewiesen, und er sich dem ebengenannten Könige (Heinrich)
entdeckt hatte, in der Gefangenschaft zu Pisa am 13. Dez.
1315 und ist in der Kirche des h. Nikolaus daselbst be=
graben. Rudolf von Wart und dessen Knecht Aulasfingen
wurden ergriffen und gerädert. Ulrich von Palm starb in
dem Haus der Conversen zu Basel, zu denen er sich ge=
flüchtet hatte. Walther von Eschenbach entkam in's Wirten=
bergische, wurde Viehhirt und offenbarte nach 35 Jahren
sterbend seinen Namen. Ottokar. 833, Joh. Vitod. apud
Eccard. I. 1770, Joh. Vict. 372, Chron. Salisb. 405,
Math. Neob." S. auch die von Grieshaber herausgeg.
Oberrheinische Chronik. 26. Die Grabschrift des Parricida
nach Morrona, Pisa illustr. III. 150, s. bei Böhmer, Fontes I. 487. Die verschiedenen, auf die Bestrafung der Mörder
Albrechts bezüglichen, zum Theil sagenhaften Traditionen
finden sich bei Senckenberg a. a. O. 56—79 in ziemlich voll=
ständiger Zusammenstellung. Das ebendas. 61 ff. abgedruckte
Ergaulied läßt den Herzog Lupold in die Klage ausbrechen:

Mir hat gethan groß Ungemach,
Von Wart, von Balm, von Eschibach;
Den Vater mein sie han erschlagen,
Ach Gott, wem soll ich es doch klagen! u. s. f.

Kloster Königsfelden erhob sich bei der alten Bindonissa: „Im bauen und graben fand man viel alte Mauren,
alte Römische Münz und Zeichen der Statt Windisch, die
vor etlich hundert Jahren von der Hunnen König Attila
zerstört war; steht also jetzt das Kloster Königsfelden da
vorzeiten zum theil Bindonissa gestanden, daher auch die
alte herrliche Wasserleith nach dem Kloster von Bruneck herab
ist," Senckenberg a. a. O. 88. In Königsfelden lebte
Königin Agnes, Albrechts „würdige Tochter," noch ein hal-
bes Jahrhundert, „ausgezeichnet durch Demuth, Frömmigkeit
und Weisheit, eine weithin geehrte Friedensstifterin," Böhmer
in den erwähnten Regesten. 198. Vergl. Aebi, Blicke ins
Leben der Königin Agnes von Ungarn. Aarau. 1841.

200. **Der Stein zu Baden.** Von J. J. Reithard.
König Albrecht befand sich seit dem 25. April 1308 in
Baden; am 1. Mai ritt er der von Rheinfelden kommen-
den Königin entgegen und wurde unweit seiner Stammburg
an der Stelle, wo dann Kloster Königsfelden gebaut wurde,
ermordet, Böhmer a. a. O. 250. 251. Die Echtheit der
Sage in unserem Gedichte kann ich nicht verbürgen; die
Beurtheilung Albrechts ist eine einseitig schweizerische. Ueber
Albrechts Charakter und Regentenbegabung s. neben Kopp
Böhmer a. a. O. 196 ff.

201. **Der Zimmergesell.** Rheinisches Volkslied, durch

Strophen aus der niederländischen Version ergänzt, Simrock, Rheinland. 43 und Volkslieder. 102. 598.

202. **Der Fleischer von Constanz.** Von G. Schwab. Bezieht sich auf den Ueberfall durch die Spanier im Jahre 1548, worüber Näheres bei Vögeli, Der constanzer Sturm im Jahre 1548. Mit Zusätzen aus des gleichzeitigen Chronisten Schultheiß spanischem Ueberfall. 1846. Vergl. Nr. 47. 105 der Rhein= und 30 der Mainsagen.

203. **Graf Gero von Montfort.** Von G. Schwab. Die Sage, welche hier an eine bestimmte Persönlichkeit angeknüpft wird, anderswo aber auch verallgemeinert vorkommt, scheint ein Nachklang der alten Vorstellung, welche sich die Unterwelt (Wasser) als Anfang und Ende alles Daseins denkt, vergl. Simrock, Handbuch, 348 ff. und uns im Schwanritter bereits begegnet ist, s. Nr. 5 der Rheinsagen. Hel war nicht nur die Göttin des Todes, sondern auch des Lebens, ebenso war der indische Jama (von jam, caercere) König der Unterwelt, Jamalôka, aber auch als Sprosse des Sonnengottes, Waiwaswatas, Spender irdischer Gaben und Begünstigungen, der z. B. dem Schwiegervater der Sawitri Gesicht und Thron, ihrem Vater eine reiche Nachkommenschaft verleiht, Sawitri. Ueberf. von Merkel. 42 ff. In den Brunnen Hwergelmir, dem nach nordischer Mythe der Urstoff entquoll, strömt alles Sein wieder zurück; die Kinder kommen aus dem Brunnen, aber auch die Todten werden dahin zurückgenommen, Simrock a. a. O. 41. Aber jene große, Leben und Tod zugleich umfassende Gottheit hat sich als solche nicht erhalten, und in späteren Mythen und Mythenresten stellen sich nur einzelne Seiten und Erscheinungen ihres

8*

ursprünglichen Wesens dar, welche den zu Grunde liegenden pantheistischen Gedanken mehr durchschimmern lassen, als klar und bestimmt aussprechen. — Graf Gero von Montfort soll, wie mir Schönhuth, leider ohne die Quelle anzugeben, brieflich mittheilt, eine historische Person gewesen sein — in montfortischen Stammtafeln finde ich ihn nicht.

204. **Die Maid von Bodmann.** Von G. Schwab. Schreiber, Sagen aus den Rheingegenden. 85 ff, Schönhuth, Ritterburgen des Höhgau's. III. 33 ff, mit der Angabe: „Aus dem Munde des Volkes." Die Sage wird auf Hug von Langenstein, den Dichter der h. Martina, bezogen, der mit Vater und drei Brüdern 1283 in den deutschen Orden trat und demselben alle Güter, darunter auch die Mainau, übergab, Goedeke, deutsche Dichtung des Mittelalters. 219. Die oben erwähnten Langenstein, Arnold und seine Söhne Arnold, Berthold, Friedrich und Hug, gehörten zum schwäbischen Stamme, der einen rothen Abler in weißem Schilde führte, während die schweizerischen Langenstein (im bernischen Amt Aarwangen) einen Löwen im Schilde hatten, Schönhuth a. a. O. 27. 28. Die Schlußstrophe unseres Gedichtes bezieht sich auf die Verse in der h. Martina:

Ich bin geheizin bruoder Hûc

———

Zem tiuschin hûse ein bruoder,
Den gotes minne ruoder
Ab dem tobenden sêwe schielt.

205. **Schwäbische Tafelrunde.** Wunderhorn. N. A. II. 481 nach einer Handschrift der k. Bibliothek zu Berlin.

Das Abenteuer mit dem Hasen erzählt auch Eucharius Eyring, Sprichwörter. II. 236 ff; der Sprung in das Flachsfeld findet sich schon bei Paul. Diac. I. 20. wo er den Herulern zugeschrieben wird.

206. **Graf Ulrich.** Von K. Förster. Ekkehard. IV. cas. S. Galli bei Pertz, Monum. II. 120. Das Ereigniß fällt in das Jahr 919. Bischof Salomon von Constanz entband Wendelgard von ihrem Gelübbe, als Klausnerin zu leben. Ein Sohn aus der erneueten Ehe war Abt Burkhard von St. Gallen mit dem Beinamen ingenitus, weil er durch einen Kaiserschnitt auf die Welt gekommen, Stälin, Wirtembergische Geschichte. I. 615. Ueber die Grafen von Bregenz-Buchhorn: Stälin a. a. O. 559 ff. Verwandte, von Eigenthümlichkeiten und Zufällen bei der Geburt hergenommene Beinamen sind nicht selten: Ein Ritter von Büttikon hieß der Uplöse, weil ihn seiner verstorbenen Mutter Gespenst geboren haben sollte, Joh. von Müller a. a. O. I. 17.

207. **Des Fischers Haus am Bodensee.** Von G. Schwab. Vergl. den Schluß der „Fischerhütte" bei Schreiber a. a. O. 71.

208. **Die Thurbrücke.** Von G. Schwab. Schwab a. a. O. 102. 103. Ueber Zeit und Personen fehlen nähere Angaben. Die Burg Bischofszell gehörte dem Hochstift Constanz und wurde von verschiedenen adeligen Geschlechtern, den Heidelberg, Klingen, Wengi u. a. bewohnt. Im Jahre 1494 wurde die Burg durch eine Feuersbrunst zerstört.

209. Graf Rudolf und der Abt von St. Gallen.
Von G. Schwab. Tschudi zum Jahr 1268. Vergl. Joh.
von Müller a. a. O. I. 17. Der Abt war Berthold von
Falkenstein, dessen glänzende Hofhaltung Christian der Kü-
chenmeister beschreibt.

210. Der Kaiser und der Abt. Von Bürger.
Nach der altenglischen Erzählung: King John and the abbot
of Canterbury bei Percy. Altitalienisch findet sie sich in
zwei Versionen bei Keller, Italienischer Novellenschatz. I. 52 ff;
nach der einen wird sie von Messer Barnabo von Mailand,
nach der andern von einem unbenannten Pabst erzählt.
Deutsch findet sie sich im Pfaffen Amis, bei Burkhard Wal-
dis, bei Eucharius Eyring, in einer Predigt von Gottlieb
Cober bei Gräter, Idunna. 1814. 131 u. A. Herzog Julius
Heinrich von Braunschweig dramatisirte den Stoff: Von
einem Edelmann, welcher einem Abt drey Fragen aufgegeben.
Magdeb. O. J. — Simrock, Handbuch. 481. 482, bemerkt: „Hütchen, (Hödeken, D. S. 74) gleicht auffallend
Odhin: Er drückt den Hut so tief ins Gesicht, daß man
ihn nicht erkennen kann; wie Odhin in der Herwarar. Gest
dem Blinden mit Räthselweisheit aushilft, wobei er auch
dessen Gestalt annimmt, so hilft Hütchen einem unwissenden
Geistlichen, der zur Kirchenversammlung geschickt werden sollte,
aus der Noth, indem er ihm einen Ring giebt, der ihn so
gelehrt und beredt machte, daß er als berühmtester Redner
glänzte. Bekanntlich begegnet dieser bisher noch übergan-
gene Odhinsmythus zuletzt in Bürgers Abt von St.
Gallen, und hier nimmt Hans Bendix, der an Odhins
Stelle tritt, auch noch des Abtes Gestalt an, wie auch der
Bezug auf die alte Räthselweisheit nicht unvergessen blieb.“

— Ueber Bürgers Umdichtungen nach dem Englischen bemerkt Dönniges, Altschottische und altenglische Volksballaden.
232. 233: „Bei dieser Abtheilung, nämlich der englischen
Balladen, kam es mir außerdem darauf an zu zeigen, was
A. W. Schlegel schon ausgesprochen hat, wie selbst unsere
größten Balladendichter, welche wie Bürger die englischen
Originale sehr stark benützten, oft hinter denselben zurück-
geblieben sind, denn selbst in der Uebersetzung wird man
nicht verkennen, daß der Bruder Graurock von Bürger hinter dem Original (der graue Bruder) an Einfachheit, Zartheit und Natur zurücksteht, obwohl das Original Vers für
Vers von Bürger benützt und eigentlich nur bearbeitet ist,
daß der Karl von Eichenhorst keineswegs den Junker von
Elle an Schönheit, Einfachheit und Zartheit übertrifft, und
daß nur der Abt von St. Gallen eine meisterhafte Nach-
ahmung und Vollendung des Vorbildes zu nennen ist." Daß
Bürger die englische Ballade in das Kloster des h. Gallus
versetzte, mag seinen Grund darin haben, daß der Abt von
St. Gallen in Kindersprüchen, sprichwörtlichen Redensarten,
Satyren und volksthümlichen, oft sehr derben Scherzen eine
Rolle spielt; die Bequemlichkeit des Reims scheint der Abtei
diese zweideutige Ehre erworben zu haben. So muß z. B.
im Concilium (bei Scheible, Kloster, VIII. 737) der Abt
von St. Gallen eine vierte Sau wegnehmen, weil im vor-
hergehenden Vers eine dritte „verfallen" ist; ein fränkischer
Reim lautet:

     Der Abt von St. Gallen

        Ist in den — gefallen, u. s. f.

211. Das Wunder von St. Gallen. Von Alexander Kaufmann. Ekkehard. IV. cas. S. Galli. 3 bei

Pertz a. a. O. 108. Vergl. Joh. von Müller a. a. O.
I. 12: „Im Kloster S. Gallen (waren) mehr nicht als
zwei Fässer mit Wein, und als der heilige Bischof Ulrich
zu Augsburg diesen Vorrath vermehren wollte, erschrack das
ganze Stift bei der Zeitung, daß an der hohen Brücke das
Faß in ein Tobel gefallen, und der Wein in Gefahr sei
verschüttet zu werden. Da bot Jeder allen Witz auf über
die Manier das Faß herauf zu langen und da unmöglich
schien hinzuzukommen, hielten sie rund um das Tobel eine
Procession mit lautem Kyrie Eleison. Hierauf wurde mit
größter Vorsicht ein glücklicher Versuch vorgenommen, und
Alle nach dem Erfolg stimmten zum Tedeum (besser als wir
nach gewonnenen Schlachten).“

212. 213. **Itha von Toggenburg.** Von Karl
Simrock. **Ritter Toggenburg.** Von Schiller. Vita
S. Iddae. Cum gen. com. de Tokenb. et Kirchb. Cost.
1685, Grimm, Deutsche Sagen. II. 221 ff. Ueber den
Zusammenhang zwischen der Legende und dem Gedichte Schil=
lers heißt es bei Simrock, Rheinland 23. ff: „Der Deutsche
nimmt es übel, wenn man von Goethe spricht, ohne auf
Schiller zu kommen. Allerdings wäre dazu die schicklichste
Gelegenheit bei der Hand, indem das der Grafschaft Baduz
gegenüberliegende toggenburger Land wohl laut genug an
ihn mahnt. In der That kann ich die Bemerkung nicht unter=
drücken, daß hier und nicht am Niederrhein bei Rolandseck,
wie die meisten Reisebücher fälschlich melden, die Scene von
Schillers Ritter Toggenburg zu suchen ist. Nicht in Non=
nenwerth, sondern in Kloster Fischingen bei Toggenburg weilte
die Liebliche, in deren Nähe sich der Toggenburger nicht eine
Burg, wie Rolandseck gewesen ist, sondern eine Hütte baute.

Mit dem Namen des Toggenburgers, nicht Rolands, des Paladins, nennt der Dichter seinen Helden, ja er läßt über dessen Heimat keinen Zweifel übrig mit den Worten:

Schickt zu seinen Mannen allen
In dem Lande Schweiz.

Dazu kommt noch, daß sich in Toggenburg eine Begebenheit zugetragen hat, welche die Ballade veranlaßt haben könnte. Wir meinen die wunderbare Geschichte der heiligen Itha, von welcher es ein sehr verbreitetes deutsches Volksbuch giebt und die in allen katholischen Ländern gang und gäbe ist. Sie hat eine sehr nahe Verwandtschaft mit der von der hl. Genovefa, erinnert aber zugleich an Rossini's Gazza ladra. Kürzer als mit den Worten Johannes v. Müllers wüßten wir sie nicht zu berichten: „Ein Rabe entführte der Gräfin Idda von Toggenburg, des Geschlechts von Kirchberg, ihren Brautring durch ein offenes Fenster: Ein Dienstmann Graf Heinrichs fand ihn und nahm ihn auf; der Graf erkannte ihn an dessen Finger. Wüthend eilt er zu der unglücklichen Idda und stürzte sie in den Graben der hohen Toggenburg; den Dienstmann ließ er an dem Schweif eines wilden Pferdes die Felsen herunterschleifen. Indeß erhielt sich die Gräfin an einem Gebüsch, wovon sie in der Nacht sich losmachte; sie ging in einen Wald und lebte von Wurzeln und Wasser im Glauben an den Retter der Unschuld. Als letztere klar geworden, fand ein Jäger die Gräfin Idda. Allein obschon Graf Heinrich viel bat, wollte sie nicht mehr bei ihm leben, sondern blieb still und heilig in dem Kloster zu Fischingen.“ Der Schluß hat unstreitig einige Uebereinstimmung mit der Ballade. Aber Valentin Schmidt geht wohl zu weit, wenn

8**

er behauptet, daß man die hohe Vortrefflichkeit des schil=
ler'schen Gedichts nur würdigen könne, wenn man diese Le=
gende lebhaft im Gedächtniß habe. Er glaubt nämlich die
Ballade setze die Legende voraus. Doch hören wir ihn selber:
„Die schwergekränkte Gattin, deren Unschuld endlich aner=
kannt ist, spricht die erste Strophe zu dem von Reue, Scham
und Sehnsucht nach Wiedervereinigung still weinenden Gat=
ten. Das heftig in die Arme Pressen beim Abschiednehmen
deutet auf das frühere eheliche Verhältniß, welches seit je=
ner furchtbaren Störung nach Iddas Willen nunmehr einem
unvergänglichen Bunde auf immer weichen muß. Der Zug
des Ritters gegen die Ungläubigen, zugleich um Buße zu thun
und Ruhe zu gewinnen, erreicht wenigstens den letzten Zweck
nicht. Die Neigung zur früher gemißhandelten und verstoßenen
Gemahlin nimmt nur zu. Nicht länger als ein Jahr hält er
es aus in der Ferne. Dann kehrt er zurück voll der irdi=
schen Hoffnung, sie begütigt und versöhnt zu finden. Aber
erst jetzt tritt der ächte und fruchtreiche Schmerz ein und mit
ihm die wahre Reue und Buße. Die Nonne kann nicht
wieder zur Ehefrau werden, jeder Weg, die irdische Neigung
zu befriedigen, ist zerstört, und so muß sich auch des Rit=
ters Trieb, welcher nach dem Besitz selbstisch haschte, noth=
gedrungen in einen nicht sinnlichen verwandeln. Allein sehr
entfernt ist er noch von der Leidenschaftlosigkeit und heitern
Seelenruhe Iddas. Sie,

    „des Himmels Braut,‟
sie
    „die Gott getraut,‟

ist ein ruhiges engelmildes Bild, durch dessen erquickenden
Anblick nur sein Hinaufschwingen zum Ewigen vermittelt
wird. Ihm allein, ohne ihre kräftigende Nähe, würde dieß

nicht gelingen." Obwohl ich der Meinung bin, daß
Schillers Gedicht für sich allein recht wohl bestehen könne und der Beziehung auf die Legende
nicht bedürfe, um als vortrefflich gewürdigt zu
werden, so mag es doch Stimmungen geben, wo wir die
sentimentale Liebe des Toggenburgers, der sich und die Welt
so ganz über einer Geliebten vergißt, die ihn ohne allen
Grund verschmäht, mit unsern Begriffen von männlicher Würde
nicht im Einklang finden, wo uns daher seine völlige Hin-
gebung an dieselbe bis in den Tod erklärlicher scheinen würde,
wenn wir sie mit dem Gefühl der Reue und dem Bedürf-
niß der Buße zu verbinden wüßten. In einer solchen Stim-
mung war es vielleicht, daß ich mich verleiten ließ, die Legende der h. Itha, wie sie das Volksbuch meldet, als Einleitung zu Schillers Ritter Toggenburg zu behandeln. Um
die genaue Verbindung der Legende mit der Ballade zu zeigen, auf welche es dabei abgesehen war, setze ich auf meine
Rheinsagen verweisend die letzte Strophe jener hierher und
lasse ihr die erste der Ballade unmittelbar folgen. Der Leser,
dem die folgenden Strophen im Gedächtniß sind, wird man
im Stande sein, sich für oder wider eine solche Verbindung
zu entscheiden:

"Kannst du dennoch mir vergeben
(Selig ist Verzeih'n!)
Als dein Diener will ich leben,
Will dein Knecht nur sein.
Ja, ich les' in deinen Augen,
Daß du mild vergibst;
Aber soll mir Gnade taugen,
Sprich, ob du mich liebst?"

„„Ritter, treue Schwesterliebe
  Widmet euch dies Herz;
Fordert keine anb're Liebe,
  Denn es macht mir Schmerz.
Ruhig mag ich euch erscheinen,
  Ruhig gehen seh'n:
Eurer Augen stilles Weinen
  Kann ich nicht versteh'n. —““

Ueber die Sage vom Ringe des Thilo von Throta s.
Kinkel in den Jahrbüchern des Vereins von Alterthumsfreunden im Rheinlande. XII. 102 ff.

214. **Die seltene Cur.** Von G. Schwab. Schwab
a. a. O. 128. Ulrich Philipp, Freiherr von Hohen=Sax
(† 1585) wurde bei dem Sieg der Franzosen zu Serisol
in Piemont als Oberst eidgenössischer Truppen durch einen
Lanzenstich in seinen Kropf von diesem entstellenden Gewächse
befreit. Ueber die in mancher Beziehung originelle Familie
Hohen=Sax s. auch Simrock a. a. O. 27.

215. **Der im Schlaf Besiegte.** Von G. Schwab.
Woher der Dichter den Stoff genommen, ist mir unbekannt.
Eine entfernt verwandte Sage von Burg Fragstein im Präti=
gauer Paß findet sich bei Leu, Allg.Helv.Lexikon. s. v. Fragstein.

216. **Anna Vögtli.** Von Justinus Kerner. Joh.
von Müller a. a. O. VI. 4 mit Berufung auf Heman
von Rüsseck, Hemmerlin, Etterlin, Tschudi u. A. Das Ereigniß soll sich am 24.Mai 1447 zugetragen haben. Vergl.
Nr. 174 der Rheinsagen.

217. **Das Wunder im Kornfeld.** Von A. Kopisch. Grimm, deutsche Sagen. I. 19, mit Berufung auf Bräuner, Curiositäten. 274. Als Zeit des Wunders wird der 8. Juni 1686 angegeben, und sollen die zwei Edelleute, welche dasselbe erblickt, ihre Aussage bei dem Rath von Chur niedergelegt haben.

Quellenangaben

und

Bemerkungen

zu

Alexander Kaufmanns Mainsagen.

1. **Die Venetianer im Fichtelgebirge.** Von Alexander Kaufmann. Schöppner, Sagenbuch des bayerischen Landes. I. 160 ff. III. 120. 124, nach der Beschreibung des Fichtelbergs. Leipzig. 1716 und nach mündlichen Mittheilungen. Vergl. auch J, Hoffer, Descriptio urbis Kitzingae, Quad von Kinkelbach, Teutscher Nation Herrlichkeit. 85. 86, u. A. — Verwandtes findet sich in Hessen, Wolf, Hessische Sagen. 205, auf dem Harz, Pröhle, Harzsagen. 268 ff., in Tyrol, Zingerle, Sagen aus Tyrol. 55 ff., u. a. a. O. Bisweilen treten Zigeuner oder Jesuiten an die Stelle der Benediger, Wolf a. a. O. — Der bekannte Spruch, auf dem Fichtelgebirge sei der Stein, mit welchem man nach der Kuh werfe, mehr werth, als die Kuh selbst, begegnet auch im Hildesheimischen, Schambach und Müller, Niedersächsische Sagen und Mährchen. 241. — Braunfels, Mainufer. 17. 18, bemerkt: „Häufig kamen sonst Ausländer hieher unter dem Namen Welsche oder Wahlen, um nach verborgenen Erzen zu suchen; sie zeichneten ihre Schatzgräberkunst in Geheimnißbüchlein auf, welche z. B. Mittel folgender Art zur Gewinnung des Goldes angeben: „Zwischen Wunsiedel und Nagel gehe in das Holz zur rechten Hand, so findest du zwei Felsen; um den dritten Fels da ist es wie ein Backofen, und gegen Mittag am Felsen da stehet ein Entenfuß. Da hebe den

Stein auf, kreuch in das Loch, so wie ein Fuchsloch ist; vor dem Loch stehet eine gestümmelte Buche mit sieben Aesten, räume daran hinweg, du findest Gold als Eis= zapfen." „Aber die Schätze sind jetzt meistens durch Geister= gewalt in die Tiefe der Erde versetzt, und wer sie finden will, der nimmt Weihrauch, Schwefel und ungebrauchtes Wachs, siedet darin Garn, macht aus diesem ein Licht und leuchtet damit an jeden verdächtigen Ort; und wo das Licht plötzlich ausgeht, da ist Gold vergraben oder ein reicher Erzgang durch Zauber verschlossen." Auf den s. g. fichtel= berger Willkommgläser sieht man deßhalb das Gebirge in Gestalt eines Felsen mit goldner Kette und einem Schlosse, das die Schätze der Tiefe als versiegelte bezeichnet.

2. **Zeitelmoos.** Von August Kopisch. Aus= führliche Beschreibung des Fichtelbergs. 90. Vergl. Grimm, Deutsche Sagen. I. 58. Ueber das Neckische, Trügerische im Wesen der Elben, Kobolde u. s. w.: Grimm, Mytho= logie. 432. 469. 481. — Das Zeitelmoos ist ein Wald und Sumpf zwischen Wunsiedel und Weißenstadt, wo sich auch der wilde Jäger zeigt, Schöppner a. a. O. I. 177.

3. **Der Teufel auf der Kössein.** Von Ludwig Braunfels. Ausführliche Beschreibung des Fichtelbergs. 128. 129. Vergl. Grimm, Deutsche Sagen. I. 272. 273. Die im Gedichte genannten Orte werden scherzweise Türkei und Tartarei genannt. Ein Sprichwort lautet: „Mein Reden ist so grob wie ein Fichtelberger." „Das volck," sagt Quad von Kinkelbach a. a. O. 84, „so umb den Fichtelberg wohnen, ist frumb, auffrichtig, mitleidig, trewherzig vnnd freundlich, aber Bewrisch, hart vnd starck,

das hitz, frost vnd arbeit wol erleiden mag, daher auch ein
Teutſch ſprichwort erwaren, das, wan man von einem guten
groben knebel wil ſagen, ſpricht man, es iſt ein guter
Bichtelberger.“

4. **Das Kind im Spprechtſtein.** Von K. F. G.
Wetzel. Wetzel giebt die Sage ohne Angabe der Localität,
mit derſelben erzählt ſie H. Zapf bei Schöppner a. a. O.
I. 168. Verwandtes findet ſich bei Bechſtein, Deutſches
Sagenbuch. 613, von Herrlein, Aſchaffenburg. 101, u. A.
— Ueber die Zauber der Johannisnacht ſ. Grimm, Mythologie. 555, und meinen Caeſarius. 65. 138; über Mit-
tagszauber denſelben. — Im Fichtelgebirge glaubt man,
die Johannisblume, am Johannisabend in's Haus gebracht,
ſichere vor Ungewitter; im „Garten“ beim Waldſtein
wachſen Blumen, die am Johannistag gebrochen einen heil-
ſamen Thee geben, u. A.

5. **Der Teufelstiſch auf Waldſtein.** Von Ludwig Zapf. Schöppner a. a. O. II. 165. Vergl.
Grimm, Mythologie. 975. 976. Wolf, Beiträge. II.
121, bringt die eiſernen Karten unſerer Sage in Zuſam-
menhang mit den goldenen Würfeln oder Scheiben, mit
denen nach Völuspâ. 8, die ſeligen Götter ſpielten in
Jdavöllr und die ſie nach der Welterneuerung, Völuspâ.
60, im Graſe wiederfinden. In andern Sagen begegnet
uns dieſe Würfel als Kegelſpiel, Wolf a. a. O. 118.
Von jenem unſchuldigen Spiele der Götter rührt der Name
„Goldalter;“ die goldene Zeit ſchwindet, ſobald ſich die
Begierde nach Gold einſtellt, Simrock, Handbuch. 53. —
Die ſ. g. Feilenhauer bannten die Geiſter in Säcke und

trugen sie in die Klüfte des Waldsteins, Braunfels a. a.
O. 16.

6. **Die Geisterkirche.** Von Ludwig Braun=
fels. Ausführliche Beschreibung des Fichtelbergs. 69,
Goldfuß und Bischof, Beschreibung des Fichtelgebirges.
I. 302, u. A. Ueber verwünschte Schätze: Grimm, Mytho=
logie. 921 ff., und Simrock, Handbuch. 385. 386; über
die den Zugang zu ihnen öffnende Wunderblume: Grimm
a. a. O. 923. 924 und Wolf, Beiträge. II. 243 ff.
Als Kirche zeigt sich die unterirdische Götterwohnung auch
im Untersberg bei Reichenhall, Wolf a. a. O. 70, wo
überhaupt der Abschnitt über die Wohnungen der Götter
nachzulesen ist. Vergl. auch Nr. 157 der Rhein= und
Nr. 92 der Mainsagen.

7. **Binnsfelder.** Von Ludwig Braunfels.
Braunfels a. a. O. 52. 53. Eine Bildsäule am kulm=
bacher Rathhausbrunnen verewigt die Treue des Lands=
knechts, Braunfels a. a. O. 52.

8. **Die Herzogin von Orlamünde.** Aus Walden-
fels, Select. antiquit. II. 469 in das Wunderhorn und
von da in sonstige Volksliedersammlungen übergegangen.
Zu den bei J. von Minutoli, Die weiße Frau. Berlin.
1850, gesammelten Zeugnissen füge ich noch folgendes aus
der Marchias des Johann Schosser. Witteb. 1560.
  Non fuit Alberto princeps formosior alter,
    Egit ut aetatis tempora verna suae.
  Ergo dolos illi iucundaque retia struxit,
    Quae comes est pulchris, insidiosa Venus.

Mille nurus iuvenem petierunt, mille puellae,
  Nec pudor hunc ultro sollicitasse fuit.
Femina namque etiam proavis illustribus orta,
  Ipsius ut pleno posset amore frui
Et thalami meruisse fidem: crudelia fertur
  Funera filiolis conciliasse suis.
Quid non suadet amor? Sed enim ne pessima Cypris
  Perderet insignem nobilitate virum,
Abstulit et silvas docuit lustrare furentem,
  Quae desiderium corde, Diana, fugat.

Daß die historischen Verhältnisse für die Sage durchaus keinen Anhalt gewähren, ist schon öfter, namentlich von Minutoli in der erwähnten Schrift, dargethan worden: Kunigunde (Agnes, Beatrix) von Leuchtenberg, seit 1321 mit Otto, dem letzten Grafen von Orlamünde vermählt, scheint mit demselben gar keine Kinder erzeugt zu haben; sie starb unbescholten und geachtet als Aebtissin von Himmel=tron in hohem Alter, ohne mit den Nürnbergern, welche nach dem Tode des Grafen auf Grund älterer Verträge in den Besitz der Herrschaft Plassenburg gekommen, jemals in Unfrieden gerathen zu sein. Zwei Leichensteine in Him=meltron, von welchen der eine einen jugendlichen Ritter im Ordenskleide und mit dem Schwert als signum iustitiae, der andere zwei Genien als Schildhalter zeigt, sollen An=laß gegeben haben, die Sage zu bilden oder eine ältere, an Medea erinnernde Erzählung fortzupflanzen. Ein Hager soll nach Adlzreiter 1248 Otto, den letzten Grafen von Meran, auf der Plassenburg ermordet haben, und darauf sich die bekannten Verse im Mönchhof zu Kulmbach, die auch in unserem Liede anklingen, beziehen:

Ach lieber Hager, laß mich leben!
Ich will dir Norbeck und Niefter geben,
Plaffenburg, das neue,
Auf daß dich's nicht gereue.

Verwandte Verse kehren öfter wieder, z. B. auf dem
Halsband der s. g. Hirschkuh Karls des Großen zu Magdeburg, J. C. Westphal, De insignibus Magdeburgi. 22:

Lieber Jäger, laß mich leben,
Ich will dir mein Halsband geben.

In der Niederlausitz lautet ein Abzählspruch:

Engel, Bengel, laß mich leben,
Ich will dir einen schönen Vogel geben;

ein ähnlicher Spruch ist auch in Nürnberg bekannt. —
Das Lied weiß nichts davon, daß die Kindsmörderin
als „weiße Frau" umgeht. Das erste nachweisbare Gerücht vom Erscheinen der letzteren soll, wie Minutoli an-
giebt, 1486 nach dem Tode des Markgrafen Albrecht
Achilles aufgetaucht sein, und damit hat sich jener Sage
ein zweites, in neuerer Zeit vielfach erläutertes mythisches
Element gesellt; wann aber diese Verschmelzung vor sich
gegangen, wird sich schwer ermitteln lassen. Das burg-
und markgräfliche Haus besaß gewiß schon lange, bevor die
Gräfin Orlamünde auf den Schauplatz der Geschichte trat,
seine Heil oder Unheil verkündende Ahnfrau, wie die meisten
alten Geschlechter Deutschlands eine ähnliche besitzen. Daher
außer in Baireuth und Berlin weiße Frauen in Karlsruhe,
Darmstadt, Cassel, Detmold, Braunschweig, Düsseldorf
(Jacobäa von Baden), Wertheim, Neuhaus (Bertha von

Rosenberg), Terzebue und Haid in Böhmen u. s. w. —
Ueber die weiße Frau (Freyja, Holda, Bertha) vergl.
Grimm, Mythologie. 257 ff., Simrock, Handbuch. 414.
423. 424, deffen Bertha, die Spinnerin. 148 ff. und
Hocker, Stammsagen der Hohenzollern und Welfen. 2 ff.
Hocker giebt S. 7. 8. folgendes Resumé seiner Unterfuchung:
„Eine Wittwe Beatrix oder Bertha von Rosenberg tödtet
ihre Kinder und erscheint dann als weiße, Geburten, Ver=
mählungen, Sterbefälle und Schätze anzeigende Frau. Ein
Mahl, ihr zu Ehren gegeffen, wird der füße Brei genannt.
Diese einzelnen Theile sind Reste einer uralten Mythe der
Erden= und Himmelsgöttin, die im Winter ihre Kinder,
die Pflanzen und Blumen der Erde (der Hort der Helden=
fage) tödtet und nun im weißen winterlichen Kleide erscheint.
Sie hat alles Leben geschaffen und tödtet auch alles Le=
bendige, wie die Nacht das Licht verschlingt; als Erden=
gottheit steht sie den Vermählungen und Geburten vor und
hütet, wenn sie im Winter in der Unterwelt weilend ge=
dacht wird, die Schätze der Erde, den Pflanzenfegen, den
sie im Frühlinge den Sterblichen verleiht. Als folche ist
sie die Beatrix, die an Glück und Segen reiche, während
der Name Bertha sie als die weiße, leuchtende, im schim=
mernden Schneegewande strahlende Göttin zeigt.“ Hocker
bemerkt ferner a. a. O. 29, Frau Holle (die weiße Frau)
habe auch den Namen Katharina (Hollenkäthchen) geführt:
Dazu würde das „Gräfen=Kätherle“ stimmen, welches der
wertheimer Volksglaube mit dem „Familienweible,“ also der
uralten Stammmutter des gräflich wertheimischen Haufes
identificirt hat. Vergl. meine Mittheilung über das Gräfen=
Kätherle in Mannhardts Zeitschrift. IV. 19.

9. **Der Seckendorfe Herkunft.** Von A. Schöppner.
Hormayr, Taschenbuch. 1837. 167.

10. **Die Here von Staffelstein.** Von Alexander
Kaufmann. Unter den Bergen, wo Hexenversammlungen
gehalten wurden, führt Grimm, Mythologie. 1004, in
Franken den Kreidenberg bei Würzburg und den Staffel=
stein bei Bamberg an. Vom Fichtelberg vermuthet er be=
sondere Hexenörter. — Der Zug, daß ein Mädchen durch
Täuschungen in der Liebe verbittert unter die Hexen ge=
gangen, könnte modern erscheinen, doch ist mir dieses Motiv
in einem wertheimer Hexenprozeß vorgekommen. Ueber
mythische Züge im wertheimer Hexenwesen s. meine Mit=
theilung in Mannhardts Zeitschrift. IV. 22. 23.

11. **Das Irrglöcklein von Seßlach.** Von Friedr.
Rückert. Bechstein, Sagen des Rhöngebirges und Grab=
felds. 204. Vergl. Nr. 65 der Mainsagen.

12. **Der stille Gast.** Von J. U. Bissinger.
Schöppner a. a. O. III. 88. Der Schluß des Gedichtes, daß
eine „Wunderschrift" an der Stallthüre die Moral der Ge=
schichte lehrt, ist ein nicht eben glücklicher Zusatz des Dichters.
Der Name „stiller Gast" erinnert an das „stille Volk" in
Hessen. Ueber das Mythologische s. Nr. 28 der Rheinsagen.

13. **Der alte Fuhrmann.** Von Ludw. Braunfels.
Braunfels a. a. O. 98. Der Fuhrmann hieß Ueberkom, Vic=
tor, und stiftete 1473 die Magdalenencapelle als seine Be=
gräbnißstätte. Theilweise in eine Legende umgewandelt findet
sich die Sage bei Schöppner a. a. O. 86.

14. Die Altensteiner. Von M. Johannes Epis=
copius. Der Dichter, M. Joh. Episcopius oder Bischof,
schrieb um die Mitte des 16. Jahrhunderts ein „news vnd
schönes Büchlein von der Stat Würtzburg." Rotenb. a. b. T.
1569. 8, worüber Näheres bei Reuß im Anzeiger des ger=
manischen Museums. 1854. Nr. 10. Unsere auch Lorenz
Fries bekannte Sage erinnert an die Fabel des Konrad von
Würzburg, wonach zwölf Männer in das Haus eines Thur=
sen, (Riesen, Grimm, Mythologie. 487.) kommen und von
demselben bis auf den Zwölften, der sich tapfer zur Wehre
setzt, verschlungen werden; der Thurse aber meint:

> Du enmâht nu keiner wer gevâren;
> Do dîn zwelfe wâren,
> Do soltes tû dich hân gewert;

und der Dichter macht die Anwendung auf ein Geschlecht,
das ein Mächtiger vernichten wolle:

> Ez wer sich miteinander sîn,
> Swenne ers beginne drükken!

Den gleichen Stoff mit gleicher Nutzanwendung behan=
delt der Stricker. — Burg Altenstein, jetzt eine der größ=
ten Ruinen Deutschlands, war fürstlich würzburgisches, an
die Familie Stein zu Altenstein gegebenes Lehen und wurde
im Bauernkriege gebrochen. Das Wappen der Familie, drei
Hämmer im rothen Felde, wird mit unserer Sage in Ver=
bindung gesetzt, Schöppner a. a. O. III. 83.

15. Der Dombau zu Bamberg. Von A. Kopisch.
Grimm, Deutsche Sagen. II. 175, mit Berufung auf Poma=
rius. 185. 186 und Münsters Cosmogr. III. Baba war
Tochter Otto's von Sachsen und Schwester Heinrichs I.

vermählt mit Heinrich, Markgrafen in Lothringen und Gra=
fen im Volk= und Grabfeld, der lange siegreich gegen die Nor=
mannen focht und 886 fiel, Contzen, Geschichte Bayerns. I.
248. 249. — Ueber den Namen Bamberg (Papinpërac)
vergl. Grimm, Grammatik. III. 422.

16. Adelbert von Babenberg. Von Karl Simrock.
S. Nr. 112 der Rheinsagen.

17. Kunigundens Handschuh. Von L. Th. Kose=
garten. Vita S. Kunigundis. 13 bei Ludewig, Scr.
rer. Bamb. 356. Jac. a Voragine, Legenda aurea. Ed.
Graesse. 908, erinnert schon an die Parallele mit dem hl.
Goar. S. Nr. 82 der Rheinsagen. Verwandte Legenden
giebt es in so zahlloser Menge, daß wir nur an einige frän=
kische und eine rheinische erinnern: Richardis von Eberz=
berg, Schöppner a. a. O. I. 74, Alberada von Banz, ebendaf.
193, Hadeloga oder Adelheid von Kitzingen, ebendaf. 224 ff.
u. A. Die rheinische Sage hat mir Weidenbach mitgetheilt:
„Wenn die Ritter von Rennenberg, sehr fromme Männer,
aus der Kirche zu Linz nach ihrer Burg zurückkehrten, hien=
gen sie ihre Mäntel an die bloße Wand ohne irgend
einen Nagel auf. Einmal begegnet ihnen auf dem Heim=
wege ein alter Bettler, der sie um ein Almosen anspricht;
im Gespräch aber überhören die Ritter die Bitte und geben
nichts. Als sie nach Hause kommen, fallen die Mäntel beim
Aufhängen herab, und seit dieser Zeit mußten Nägel ein=
geschlagen werden." Auch Personen minder heiliger Art
werden solcher Gnaden theilhaft: Dyterbjernat, der wilde Jäger
der lausitzischen Wenden, hieng, so lang er fromm war, seine
eider an die Sonnenstäubchen; als er einmal in der Kirche

gelacht, gieng die Begnadigung verloren, Mannhardts Zeit=
schrift. III. 112. 113, vergl. Nr. 72 der Rheinsagen;
ein altes Weiblein zu Madaun in Tyrol hängt sogar den
Regenschirm in die Luft, Zingerle in Wolfs Zeitschrift. II.
347. Vergl. die Bemerkung Simrocks im Guten Gerhard
und den dankbaren Todten. 45. — Wie sich das Verhält=
niß zwischen Heinrich und Kunigunde in Wirklichkeit ver=
halten, s. bei Giesebrecht, Kaiserzeit. II. 89. 552; über
ihre legendarische Biographie: Wattenbach, Geschichtsquel=
len. 393. 394, und Giesebrecht a. a. O. 538.

18. **Kunegundens Ring.** Von G. J. Keller. Oetter,
Betrachtung über den Handschuh der Gräfin Stilla von
Abensberg. 6.

19. **St. Otto und der Waffenschmied.** Von Andr.
Haupt. Andreae, abb. mon. St. Mich., vita St. Ottonis.
I. 52 bei Ludewig a. a. O. 441.

20. **Bischof Otto und der Fischer.** Von Alexander
Kaufmann. (Ungedruckt und für die zweite Auflage be=
stimmt). Herbordi vita Otton. ep. Bab. I. 41 bei Pertz, Monum. XIV. 766. 767. — Bei Juvenal, Sat. IV, fängt ein
Fischer aus Picenum eine große Steinbutte und schenkt sie
dem pontifex maximus:

Destinat hoc monstrum cymbae linique magister
Pontifici summo;

der römische pontifex Domitian verstand sich jedoch besser
auf Leckerbissen, als der genügsame Bischof von Bamberg.

9*

21. **Heinrich von Kempten.** Von Karl Simrock. Nach Konrads von Würzburg Otte mit dem barte. Ausg. von K. Hahn. Vergl. Grimm, Deutsche Sagen. II. 156, und Schöppner a. a. O. II. 10. Dem Gedichte Konrad's liegt eine Erzählung des Gottfried von Biterbo bei Pistor., Script. II. 326, zu Grunde. — Joh. Kräler in seiner handschriftlichen kemptner Chronik (1506), über welche Nürnberger in den bayerischen Annalen. 1833. Nr. 131 berichtet hat, erzählt außer der in unserem Gedicht behandelten Sage noch eine Reihe anderer, in Constantinopel und Palästina vollführter Heldenthaten und Abenteuer seines berühmten Landsmannes: Als Kaiser und Pabst einen starken Mann zum Hauptmann über einen Heerzug nach Palästina wählen wollen, gewinnt Heinrich von Kempten in allen, zur Probe der Stärke festgesetzten Uebungen den Sieg; in Constantinopel besiegt er den gewaltigsten Mann des Sultans, den Godast aus Persien u. s. f. Seines Geschlechtes soll Heinrich von Kempten ein Rytzner gewesen und in einem schönen Hause am Salzstadel, welches seinen Eltern Joachim und Gisela gehörte, geboren worden sein. In Benedig und Kempten war er gemalt.

22. **Bamberger Waage.** Von K. F. G. Wetzel. Dieselbe von Karl Simrock. Manlii loc. com. 46: Bambergae est sepulchrum Henrici imperatoris, in quod est incisa Justitia tenens libram in manu. Jam libra ita est facta, ut lingula bilancis non sit in trutina, sed declinet paululum ad alteram partem. De hoc vetus apud ipsos sermo spargitur: Quando lingula in trutinam redierit, tunc adfuturum esse exitum urbis (orbis.) Ueber die Schlacht auf dem Walserfeld und verwandte mythische

Vorstellungen: Grimm, Mythologie. 908 ff. Simrock, Hand=
buch. 178 ff., u. A. Vergl. Nr. 142 und 143 der Rhein=
sagen.

23. **Otto von Wittelsbach.** Von O. F. Gruppe.
(Aus dessen Sagen und Geschichten des deutschen Volkes. 240
ff. für die zweite Auflage bestimmt. Arnold. Lubec. VII. 14.
Vergl. Stälin, Wirtembergische Geschichte. II. 147, Böh=
mer, Reg. Stauf. 26 zum 21. Juni 1208, u. A. Zur
Beurtheilung Otto's s. auch meinen Caesarius. 112. Ein
Klagelied auf Philipps Ermordung bei Mone, Quellensamm=
lung der badischen Landesgeschichte. III. 169, sagt u. A.:

Quod sumus acephali, fraus effecit Palatini,
Et duce privati, multis rebus spoliati;
Tanti causa mali furor Ottonis Palatini.

Man sieht, wem die sich in dem Liede aussprechende
öffentliche Meinung die fraus zuschrieb, die überhaupt in
Philipps Charakter gar nicht hervortritt. — Es gab auch eine
Sage, nach welcher Otto von Wittelsbach Söhne gehabt, die
in's Elend verjagt sich in den Wildnissen des Hundsrücken
aufgehalten und dort die Stammväter der Wild= und Rhein=
grafen geworden seien, Lehmann, Speierische Chronik. 499 ff.
Ueber die wirkliche Abkunft derselben s. Simrock, Rheinland.
231. Vergl. (Kremer) umfassende und urkundliche Geschichte
des wild= und rheingräflichen Hauses. Mannh. 1769.

24. **Der Meßner zu Bamberg.** Von Philipp Will.
Schöppner a. a. O. I. 207 nebst Anmerkung III. 361:
„An dem Dom ist ein Kirchlein angebaut, die Capelle zum
h. Nagel. Hier liegen Bischöfe und Domherrn begraben,
ihnen zu Häupten ihre lebensgroßen metallenen Bilder. So

oft nun in dieſer Capelle das ewige Licht erliſcht, fühlt der Meßner ein Blaſen im Ohr, das zuletzt bis zum Brauſen verſtärkt wird."

25. **Des Biſchofs Jagd.** Von Ludw. Braunfels. Braunfels a. a. O. 158. Eine andere volksthümliche Deutung des Namens Theres (Tharissa), welche denſelben mit der Ermordung des Grafen Adelbert in Verbindung ſetzt, bei Bechſtein, Sagen des Rhöngebirges und Grabfeldes. 181. Aehnliche ſcherzhafte oder ſinnige Volksethymologien ſind äußerſt verbreitet; wir erinnern an Nidda, Grimm, Deutſche Sagen. II. 362, Wartburg, ebendaſ. 330, Mansfeld, Bechſtein, Sagenbuch. 349, Oſchatz, ebendaſ. 511, Versbach (bei Würzburg, Schöppner a. a. O. II. 264, Erlabrunn, ebendaſ. III. 46, Alzenau, von Herrlein, Speſſartſagen. 77. u. ſ. f. S. auch Nr. 37. 110 der Rhein= und 32, 44 der Mainſagen.

26. **Die Nonne von Mariaburghanſen.** Von Ludwig Bechſtein. Wurde dem Dichter nach brieflicher Mittheilung deſſelben auf Schloß Mainberg erzählt.

27. **Die drei Waſſerfrauen.** Von Ludwig Braunfels. Bechſtein, Sagen des Rhöngebirges und Grabfelds. 165. Verwandtes findet ſich in Caſtell, Schöppner a. a. O. I. 227 ff., Randesacker, Panzer, Beitrag. 176, Wallmersbach, Welbhauſen, Gülchsheim u. a. a. O. — Vergl. Nr. 146. 159, 160 der Rhein= und Nr. 56. 57. 58. 69 der Mainſagen.

28. **Die Schlangenthränen.** Von Ludwig Bechſtein. Die einzelnen ſchweinfurter Stoffe, welche Bechſtein hier an einen gemeinſchaftlichen Faden gereiht hat, finden ſich

bei demselben a. a. O. 151 ff. — Des schweinfurter Lollus gedenkt zuerst I. L. Bausch, Coll. chron. Swinf.; er beschreibt das „Erzbild des Götzen gestaltet als einen Jüngling, goldhaarig und gelockt. Um den Hals hing über die Brust herab ein Kranz von Magsamenköpfen. Mit der rechten Hand griff das Bild nach dem Munde und faßte mit Daumen und Zeigefinger die Zunge; mit der linken hielt es einen Becher Wein, in welchem Kornähren standen. Der Leib war ganz nackt außer einem Schurz um die Lenden. In einem heiligen umzäunten Hain zunächst dem Mainufer soll das Bildniß gestanden haben, und es sollen ihm vom Volk zu gewissen Zeiten Trauben und Aehren zum Opfer dargebracht worden sein," Bechstein a. a. O. 25. 26. Eines hessischen Lollus gedenkt Zach. Rivander im Exempelbuch. Vergl. auch K. Lyncker, Sagen und Sitten aus hessischen Gauen. 224. Aehren und Wein begegnen auch in der von mir in Mannhardts Zeitschrift. IV. 163 mitgetheilten wertheimer Sage: „Einem Fuhrmann begegnete in der Lenzzeit eine schöne Jungfrau und lud ihn, nachdem sie eine Weile miteinander gegangen, in ein an der Straße gelegenes Wirthshaus. Dort nahm sie, statt etwas zu bestellen, einen goldenen Becher heraus, in welchem, nachdem er zuvor leer gewesen, plötzlich der herrlichste Most schäumte, dann aber einen Korb voll Aehren, die sich rasch in das prachtvollste Brod verwandelten. Das bedeute ein gesegnetes Jahr, versicherte mein Berichterstatter." Vergl. Nr. 217 der Rheinsagen. Die wiederstandene Frau ist schon in Cöln besprochen worden. — Bechsteins einleitende Verse erinnern an den alten, lustigen Herbst im Frankenlande, den Böhm von Aub und Seb. Franck (nach Böhm) schildern. S. auch Heffner u. Reuß, Würzburg und seine Umgebungen. XII ff.

29. **Die Böllner von der Hallburg.** Von Ni=
kolaus Hocker. (Vom Dichter mitgetheilt und für die
zweite Auflage bestimmt). Bechstein, Sagenbuch. 669.
Ueber Entrückungen solcher Art (Mantelfahrten) und ihren
Zusammenhang mit Wuotan s. Grimm, Mythologie. 980,
Wolf, Beiträge. I. 3 ff., Hocker in Wolfs Zeitschrift. I.
305 ff., Simrock, Handbuch. 219 ff., Müllers Abhandlung
über die Fahrt in den Osten in seinen und Schambachs
niedersächsischen Sagen. 389 ff., meinen Caesarius. 133.
134 u. A. Die bekanntesten Varianten dieser Sagenfamilie
sind: Hadding bei Saxo, Heinrich der Löwe, Möhringer,
Thedel von Walmoden, Richard von der Normandie, Karl
der Große (Nr. 40 der Rheinsagen), Gerhard von Holen=
bach oder Helbach bei Caesarius, Dial. VIII. 59, Graf
Dirlos bei Wolf y Hofmann, Primavera y flor de romances. II. 129 ff., u. s. f. Verwandtes aus den
Maingegenden findet sich bei von Herrlein, Spessartsagen.
256, wonach ein Herr von Bickenbach durch Vermittelung
des h. Michael (Wuotan) auf seine Burg Klingenberg ent=
rückt wird. Wuotan manifestirt sich in diesen Sagen, bei
denen es sich fast durchgehends darum handelt, eine neue
Heirath der zurückgebliebenen Gattin (Penelope) zu verhin=
dern, als beschützender Gott der Ehe, welcher keinen Bruch
eines ihm geheiligten Verhältnisses duldet. Die Entrückung
geht entweder zu Rosse (Sleipnir) vor sich oder mit Hülfe
des odhinischen Wunschmantels, der in der mehr legendarisch
umgestalteten Fassung bei Caesarius zur cappa des h.
Thomas, in andern Sagen zu einem vielfarbigen Tuche
geworden ist.

30. **Der Schmied von Ochsenfurt.** Von Ludwi

Braunfels. Pastorii Franconia rediviva. 422, Keß-
ler, Beschreibung von Ochsenfurt. 4 ff.

31. **Der Kauz von Ochsenfurt.** Von Alexander
Kaufmann. (Für die zweite Auflage bestimmt.) Keß-
ler a. a. O. 32. und im Archiv des hist. Vereins für
Unterfranken und Aschaffenburg. X. 2. Einen ähnlichen
Scherz trieb der baireuther Markgraf Georg Wilhelm mit
einer silbernen Nonne, die auf den Kopf gestellt ein gewaltiger Becher war. Ein „Nonnenbuch" verewigte die Namen
der Trinker. Braunfels a. a. O. 45. Vergl. auch Nr. 82
der Rheinsagen.

32. **Eibelstadt.** Von J. F. Freiholz. Schöppner
a. a. O. I. 232. Der alte Name des Ortes lautete
Eisolve- oder Isolvestat, Stumpf, Bayern. 888. Vergl.
Nr. 25 der Mainsagen. Dr. Sartorius hat 1862 bei
Stahel in Würzburg ein Werk über die dasige Mundart
zu veröffentlichen angefangen, dessen erstes Heft ein Idio-
tikon enthält.

33. **Das Synagogenwappen zu Heidingsfeld.**
Von Otto Krämer. Schöppner a. a. O. II. 219.

34. **Der h. Markwart.** Von A. E. Fröhlich.
Heffner und Reuß, Würzburg und seine Umgebung. 392.
393. Dieses Wunders des h. Macarius geschieht in einer
(echten?) Urkunde des Bischofs Embrico von Würzburg
aus dem Jahre 1140 Erwähnung: Embrico, episcopus
Wirceburgensis, in suburbio Wirceburgensi in loco,
qui Girberoh dicitur, pro peregrinantibus Scotis hospi-

tale erigi concedit et primum abbatem S. Macarium qui „miraculose vinum in aquam convertit," praeficit, Reg. Bav. I. 157. S. auch Ludewig, Gropp und Uffermann. Macarius starb 1153; sein Leichnam ruht seit 1818, nachdem das Schottenkloster bereits 1803 säcularisirt worden, in der Mariencapelle, Heffner und Reuß a. a. O. 152; auf der Tumba, in welcher Macarius gleich nach seinem Tode beigesetzt worden, befand sich die Inschrift: Hic jacet Macarius primus abbas hujus ecclesiae per quem Deus vinum in aquam convertit. Vergl. auch Niedermayer, Kunstgeschichte von Wirzburg. 82.

34a. **Bischof Konrads Mainfahrt.** Von J. B. Goßmann. Wolf, Deutsche Sagen. 210 mit Berufung auf Erasmi Franzisci höllischen Proteus und de Vries, de Satan. Bischof Konrad Wilhelm von Wernau starb im Jahr 1684. Uffermann bemerkt über den baldigen Tod desselben: Obiit vero consecratione nondum accepta, diutius fortassis victurus, si a venatione sibi magis temperasset. Zur Zeit Konrad Wilhelms von Wernau war dessen Schwester Norbertina Barbara Priorin des Klosters Unterzell. Uffermann führt sie nicht an, doch erscheint sie in den Acten des bekannten Processes, welchen der Bischof mit dem Baron Specht von Bubenhofen führte.

35. **Des Minnesängers Vermächtniß.** Von August Langbein. **Das Grab im neuen Münster.** Von August Stöber. **Vogelweide.** Von Justinus Kerner. Uhland, Walther von der Vogelweide. 153 ff. Vergl. Heffner und Reuß a. a. O. 192 ff. Grimm, Geschichte der deutschen Sprache. 103, gedenkt der Sage

bei Gelegenheit des Todtencultus der Alten, welche Spenden auf die Gräber gossen und Blumen darauf streuten. Vergl. Nr. 116 der Rheinsagen. Simrock, Handbuch. 512, bemerkt: „Wenn dem Pferde Wuotans ein Getreidebüschel nnabgemäht stehen bleibt, so gilt die Gabe dem Gotte, und wenn den Vögeln des Himmels Brotkrumen gestreut, den Sperlingen ein Kornbüschel ausgesetzt wird (Pröhle, Harzs. 187, Myth. 635), was uns jetzt Walthers Vermächtniß erklärt, so möchte man den angeblichen Grund so milden Sinnes, „damit sie den Fluren nicht schadeten;" ungern für den wahren ansehen: „Es ist ein Dankopfer." — Nach der bei Simrock erwähnten Harzsage schickt in Poelde, wo König Heinrich den Vogelheerd gehabt, die Königin Mägde in den Wald, um dort die Vögel zu füttern, damit die Seele des Verstorbenen Ruhe habe. In einer altitaliänischen Novelle bei A. von Keller. I. 68 macht Basso ein Vermächtniß für die Fliegen. Ueber den Vögeln dargebrachte Opfer s. auch Wolf, Beiträge. II. 426 ff. Es könnte den dort gesammelten Zeugnissen noch beigefügt werden, daß nach einem Bericht aus Stockholm in der Beil. z. Augsb. Allg. Ztg. 1858. Nr. 7 der schwedische Bauer um Weihnachten einen Haufen ungedroschener Kornähren ausstellt, um die Vögel zu bewirthen. — Vergl. Fr. Pfeiffer, Walther von der Vogelweide. Wien. 1860.

36. Der Vogelsteller von Würzburg. Von Alexander Kaufmann. Nach einer Mittheilung von Karajans in seinem Vortrag über Walther von der Vogelweide in der Sitzung der historisch-philosophischen Classe der wiener Akademie vom 1. Okt. 1851. „Jahrhunderte lang," sagt

Niedermayer a. a. O. 117. 118, „rauschte die Linde im
Lusamgarten, unter welcher der Chorführer deutscher Dichter-
nachtigallen die Böglein des Himmels zu Tische geladen
hatte. Auch nach seinem Tode sollten sich die lieben Sänger der Wohlthat freuen. Der Atzungsheerd waren vier
bei dem Brunnen eingehauene Vertiefungen. Die von
Walther gemachte Stiftung ist nachmals in eine Semmel-
vertheilung unter die Chorherren (von Neumünster) aus-
geartet.“

37. **Der Schwedenthurm.** Von G. S ch w a b.
Heffner und Reuß a. a. O. 170. Der Thurm ist der
s. g. Grafen Eckartsthurm am Rathhaus. Daß „Graf“
Eckard weder Burggraf, noch hennebergischen Geschlechtes
gewesen, wie man bisher annahm, sondern bischöflicher
Schultheiß und dienstmännischer Herkunft, hat Wegele in
seinem Schriftchen: Der Hof zum Grafen Eckard und
Graf Eckard. Würzb. 1860, hinlänglich bewiesen. Den
daselbst 19—21 gesammelten Urkundenauszügen über Eckard
kann ich noch folgende beifügen; a) Zwischen 1184 und
1190: Eggehardus comes zwischen Engelhardus de Bi-
bilrit und Heroldus Parvus Zeuge in einer Urkunde des
Bischofs Gottfried. b) 1189: Eggehardus comes zwischen
Trageboto de Ingilstat und Engelhardus de Bibelrith
Zeuge in einer Urkunde desselben Bischofs. c) 1197:
Eggehardus comes zwischen Heinricus de Rabenesburg
und Heroldus camerarius Zeuge in einer Urkunde des
Bischofs Heinrich. — Eine verwandte Sage aus Basel
findet sich in Nr. 189 der Rheinsagen.

38. **Der letzte Hieb.** Mündlich. Eine etwas ab-

weichende Erklärung des Namens findet sich bei Schöppner
a. a. O. II. 239: Danach hätten die Zigeuner, wenn sie
zum Galgenberg geführt wurden, von Zeit zu Zeit Ruthen=
streiche und an der Stelle des jetzigen Bierkellers „den
letzten Hieb" bekommen.

39. **Das Gold im Stein.** Von Alexander Kauf=
mann. (Für die zweite Auflage bestimmt). Schöppner
a. a. O. III. 58. Nach Lotichius soll der Bischof Melchior
von Zobel einigen unternehmenden Köpfen die Erlaubniß
ertheilt haben, im ganzen Herzogthum Franken, den Marien=
berg ausgenommen, nach Gold zu graben. Hängt unsere
Sage damit zusammen und zwar so, daß hier statt des
Marienbergs der Stein zu setzen wäre?

40. **Die Erfindung des Gänseweins.** Von Alexan=
der Kaufmann. Bechstein, Sagenbuch. 664. Die
alte, um 1403 ins Leben getretene Universität Würzburg
ist sehr reich an Professoren= und Studentenschwänken, die
sich zum Theil bei Schöppner verzeichnet finden: So z. B. die
Entstehung des Namens „Besen," der „ewige Student" u. a.
Einen dieser Schwänke erlauben wir uns metrisch mitzutheilen.

O fons Bandusia!

Hört, was einmal zu Würzburg sprach
   Ein würdiger Professer:
„Es fließt nicht weit von dieser Stadt
   Ein treffliches Gewässer."

„Die Kürnach schreibt es sich zu Deutsch,
   Doch ist der Fluthen Helle
In Wahrheit des Horatius
   Berühmte Dichterquelle."

„Drum wollt ihr eueren Flaccum recht
    Im Fundament verstehen,
Müßt ihr zum fons Bandusia,
    Vulgo zur Kürnach gehen."

„Dort weht des Alten Dichtergeist,
    Daß euch die Verse kommen,
Als wären sie den Wunderquell
    Nur so herabgeschwommen."

Da giengen die Studenten frisch,
    Herrn Flaccum in der Tasche,
Und füllten aus Bandusia
    Sich manche volle Flasche;

Und Ode kam und Satyra
    In gar gelehrter Zungen,
Doch ist es Keinem wie Horaz,
    Dem Herrlichen, gelungen.

Wie sauber die Bandusier
    Auch Silb' auf Silb' gemessen,
Die Dichter sind mit dem Gedicht,
    Dem wäss'rigen, vergessen.

Drum lassen wir die kühle Fluth
    Und schöpfen uns am Steine
Lebend'gere Begeisterung
    In glühem Frankenweine.

Wird auch das Lied kein voller Klang
    Im Ton der hohen Alten,
So weiß doch auch der deutsche Geist
    Zu bilden und gestalten;

Es ist gar manches gute Lied
In deutschem Laut erklungen —
Auch Ihm, der diesen Scherz euch sang,
Ist's hier und da gelungen.

Zu diesen Universitätsschwänken gehört auch E. Geibels höchst moralischer und dem Leben entnommener „Geist von Würzburg" — jenes entsetzliche Gespenst, welches indessen nicht bloß in Würzburg, sondern auch auf den sonstigen deutschen Universitäten umgeht:

Perser nennen's Budamagbuden,
Deutsche nennen's Katzenjammer.

41. **Die eingemauerte Nonne.** Von J. F. Frei-holz. Schöppner a. a. O. 253. Sehr verbreiteter Volks-scherz, wozu sich fast an jedem Orte eine Variante auf-finden läßt.

42. **Der Geisterzug auf der Karleburg.** Von G. N. Marschall. (Für die zweite Auflage bestimmt.) Schöppner a. a. O. III. 47. Simrock läßt auch die Sage von Bertha der Spinnerin, der bekannten mythischen Er-zeugerin Karls des Großen, in dieser Gegend spielen und bei der Mühle, wo die Verstoßene Zuflucht gefunden, den Ort Karlstatt errichten. Ueber das Geschichtliche der ver-muthlich durch Karl Martell während der Zeit seiner sächsischen und thüringischen Kriege gegründeten Karleburg s. Rettberg, Kirchengeschichte. II. 338 ff., und Kraus, Karls-burg und die h. Gertrudis. Würzb. 1858.

43. **Das Schloß der Thüringer Fürstin.** Von J. F.

Freiholz. Bechstein, Sagen des Rhöngebirges und Grabfelds. 137 ff. Ueber die historische Amalberga s. Mascou,
Geschichte der Teutschen. II. 68. 69. Vergl. auch Gregor.
Tur. III. 4. Amalbergas Treiben auf dem Thurm zu Saal-
eck, Bechstein a. a. O. 138, erinnert an ähnliche Sagen
von Jolantha von Savoyen, Johanna von Neapel und der
französischen Königin Johanna von Bourgogne und Artois,
welche nach Brantôme im alten Hotel de Nesle den jungen Männern auflauerte und sie, wenn sie mit ihnen ihre
Lust gestillt, vom Thurm in den Fluß stürzen ließ. Vergl.
das deutsche Volkslied von Albertus Magnus im Wunderhorn. II. 240 ff. Im s. g. Palast der Königin Johanna
bei Neapel zeigt man die Stelle, von wo sie ihre Liebhaber
ins Meer stürzte, Rehfues, Gemälde von Neapel. III. 118.
In Böhmen erzählte man Aehnliches von Libussa, Kühne in
der neuen Europa. 1848. Nr. 3.

44. **Des Dörfleins Name.** Von J. Ruttor. Bech-
stein a. a. O. 137. Der alte Name lautete nach Stumpf,
Bayern. 827, Urithorp, Uthorpe. Vergl. Nr. 25 der
Mainsagen.

45. **Burg Botenlaube.** Von Ludwig Bechstein.
Bechstein a. a. O. 122 ff. 133 ff. Vergl. auch dessen Botenlauben. Vorläufer. 1841. — Parallelen zu der Schleier-
sage ließen sich in Menge beibringen; am bekanntesten ist
die von Kloster Neuburg bei Wien, Grimm, Deutsche
Sagen. II. 206. 207. S. auch die Sage von der h.
Kunigunde bei Schöppner a. a. O. II. 213. — Des Sän-
gers von der Botenlaube gedenkt sein Landsmann, Hugo von
Trimberg, im Renner:

Gitikeit, luoder und unkiusche,
Muotwille und unzimlich tiusche
Habent manchen herren also besezzen,
Daz si der wise gar hant vergezzen,
In der hie vor edel sungen:
Von Botenloube und von Morungen,
Von Limburg und von Windesbecke,
Von Nîfe, von Wildonje und von Brûnecke,
Her Walther von der Vogelweide,
Swer des vergaeze, der taet mir leide.

Otto's von Botenlauben Gedichte finden sich bei v. d.
Hagen. I. 27. IV. 62. und einzeln von Bechstein herausge=
geben. 1845. Er kommt vor zwischen 1190 und 1245
und machte 1217 eine Kreuzfahrt mit. — Ueber den Namen
Botenlaube bemerkt Grimm, Wörterbuch. I. 276: „Boten=
laube, der Name einer fränkischen Burg, könnte wie Boten=
brunne von fahrenden Boten ausgegangen sein, die sich in
der Laube oder Halle zur Herberge einfanden; wenn man nicht
lieber beide Namen auf einen Erbauer oder Eigner Boto be=
ziehen will." Letztere Erklärung dürfte den Vorzug verdienen.

46. **Die Fähre bei Langenprozelten.** Von Gisbert
Freiherrn Bincke. (Für die zweite Auflage bestimmt.)
Herrlein, Spessartsagen. 123. Vergl. meine Beiträge zur
fränkischen Geschichts= und Sagenforschung im Archiv des
hist. Vereins für Unterfranken und Aschaffenburg. XIV. 1.
176. 177.

47. **Der Mahrehans.** Von Ludwig Bauer. (Aus
dessen Gedichten. Berlin. 1860. für die zweite Auflage

beſtimmt). A. Fries in Wolfs Zeitſchrift. I. 298. Man hat an maere ans erinnert, und wirklich ſcheint ſich das urſprünglich göttliche Weſen des jeʒigen koboldartigen Schreck= geiſtes darin ʒu manifeſtiren, daß ſein Erſcheinen Frucht= barkeit, viel Korn und Moſt prophezeit, Fries a. a. O. 299.

48. **Die Jungfrau von der Neuenbürg.** Von Alex= ander Kaufmann. (Für die ʒweite Auflage beſtimmt). A. Fries a. a. O. 295 ff. Eine der ʒahlreichen Sagen von Schäʒe hütenden und damit begabenden Jungfrauen. — Die Neuenbürg gehörte ʒu Anfang des 13. Jahrhunderts den Herrn von Ravensburg und wurde, nachdem am 3. Dez. 1202 Biſchof Konrad von Würʒburg durch Bodo von Ravens= burg und ſeine Helfershelfer ermordet worden, erobert und völlig ʒerſtört, L. Fries. N. A. I. 285. Vergl. Keſtler, die Ravensburg im Archiv des hiſtor. Vereins für Unter= franken und Aſchaffenburg. XIII. 250 ff. Ein Gemäuer= reſt hat ſich über der Höhe von Trieſenſtein erhalten. Ueber die Ermordung des Biſchofs Konrad ſ. auch Böhmer, Reg. Stauf. 366, und Mone, Quellenſammlung der badiſchen Landesgeſchichte. III. 27.

49. **Die Wettenburg.** Von Nikolaus Hocker. (Für die ʒweite Auflage beſtimmt.) Baader, Volksſagen aus Baden. 358. 359. Vergl. Nr. 1 der Rheinſagen und meine ſchon öfter erwähnten Beiträge im würʒburger Archiv. XIII. 3. 139—147. Dort heißt es u. A.: „Zwiſchen der Main= krümmung, welche bei Bettingen beginnt und bei Eichel faſt wieder ʒu ihrem Anfang ʒurückkehrt, liegt ein von Wald bewachſener, länglich ſchmaler Bergrücken, der ſich, wie eine Landʒunge auf drei Seiten vom Fluſſe umſtrömt, vor dem

übrigen Gebirge der Gegend auffallend hervorhebt. Ein kreis=
förmiger Graben, hinter welchem ein alter Erdwall aufsteigt,
soll die Stelle bezeichnen, wo einst die Wettenburg gestanden;
neuere Forscher vermuthen hier eine altgermanische Befesti=
gung, während eine Localtradition von einem Sachsenlager
spricht, ohne jedoch näher anzugeben, was die Sachsen in
die Gegend geführt, und ihr Lager bezweckt habe. Eigen=
thümlich aber ist, was ein in die Form des Mährchens um=
gewandelter Mythus über die Entstehung jenes Schlosses
berichtet: Michel, ein Bauernsohn aus Eichel, verirrt sich zur
Winterzeit in der Gegend von Unterwittbach. Dort trifft
er unter einem mitten in Schnee und Eis lustig grünenden
Birnbaum auf drei verwünschte Jungfrauen, von denen die
erste roth, die zweite blau und die dritte grün gekleidet ist. Für
gewöhnlich sind sie in Zitscherlinge (Goldhähnchen) verwandelt
und werden auf einem Thurm von einem zwerghaften Wäch=
ter, der „sieben Augen und noch eines“ hat, behütet. Sie
ersuchen den Buben, um sie zu erlösen, in die Welt zu gehen
und Musik zu lernen; nach sieben Jahren möge er zurück=
kommen, den Wächter durch seine Töne einzuschläfern suchen
und ihn dann tödten. So geschieht es; der Erretter wird
Gemahl der roth gekleideten Jungfrau und zieht mit ihr
auf die Wettenburg, wo er das Schloß baut. Von ihm
sollen die Grafen von Wertheim abstammen, in deren Fa=
milie der Name Michael öfter wiederkehrt.“ „Daß Wuotan
auf der Wettenburg bekannt, zeigt eine mir von Fries mit=
getheilte Sage, wonach noch in neuerer Zeit ein großer
Mann in weitem, vielfarbig schillernden Mantel und mit
einem auffallend großen Hut auf der verrufenen Höhe ge=
sehen worden. Heftige Bewegung in der Luft, so daß die
Bäume gezittert, begleitete die Erscheinung. Auch der wilde

Jäger, bekanntlich Odhins Reproduction im Norden, Wuotans in Deutschland, ist der Wettenburg nicht fremd und
soll dort einem Sonntagskind aus Wertheim zugerufen haben,
es möge sich der Schätze, an denen der Berg reich ist,
bemächtigen." „Alle sieben Jahre, am Untergangstage der
Burg, zeigt sie sich in den Fluthen des Mains; Sonntags=
kinder sehen dann eine Höhle und daneben einen Felsen,
worin ein großer Ring gedrückt ist, Baader. 359. Wo
die Burg gestanden, ist ein tiefer Schacht: wer hineinsteigt,
gelangt in eine Art von Unterwelt, bald mit prächtigen
Gemächern, bald mit Stuben voll Todtenköpfe und Ge=
rippe, Baader. 360; zuletzt kommt der Wanderer in einen
schönen Garten. Eine Alte macht, wie Frau Holle in den
Mährchen, die Führerin. Wieder Andere sahen dort Männer und Frauen in alterthümlicher Tracht um einen Tisch
sitzen, während zwei schwarze Hunde auf Truhen hingestreckt
Schätze hüteten. Aus dem Innern des Berges vernimmt
man bisweilen Glockengeläute." Fries in der zu Wertheim
erscheinenden Unterhaltungsschrift: Feierstunde. 1859. Nr. 53
glaubt in der Wettenburg eine Watenburg und in dem oben
erwähnten, auf der s. g. Landstraße wandelnden Riesen im
schillernden Mantel den Wate zu finden und bringt dieses im
mittleren Deutschland höchst auffallende Vorkommen von mythischen Gestalten der norddeutschen Seeküsten mit den Friesen
und Sachsen in Verbindung, welche unter Karl dem Großen
in die Maingegenden versetzt worden. Vergl. Nr. 57.

50. **Die weiße Scheuer.** Von Andreas Fries.
Fries in Wolfs Zeitschrift. I. 19 ff. Wolf a. a. O. 71 ff.
hat diesen interessanten, seit seiner Auffindung vielbespro=
chenen Mythus auf Donar mit besonderer Beziehung zu

Thrymsqvidha gedeutet: „Der Doctor auf dem Eichelberg
ist offen und klar der Donnerer, dem die Eiche heilig ist.
Er steht in keinem guten Ruf, denn es ist eben der alte
Gott, nunmehr der Teufel, der in einem großen Bau
(seinem alten Tempel?) wohnt. Er ist ein Wettermacher,
denn von Thor heißt es: Tonitrua et fulmina, ventos
imbresque gubernat. Er übt die Heilkunst, der Gott
erweckt selbst den todten Bock durch die Hammerweihe zum
Leben, und gleich ihm fährt der Doctor mit Böcken im
kleinen Wagen." In Thrymsqvidha wird bekanntlich er=
zählt, wie Thrymr, der Riese, Thors Hammer geraubt und
ihn nur Demjenigen wiedergeben will, der ihm Freyja als
Braut überbringe. Thor erscheint nun selbst als diese ver=
kleidet in Riesenheim und als man nach reichlich genossener
Mahlzeit den Hammer zur Brautweihe bringt, erfaßt ihn der
Gott und zerschmettert damit die ganze Riesenbrut. Im
wertheimer Mythus ist Thor (Donar) an die Stelle des
Riesen getreten, der um die schöne Braut betrogen wird,
dagegen ist „die verschleierte Braut buchstäblich der ver=
kleidete Gott, die Verwünschung die echt sagenhafte Ueber=
setzung der Riesenvernichtung." Auf Freyja (Holda) deutet
endlich das ihr heilige Thier, die Katze, welche sich an der
Stelle des gehofften Mädchens findet. Eine andere Erin=
nerung an Thrymsqvidha giebt es in dem walachischen
Mährchen von Bakala, der mit einer Braut, welche ihren
Verlobten verabscheut, die Kleider tauscht und dann dem
trunkenen Bräutigam statt des ersehnten Bräutleins einen
Bock in die Hände spielt, Schott, Walachische Mährchen.
236 ff. Vergl. meine Bemerkung zu Thrymsqvidha in
Mannhardts Zeitschrift. III. 107 ff. Ueber den mythischen
Gehalt der Thrymsqvidha s. Uhland, Mythus von Thor.

95 ff. — An Donar finden sich in der Umgegend von Wertheim noch mehrfache Erinnerungen, wie: „Der „Alte vom Berge" im Schönert bei Brommbach, der von dort auf der „Feuersteige," wie Blitz und Wetter, nach Würzburg fährt, Fries a. a. O. 302, die Blitzsage von Rothenfels, Schöppner a. a. O. I. 275 u. a.

51. Dr. Luther in Wertheim. Von Ludwig Bech- stein. Sehr lebendige Localsage. Der Scherz, der Re- formator sei die Würste oder Wein schuldig geblieben, läßt sich durch ganz Franken und Bayern verfolgen: In Bi- schofsheim an der Tauber findet sich der mit Würsten de- corirte Doctor als Kragstein an einem alten Hause aus- gehauen; im Kleebaum zu Würzburg schuldet er noch eine Kanne Wein; Aehnliches erzählt man in München, in Augs- burg soll jedoch ein schwedischer Offizier die Schuld bezahlt haben. Wolf, Beiträge. II. 409, deutet einen mythischen Zusammenhang für ähnliche Darstellungen an. Vergl. auch Bechstein, Mythe, Sage u. s. w. 197. 198. Als Ab- steigequartier Dr. Luthers in Wertheim bezeichnet man das alte Gasthaus zum Adler neben dem früheren Kirchhof, wo auch Götz von Berlichingen gewohnt und nach Rudolphi, Heraldica curiosa. I. 23, sich jener Streit zwischen frän- kischer und hessischer Ritterschaft entsponnen haben soll, der später (1403) auf dem Turnir zu Darmstadt so blutig endete. Ueber der Thüre des Hauses stehen zwei Gerippe ausgehauen mit der (jetzt übertünchten) Inschrift:

Alle Menschen richtet Gott gerecht.

Hier liegt der Herr und auch der Knecht.

Wanderer, der du gehst vorbei

Sag, welches der Herr oder Knecht sei.

Ein fast gleichlautender Spruch befindet sich auf dem
Todtentanzgemälde des klingenthaler Kreuzgangs zu Basel,
Wackernagel in Haupts Zeitschrift. IX. 329, und beide
erinnern an die Verse Walthers:

> Wer kan den hêrren von dem knechte scheiden,
> Swa er ir gebeine blôzez fünde.

52. Der Wertheimer Wallfahrt. Von Alexander
Kaufmann. Localtradition, welcher Factisches zu Grunde
liegen soll. Die Art der Wiederlösung ist Zusatz des
Dichters.

53. Die große Pest im Maingrund. Von An=
dreas Fries. Nach Localtraditionen. Während die Pest
hier als Todesengel (der Tod selbst) erscheint, zeigte sie sich
zu Erbach im Odenwald als blaues Flämmchen, Grimm,
Mythologie. 1135. Der Spruch des Vögleins lautete in
Kitzingen:

> Eßt's Pimplnell,
> Sterbt's nit äll.

Der gleiche Spruch findet sich im Spessart, Herrlein,
Spessartsagen. 217, und auch in Schwaben kennt man
Bibernell als Mittel gegen die Pest, E. Meyer, Sagen
und Gebräuche aus Schwaben. I. 248. — Ueber die s. g.
Achtherrenstiftung in Kreuzwertheim: Hänle und v. Spruner,
Handbuch für Mainreisende. 160, und Schöppner a. a. O.
III. 35. Als Zeit der großen Pest gilt das Jahr 1365.
Vergl. übrigens die chronologische Zusammenstellung über
Pest und Seuchen in Franken bei Heffner und Reuß a. a. O.
26. 27, wonach auch in die Jahre 1348. 1380 u. ö.
große Verheerungen durch schwarzen Tod und Pest fallen.

S. auch Mich. Herbip. ad a. 1348 bei Böhmer, Fontes
I. 473 ff. Später hat der dreißigjährige Krieg bedeutende
Seuchen im Gefolge gehabt, worauf sich die bei von Herr=
lein a. a. O. erzählten Sagen beziehen. Man wandte im
Spessart das Nothfeuer dagegen an: „Wie im Wasser
(Brunnenvergiftung), suchte man auch im Feuer, der Sage
nach, die Ursache der Pest. Man löschte darum in Eschau
und Sommerau alles Feuer auf's Sorgfältigste aus, machte
mitten auf dem Steg, der über den beide Dörfer trennenden
Bach führt, durch aneinander geriebene Holzstücke ein s. g.
Nothfeuer, von dem als einem Urfeuer die Hausbewohner
sich Feuer für den Heerd mitnahmen." Vergl. Grimm,
Mythologie. 570 ff. — Gegen eine spätere ansteckende
Krankheit (1681) bewährte sich besonders guter Franken=
wein (Krankenwein), worauf Fürstbischof Peter Philipp von
Dernbach eine Silbermedaille prägen ließ. Die Pest wird
darauf als Drache vorgestellt, über dem sich ein von Reben
bekränztes Kreuz erhebt, Oberthür, Verzeichniß von Ge=
dächtnißmünzen. 94. Fischart spottet öfter über die ver=
schiedenen, gegen die Pest versuchten Mittel, Geschichtklitte=
rung. Ausg. von Scheible. 336. 487. — Eine fernere
Pestsage enthält die gleich folgende Nr. 60.

54. **Der Küfer von Waldenhausen.** Von Alex=
ander Kaufmann. Schnezler, Badisches Sagenbuch. II.
637. Verwandtes findet sich in Aschaffenburg, Herrlein
a. a. O. 19, Falkenstein im Elsaß, Stöber, Oberrheinisches
Sagenbuch. 388, Urach in Schwaben u. s. f. Vergl. Menzels
Abhandlung über den Weinkeller im Odin. 258 ff.

55. **Der Streitacker bei Reicholzheim.** Von Edu=

arb Brauer. (Aus dem von mir bei Arnz in Düsseldorf
herausgegebenen Prachtwerk: Kunst und Literatur, für die
zweite Auflage bestimmt). Baader a. a. O. 364. Sollte der
„Sichelesacker," Baader a. a. O. 363, mit dem Streit=
acker identisch sein oder in dessen Nähe liegen, so ließe sich
an die jüngere Edda 58. denken, wo Bragi erzählt, „daß
Odin von Hause zog und an einen Ort kam, wo neun
Knechte Heu mähten. Er fragte sie, ob sie ihre Sensen
gewetzt haben wollten. Das bejahten sie. Da zog er einen
Wetzstein aus dem Gürtel und wetzte. Die Sicheln schie=
nen ihnen jetzt viel besser zu schneiden. Da feilschten sie
um den Stein; er aber sprach, wer ihn kaufen wolle, solle
geben was billig sei. Sie sagten Alle, das wollten sie;
aber Jeder bat, den Stein ihm zu verkaufen. Da warf
er ihn hoch in die Luft und da ihn Alle fangen wollten,
entzweiten sie sich so, daß sie sich einander mit den Sicheln
die Hälse zerschnitten." Vergl. auch Simrock, Handbuch.
266. In unserer Sage wäre das alte, unverständlich ge=
wordene Motiv zu dem gegenseitigen Todschlag einem klare=
ren, menschlicheren Beweggrunde, der gemeinsamen Liebe
zu Einem Mädchen gewichen; dazu kommt, daß mir ein Be=
richterstatter obiger reicholzheimer Sage ausdrücklich Sicheln
als die Mordinstrumente angab. In Bezug auf die Localität
aber könnte leicht eine Verschiebung Statt gefunden haben.

56. **Der schöne Mönch.** Von Alexander Kauf=
mann. (Für die zweite Auflage bestimmt). Deutsche Nar=
cißsage, durch Fries mitgetheilt. Diese, sowie die beiden
folgenden Nummern zeigen, wie reich die Tauber an Was=
sergeistern ist. Eine in derselben Gegend spielende Melu=
sinensage habe ich nach Fries' Erzählung ausführlicher in

den schon öfter erwähnten Beiträgen (Archiv. XIV. 1.
179 ff.) und kürzer in Mannhardts Zeitschrift. IV. 164 ff.
mitgetheilt. Letztere Mittheilung lautet: „Zwischen dem
Kloster Bronnbach und der Gamburg liegt an der Tauber
ein eigenthümliches, dem Anschein nach herrschaftliches Ge=
bäude mit Thürmen, Erkern und zwei hohen, durch seltsame
Hörner und Schnecken verzierten Giebeln, welches aber, so=
weit beglaubigte Kunden reichen, nie etwas anderes als
eine Mühle gewesen ist. Der Sage nach ist es durch einen
Grafen (Herrn), welcher auf der Gamburg gewohnt, erbaut
worden. Dieser Graf war ein leidenschaftlicher Jäger und
verbrachte, zum Verdruß seiner Gattin oft Tage, selbst
Wochen von seinem Schlosse entfernt, mehr als die Hälfte
seines Lebens mit Jagen und Fischen. Als er nun einst
im Erlengebüsch bei der Mühle von Eulschirben mit Fisch=
fang beschäftigt war, sah er ein ihm unbekanntes Gras=
mädchen von wunderbarer Schönheit vorübergehen und dann
in der Mühle verschwinden. Auf seine Anfrage beim Mül=
ler, wer die schöne Fremde sei, erwiederte dieser, sie habe
sich vor Kurzem bei ihm verdingt, jedoch mit dem Vorbe=
halt, daß sie von Donnerstag Abend bis Sonnabend früh
im Walde leben dürfe, was er ihr gerne zugestanden, da
sie in einer halben Woche so viel arbeite wie andere Mägde
in einer ganzen. Diesem Geheimniß, was sie in der zweiten
Hälfte der Woche triebe, mußte der Graf, der eine leiden=
schaftliche Liebe zu dem Mädchen gefaßt, auf die Spur
kommen und so begab er sich am nächsten Donnerstag gegen
Abend wiederum in die Nähe der Mühle, um das seltsame
Verschwinden zu belauschen. Wirklich erschien auch das
Mädchen, der Graf folgte in einiger Entfernung, plötzlich
aber war die liebliche Erscheinung verschwunden, und alles

fernere Suchen umsonst. Später kam es dem Grafen je=
doch vor, als habe er auf dem Flusse etwas Weißes schim=
mern gesehen und ein Rauschen wie von einem Badenden
herrührend vernommen. Damit schlossen die Ergebnisse des
ersten Nachforschens. Aehnlich ging es die nächste Zeit,
doch war der Graf im Verlauf derselben einige Mal in
Unterhaltung mit dem Mädchen gerathen und fühlte seine
Leidenschaft von Tag zu Tage wachsen. Da beschloß er
endlich, seine Versuche vom entgegengesetzten Ufer der Tauber
anzustellen, und siehe da! es gelang ihm wirklich, die Schöne
zu sehen, wie sie sich sorgfältig auskleidete, ihre Gewande
(Schwanenhemde) vorsichtig in eine Schürze wickelte und
im Gebüsch versteckte, dann aber mit raschem Sprunge in
das Wasser tauchte. Als sie nach einer Weile nicht erschien,
entsetzte sich der Graf und wollte schon um Hülfe rufen.
Da fuhr sie plötzlich wieder auf und wiegte sich in glän=
zendster Schönheit, eine Perlenkrone auf dem Haupt, über
den vom Mond hell beschienenen Fluthen. Zugleich bemerkte
der Graf aber auch, daß ihr Leib von der Hüfte an Schup=
pen trug und in einen Fischschwanz endete. Als die Er=
scheinung wieder untergetaucht, schlich der Graf, dem wohl
kund, daß man sich durch ein Pfand zum Herrn solcher
Wasserfrauen machen könne, an die Stelle, wo die Kleider
lagen, und nahm die Schürze weg. Von jetzt an war die
schöne Graserin die Geliebte des Herrn von der Gamburg,
erbat sich aber von ihm tiefstes Stillschweigen über ihr Ge=
heimniß und knüpfte daran sogar den Fortbestand ihrer Liebe.
Um dieses Geheimniß besser wahren zu können, baute der
Graf auf ihren Wunsch jenes räthselhafte Gebäude und ver=
lebte dort von Niemanden gesehen und belauscht mit dem
Wasserfräulein die schönsten Tage. Von Donnerstag Abend

bis Sonnabend früh kehrte sie jedoch nach wie vor durch die mit der Tauber in Verbindung stehenden untern Räume des Baues in ihr natürliches Element zurück, während der Graf diese Zeit auf der Gamburg zubrachte. Aber auf die Dauer konnte das Geheimniß doch nicht verborgen bleiben; die Gräfin hegte schon lange Verdacht, und die Neugierde des Müllers, welcher aus den ihm unzugänglichen und verbotenen Räumen nicht nur liebliche Gesänge und Saitenspiel, sondern ebenso häufig Töne der aufgeregtesten Liebesleidenschaft vernahm, wuchs von Tage zu Tag. Endlich, als die Sorgfalt des Grafen im Verschluß nachgelassen, gelang es dem Vorwitzigen hineinzuschleichen und heimlich ein Paar Löcher in die Thüre des Hauptgemaches zu bohren. Damit war das Geheimniß in Kurzem entdeckt. Der Müller begab sich auf der Stelle zum Abt von Bronnbach, sich Raths zu erholen, und dieser gab ihm ein mit geweihtem Wachs verklebtes Papier, welches er unter Anrufung der drei höchsten Namen auf die oberste Staffel der Treppe legen solle. So that der Müller, und als am Abend des Donnerstages das Wasserfräulein sich in's Element zurückbegeben wollte, hörte der Müller plötzlich Jammern und Klagen in den obern Räumen, dann erfolgte ein schwerer Fall in die Tauber, und wiederum war Alles todtenstill. Das Wassermädchen war für immer verschwunden, der Graf aber wurde tiefsinnig, härmte sich ab und starb bald nachher. Die Gräfin errichtete in Eulschirben ein Klösterlein, worin sie bis an ihren Tod in Bußen und Gebeten für die Seele ihres unglücklichen Gatten gelebt hat. Kurz nach ihrem Verscheiden entstand solche Ueberschwemmung der Tauber, daß nur noch das Dach des Gebäudes hervorragte. Die Nonnen verließen darauf den Ort und übergaben den

ehemaligen Sitz der Lust, der Liebe und des Gesanges dem
Müller, der ihn als Mühle herrichten ließ." Die Mühle
von Eulschirben (Ulscirben) wird bereits in einer Urkunde
vom Jahr 1245 erwähnt. — Die Cistercienserabtei Bronnbach, welcher der „schöne Mönch" angehörte, ist in neuerer
Zeit ihrer Kirche wegen von Schnaase und Kugler beachtet
und besprochen worden. S. auch Niedermayer, Kunstgeschichte der Stadt Wirzburg. 128 ff. Eine vom letzten
Abt Göbhardt verfaßte Historia domestica der Abtei ist
in Mone's Zeitschrift für den Oberrhein gedruckt.

57. **Unzufrieden und Allzufrieden.** Bruchstück aus
einem größeren Gedicht. Von Alexander Kaufmann.
Combinirt aus einer mündlich mitgetheilten Wasserweibsage
und Anklängen an die nordischen Erzählungen von Wicking
und Wate. Vergl. Nr. 49 der Mainsagen. Im Spessart
liegt ein Wielandesheim; in Würzburg gab es einen Hof
zum Wieland, südlich von Wielandsheim bei Marktbibart
einen Wielandstein und Wielandhof. — Die Gam= oder
Gamenburg (von ahd. gaman, sich freuen) war ein altes
mainzisches Ganerbenschloß, an welchem die Herrn von Stet-
tenberg, Uesstgheim, Rosenberg u. A. Antheil besaßen. Im
12. Jahrhundert spielte ein Berengar von Gamburg (1139
ff.) keine ganz unbedeutende Rolle. Im Jahre 1722 kam
das Schloß durch Heirath von den Dalberg an die Ingelheim, denen es noch gehört.

58. **Der Wassermann zu Gamburg.** Von Alexander Kaufmann. (Für die zweite Auflage bestimmt).
A. Fries in Wolfs Zeitschrift. I. 29. Vergl. meine Beiträge a. a. O. 178: „Was uns Wolf von den Seeküsten

Belgiens nachgewiesen, haben wir hier an einem kleinen Binnenflusse Deutschlands. Der Gamburger Glaube war auch in Wertheim nicht fremd. Hier pflegten die Buben, wenn sie in der Tauber umgestülpte Töpfe sahen, dieselben zu wenden und entwickelte sich dabei ein Bläschen, so behaupteten sie, es sei eine Seele erlöst. Als bei diesem Seelenerlösen einmal einer der Buben selbst unter die Töpfe gerathen, machte der Cantor dem löblichen Brauch ein Ende, und seit dieser Zeit werden in Wertheim keine Seelen mehr erlöst. Die Vorstellung, daß die Seele als Blase aufsteige, scheint auch in einer Sage bei Baader. 336 zu Grunde zu liegen: „Vor vielen Jahren ist im Marsbrunnen bei Walldürn ein Bauer mit vier Ochsen und einem Pferd versunken. Er befindet sich nebst seinem Vieh noch darin, und wenn man hineinruft: „Bauer, Bauer, mit zwei Paar Ochsen und einem Gaul, Pütterle pox!" so läßt er gleich Bläschen auf die Oberfläche steigen." Der Marsbrunnen war, wie Baader. 335 erzählt, von Melusinen bewohnt. Ueber fernere Wassergeister in der Taubergegend s. meine Beiträge a. a. O. 179 ff. Ueber die grüne Farbe des Wassergeistes bemerkt Wolf, Beiträge. II. 282: „Die grüne Farbe tritt jedenfalls am stärksten hervor und bezeichnet ihn als einen Wasserbewohner, denn die Farbe der meisten Flüsse ist grün, und die durch Wälder rauschenden Bäche spiegeln die grünen Bäume. Zugleich dürfte das Grüne an die Wasserpflanzen mahnen, von denen wohl sein Kleid und Hut gefertigt ist, das gelblockige Haar an die von der Mittagssonne vergoldete Fluth und das Roth an den Purpur, den die scheidende Sonne darüber gießt." Die Tauber zeichnet sich besonders durch ihr schönes, tiefes Grün aus. Wolf a. a. O. 302 bemerkt auch), solche Geister, denen eine Art von Heiligkeit beigewohnt, hätten dazu geführt Heiligenbilder auf den Brücken aufzustellen, was u. A. auch in Hamburg der Fall ist. — Vergl. Nr. 146 der Rheinsagen.

59. **Die beiden Fuhrleute.** Von Rückert. Localisirt in Werbachhausen nach Mittheilung von Fries.

60. **Die gefangene Pest.** Von Alexander Kaufmann. Mündlich von Fries. In Erbach wurde die Pest eingemauert, Grimm, Mythologie. 1135, ebenso in Frankfurt, Wolf, Deutsche Sagen. 567; zu Conitz in Preußen bannte man sie in eine Linde, Grimm a. a. O.; zu Trittenheim bannte man sie als Flämmchen in einen Balken, Hocker, Moselthal. 110, u. s. f.

61. **Das Hufeisen.** Von Andreas Fries. (Für die zweite Auflage bestimmt). Vergl. meine Beiträge a. a. O. XIII. 3. 155. 156: „Im Spessart hauste ein Riese mit übermenschlicher Kraft, der Heide war und die ganze Gegend bis an den Main unsicher machte. Sein Schloß lag auf dem Steckenhan, und gewöhnlich kam er auf einem rabenschwarzen Rosse einhergesprengt. Um diese Zeit kam ein frommer Einsiedler in die Gegend und predigte die neue Lehre des Christenthums. Wertheim gegenüber errichtete er ein Kreuz, und seine Anhänger legten Wohnungen darum an, woraus allmälig der heutige Ort Kreuzwertheim (das Dorf zum Kreuz in Urkunden) entstand. Als die Neubekehrten eines Sonntags zum Gottesdienst gingen, kam vom Gebirge her der Riese auf seinem schwarzen Roß, einen gewaltigen Speer in der Hand, um der heiligen Handlung Einhalt zu thun. Entsetzt stob das Volk, worunter sich

einer Variante nach ein Hochzeitzug befunden haben soll, auseinander; nur der Einsiedler bleibt und fleht in einem kurzen, aber kräftigen Gebet den Himmel um Beistand an. Da beginnt das Pferd des Riesen sich zu bäumen und um sich zu schlagen — Der Reiter stürzt und liegt entseelt am Fuße des Kreuzes. Das Roß aber ist plötzlich ruhig, neigt sich vor dem Einsiedler und wechselt seine Farbe, indem sich seine Rabenschwärze in schimmerndes Weiß*) umwandelt. Als es starb, schlug man eines seiner Hufeisen in die Thüre der Kirche; auch sollen seit dieser Zeit kranke Pferde, wenn man sie an die Stelle geführt, geheilt worden sein." Pferderitte um Kirchen und Capellen finden wir in unserer Gegend noch in Ochsenfurt, Schöppner a. a. O. III. 72, Distelhausen an der Tauber, Baader a. a. O. 331, und bei der Siegmundcapelle zu Oberwittighausen, Zeitschrift des hist. Vereins für das würtembergische Franken. VII. 96. Sie sollen mit dem Wuotancultus in Verbindung stehen. Vergl. Hocker in Mannhardts Zeitschrift. II. 415, 416 und die Note zu obiger Stelle meiner Beiträge.

62. **Das Haslocher Thal.** Wunderhorn. N. A. I. 315. Eine Stunde unterhalb Wertheim am rechten Mainufer liegt der kleine, uralte Ort Hasloch; dort öffnet sich in den Spessart ein freundliches, von Wald und Reben bekränztes, durch einen hellen Bach belebtes, aber höchst einsames Thal, welches bei der verfallenen Marcuscapelle links nach den Ruinen der Cartause Grünau, rechts nach der

*) Wie Sleipnir, Odhins Roß, und andere Pferde (des Wod, des wilden Jägers, des Hans Jagenteufel), die mit ihm identisch sind. Vergl. Wolf, Deutsche Sagen. 597.

alten Irings=,*) im Volksmunde Verirrungsmühle, führt.
Nahe dabei liegen noch zwei andere alte Mühlen. Die
Localität paßt demnach gänzlich zu dem in dem Liede ge=
schilderten Ereigniß, so daß kein Bedenken vorliegt dasselbe
für diese Stelle zu vindiciren. Simrock, Rheinsagen. Nro.
173 hat es für Haßloch im Elsaß beansprucht. — Eine
zweite Romanze über das gleiche Ereigniß findet sich bei
Pröhle, Volkslieder und Volksschauspiele. 139.

63. **Huldas Umritt.** Von Alexander Kauf=
mann. **Hulda.** Von Amara George. (Für die
zweite Auflage bestimmt). Nach Fries a. a. O. I. 23 ff.
und von Herrlein. 212 mit Hinzuziehung der Tannhäuser=
sage. In meinen Beiträgen a. a. O. XIII. 3. 148 ff.
habe ich Hulda, wie sie in den Erinnerungen der Mainbe=
wohner fortlebt, ausführlich besprochen. Dort heißt es u.
A.: „Es ist eine eigenthümlich reizende, wenn man will,
wehmüthige Schilderung, die uns Fries (in Wolfs Zeit=
schrift I. 28. 29) von dem bis in die neueste Zeit fort=
währenden Glauben der Bewohner unseres Thales an ihre
alte Götterwelt entworfen hat. Vergegenwärtigen wir uns
die Scene, wie die Haslocher noch vor wenigen Jahren still
lauschend gesessen, um das Geläute der umziehenden Göttin
Hulda zu beobachten, so staunt man über die Fülle ange=
bornen poetischen Gefühls, welche in unserem Landvolke noch
lebt, und kommt unwillführlich auf den Gedanken, es müsse
diesen Tönen etwas Wirkliches zu Grunde gelegen haben,

---

*) Der altthüringische Heldenname Iring erscheint sehr häufig
in mittelalterlichen Urkunden dieser Gegend. Auch in Würzburg
war er heimisch.

woburch der Glaube frisch erhalten und gestärkt worden.
Und wie schön, wie edel hat sich das Bild der alten Gott=
heit erhalten! Es ist eine Gestalt so phantastisch und ro=
mantisch, daß man unwillkührlich an die schöne Reiterin in
Tiecks Octavian oder Immermanns Merlin erinnert wird:
„Von Zeit zu Zeit,“ so erzählt Fries, „hat man die
Frau Hulda durch Wald und Gebirge ziehen sehen. Sie
reitet da einen prächtigen Schimmel, dessen Satteldecke und
Gezäume mit silbernen Röllchen und Glöckchen besetzt sind,
die ein wunderbar schönes, harmonisches Geläute geben. *)
Der Schimmel aber berührt dabei nicht die Erde, sondern
schwebt einige Fuß hoch in der Luft von Berg zu Berg
über weite Thäler weg. Wenn vor Zeiten die Leute in
Hasloch oder Grünenwörth jenes Geläute hörten, so sagten
sie: „Horch, der Rollegaul zieht um!“ Der alte Lamm=
wirth in Hasloch, P. J. Schäfer, ein sehr würdiger Mann,
erzählt: „Das wunderbare Geläute, welches man vormals
von Zeit zu Zeit in den Lüften härte, vernahm man be=
sonders schön in meinem Garten. Da saßen die Alten oft
bis Mitternacht und lauschten; bald klang es nah, bald
wieder so fern, daß man glaubte, es würde ganz entschwin=
den. Dann kam es aber wieder so schnell nahe heran, daß
man die verschiedenen Töne deutlich unterscheiden konnte.
Jedes Röllchen und Glöckchen schien eigens harmonisch ge=

*) Solche Glöckchen hat auch die Elfenkönigin in Thomas the
Rhymer:

> Her shirt was o' the grass-green silk,
> Her mantle o' the velvet fine;
> At ilka tett of her horse's mane
> Hung fifty silver bells and nine.

S. auch Ducange. s. v. tintinnabulum.

stimmt, denn es war manchmal grade so, als ob man eine Melodie daraus hervorklingen hörte." Hulda liebt bekanntlich den Aufenthalt in den Brunnen (Unterwelt); in Hasloch sah man Frau Hulda oftmals vor Tagesanbruch oder um Mittagszeit in dem Mainarm zwischen dem Ufer und dem Flußwörth in die Fluthen steigen und fröhlich plätschernd ihre schönen Glieder baden, häufig allein, manchmal auch wie Melusine von zwei ebenschönen Frauen, Ablösungen aus der Einheit in die Dreizahl, begleitet. *) Oft aber sah man auch Frau Hulda bei Mondschein auf einem Felsen sitzen, der oberhalb des Cartäuserweinbergs am Waldrande lag. Meist geschah dies, wenn die Reben blühten und mit ihrem Dufte Berg und Thal erfüllten. Hier sang sie, während ihr weißes Gewand in's Thal hinableuchtete, wunderbar schöne und liebliche Lieder, die einem Menschen das Herz im Leibe schmelzen machten. Man warnte aber die Kinder im Dorfe, ja nicht darauf zu hören, sondern mit Hersagung eines Vaterunsers im Beruf, wie sich gebührt, weiter zu gehen; sonst müsse man mit der Frau „Hulli" bis zum jüngsten Tag im Walde herumfahren." —
„Wir stehen hier auf den Vorbergen des Spessarts. Auch im Innern des alten, geheimnißvollen Waldgebirges ist Hulda eine bekannte Erscheinung, und grade hier bieten sich uns die unwidersprechlichsten Gründe für ihre Identität mit der deutschen Frouwa, der nordischen Freyja. „Bei Fulda im Walde," so berichtet Wolf, Hessische Sagen. 10, „liegt ein Stein, in dem man Furchen sieht. Da hat Frau Holl über ihren Mann so bittere Thränen geweint, daß der harte Stein davon erweichte." Da haben wir Freyja,

*) Vergl. Grimm, Mythologie. 382 ff., und Weinhold in Haupts Zeitschrift. VII. 7. 8.

die „thränenschöne Göttin," die Syritha des Saxo Gram=
maticus, wie sie Odhr, den geliebten, aber entrissenen, auf=
sucht und mit goldenen Thränen beweint. Doch hören wir
weiter, was Herrlein, Sagen des Spessarts. 212, aus der
uns näher liegenden Gegend von Eschau berichtet: „In
dem Waldthal, durch welches man von Eschau nach Wil=
densee geht, ist ein Brunnen von seltsamer Beschaffenheit.
Sein Wasser ist nicht gut zu trinken: Es ist ungesund und
hat einen bitteren Geschmack. Das kommt von den bittern
Kummerthränen, die einmal in diesen Brunnen sind geweint
worden. Es ist nämlich in der uralten Zeit, als von
Eschau noch kein Haus stand, sondern nur das Schloß auf
der Wiese zwischen dem Schleifbächlein und der Elsava,
welches jetzt spurlos verschwunden ist, eine Königin durch's
Thal gegangen — in großem Leide. Ihr Gemahl war
geblieben im Krieg, ihre Kinder in Feindesgewalt gerathen.
Drei Tage lang war sie schon durch den Wald geirrt, ihre
Kleider waren zerrissen von den Dornen und ihre Füße
wund vom harten Gestein, und die Augen brannten ihr im
Kopfe, denn sie hatte noch keine Thräne weinen können.
Da legte sie sich nieder unter die Buchen neben dem Brun=
nen und meinte, das Herz müsse ihr zerspringen vor großem
Weh. Gott aber hatte endlich Mitleid mit ihr: Sie hielt
ihr brennendes Gesicht in den kühlen Quell, und ihre
Zähren lösten sich und rannen hinein. Seitdem schmeckt
der Brunnen nach den Thränen der Königin und heißt der
Künigenbrunnen." Eine zweite Sage bei Herrlein. 179 ff.
führt uns zu Frouwas heiligem Baum, der Linde. Frau
Holle verhilft hier dem armen Jacob, den der hartherzige
Bruder um sein Erbe gebracht, wieder zu Recht und Eigen.
Auf dem Hofe des Schlosses, drin der Hartherzige wohnt,

grünt eine Linde. Als er aber der Göttin, die ihn zu
Gerechtigkeit und Milde ermahnt, mit rohen Worten ant=
wortet, stößt sie in ihrem Zorn den Spinnrocken in die
Linde; plötzlich entfliehen die Vögel, der Baum erzittert,
beginnt zu verdorren, und mit ihm verdorret und schwindet
des Schloßherrn ehemaliges Glück. In dieser Sage ist
Hulda nicht mehr die schöne, von Licht, Duft und Klang
umgebene Göttin, sondern eine alte Frau mit grauen Haaren
und runzlichtem Gesicht, die spinnt und, während sie das
Rad tritt, beständig mit dem Kopfe schüttelt. Auch sie
ruht, wenn sie dem Main zuwandert, auf dem Stein
zwischen Hasloch und dem Faulenbach, auf dem wir sie oben
im vollen Glanze der Jugend, Schönheit und Poesie thronen
sahen. — Mainaufwärts kennt man Hulda in Eichel; man
nennt sie hier „Hulli" und behauptet, weiter hinauf heiße
sie „Holla." In der Gemarkung Höhefeld steht ein „Frauen
Hullen Baum," den ich in einem Protocoll von 1749 und
auf alten Karten finde. In der mildthätigen Jungfrau
von der Neuenburg glauben wir Hulda zu erkennen, sowie
in der Alten, welche in den unterweltlichen Tiefen der Wet=
tenburg die Führerin macht. In Urfar ist die Gräfin
Anna Maria, welche der Sage nach in der Furt daselbst
ertrunken, eine Art von Hulda geworden: Sie geht als
weiße Frau am Ufer um und warnt die Vorüberreisenden
vor Schaden. Noch höher hinauf scheint eine apokryphe
Heilige an ihre Stelle getreten zu sein. Die Sagen von
Hulda verschwinden, die Legenden von der h. Gertrud neh=
men ihren Anfang, Kloster Neustadt und die alte Karle=
burg sind die Hauptpunkte, an welche sich die Erzählungen
von ihr anknüpfen. Man will zwei Personen dieses Na=
mens unterscheiden, eine ältere Gertrud, Tochter Pipins

von Heristall, die sich bei Gründung des Klosters auf der Karleburg betheiligt haben soll, und eine jüngere, Schwester Karls des Großen, *) welche als Hauptwohlthäterin jenes Klosters genannt wird. Ihre Existenz ist jedoch so wenig durch beglaubigte Zeugnisse sicher gestellt, daß wir sie mit Rettberg, Kirchengeschichte. II. 334. 339, nur für eine Figur der Mythe halten können. Die h. Gertrud dürfte Kloster Neustadt ebenso wenig bereichert haben, als jene

*) Nach dem Rolandsliede des Strickers hinterläßt Pipin von seiner Gattin Berhta zwei Kinder, Gertraud und Karl. — Ueber die fränkische Gertrud vergl. auch Ussermann, Episc. Wirceb. 326. 327. — Von Karl dem Großen weiß auch noch eine aus Volks=munde aufgezeichnete Spessartsage, welche Fries in Nr. 1 der wert=heimer „Feierstunde." Jahrg. 1862 etwas ausführlicher, als wir sie hier mittheilen, veröffentlicht hat. Der Kaiser verirrte sich einst auf der Jagd im Spessart und traf endlich im Reisenthal (Einsiedeln unweit Neustadt) auf eine ärmliche Waldhütte, worin drei Einsiedler lebten. Sie nahmen den ihnen unbekannten Herrn so gastlich auf, wie es ihre schwachen Kräfte vermochten, und bereiteten ihm eiligst aus Kräutern, Wurzeln und Beeren eine Suppe. Als sie aber auf=getragen wurde, sprang des Fremden Hund herbei und hatte sie ihm Nu aufgezehrt. Nun war nur noch ein einziges Stück Schwarzbrod übrig, welches der Kaiser in vier Theile zerlegte, doch konnte er den from=men Männern kaum ihr Stück aufnöthigen und bemerkte, daß der eine Einsiedler sein dürftiges Theil zur Hälfte noch an den Rüden abgab. Während der Nacht erwachte der Kaiser einige Mal und sah dann stets einen der Einsiedler vor einem kleinen Altar knieen und in einem Büchlein beten, wobei ein angezündeter Span leuchtete. Am Morgen vernahm der Kaiser fernen Hörnerschall, den er mit seinem an gol=dener Kette getragenen Horn beantwortete, worauf sich bald das Jagd=gefolge einstellte, und die Einsiedler ihren hohen Gast erkannten. Das genügsame, fromme Leben derselben hatte Karl so wohl gefallen, daß er zwei in das eben gegründete Kloster Neustadt versetzte, den dritten aber, Burkard, welcher mit dem Hunde sein Brod getheilt, nach Würz=burg mitnahm. Hier wurde Burkard später der erste Bischof. Vergl. Nr. 32 der Rheinsagen.

.drei Schwestern Filonuet, Helburg (Hebbure) und Albi=
gart, *) letztere mit ihrem Sohne Störefried, auf welche
sich das bekannte, von Klüber als unecht nachgewiesene
Diplom Ludwigs des Frommen vom Jahre 817 als auf
die Hauptwohlthäterinnen der Abtei beruft. Die Sage,
wie sie meinem Freunde Fries in Waldzell berichtet wurde,
kennt nur Eine Gertrud: Sie geht von der Karleburg nach
Neustadt, um den Arbeitern Wein und Brod zu bringen.
In der Nähe Waldzells wird sie von Erschöpfung und
Durst ergriffen; als sie den Himmel um Rettung anruft,
fliegt plötzlich der Vogel Huldas, ein Storch, vor ihr auf;
es entspringt eine Quelle, deren Wasser kranke Augen heilt
und gleich dem Amorsbrunn bei Amorbach den Weibern
Fruchtbarkeit verleiht. Dieselbe Eigenschaft besaß der von
Eckart; Francia orientalis. I. 632, beschriebene Mantel
der Heiligen, Herrlein. 127." — Ueber Holda, die mütter=
liche Erdgottheit, s. auch Nr. 8 der Mainsagen; über Holda
(Diana der Vita des h. Kilian bei Surius. IV. 133 und
den Boll. zum 8. Juli 616) auf dem Marienberg zu
Würzburg: Grimm, Mythologie. 263, und H. Müller,
Ueber Mogus, Moguntia, Spechteshart und Wirziburg.
29 ff.

64. **Das Glöckchen von Hasloch.** Von Alexan=
der Kaufmann. Stöppner a. a. O. III. 317. Vergl.
meine Beiträge a. a. O. 150: „Mit Hulda, der befruch=
tenden Erdenmutter, von der alles Leben und Gedeihen

*) Anderswo Einbett, Willbett und War= oder Querbett (Fides,
Spes, Caritas). Man erklärt Einbett aus agin, Schrecken, und
Warbett aus werre, Zwist, Streit, Simrock, Handbuch. 387. Vergl.
auch Panzer, Beitrag. 285 ff.

herkommt, scheint auch das Glöckchen *) zusammenzuhängen, welches den Haslochern aus der Bergestiefe her durch helleres oder dumpferes Klingen einen ergiebigeren oder geringeren Herbstertrag verkündigt." Vergl. Crecelius in Wolfs Zeitschrift. I. 275 und Stöber, Oberrheinisches Sagenbuch. 380.

65. **Graf Johann von Wertheim.** Von Alexander Kaufmann. Braunfels a. a. O. 301 u. A. Wie die vorhergehende eine in der Gegend sehr lebendige Sage, der sich manches Verwandte zur Seite stellen läßt: Eine Gräfin Katharina von Wertheim soll sich einst im Walde bei Holzkirchen **) verirrt, aber auf den Klang der holzkircher Glocken, welche ihr Gefolge anschlagen ließ, wieder auf den rechten Weg gefunden haben. Zum Dank belegte sie eine Strecke Landes mit einer Abgabe, welche das „Katharinenläuten" hieß. Eine ähnliche Sage aus Lohr wird bei Höfling, Beschreibung der Stadt Lohr. 163. 164, angedeutet: Das Achtuhrläuten mit der Rathhausglocke daselbst soll 1186 verordnet worden sein, weil „ein gewisser Graf von Rineck sich in dem Walde unweit Aschaffenburg verirrt und deßwegen in jener Nacht viel auszustehen hatte." Das Achtuhrläuten sollte verirrte Reisende auf den rechten Weg führen. Eine dritte Variante aus

---

*) „In Frau Holda's Wohnung, in Frau Venus Berg ist Gesang und Tanz," Grimm, Mythologie. 489.

**) Das Kloster im Gau Waldsassen, welches Karl der Große im Nov. 775 der Abtei Fulda schenkt, Böhmer, Reg. Karol. 10. Ueber das Steinbildwerk daselbst, an welches sich die Sage vom Stifter Troand anknüpft, s. Rettberg, Kirchengeschichte. I. 633. II. 346.

Reichelsberg unweit Aub findet sich bei Schöppner a. a. O.
II. 205. Vergl. Nr. 11 der Mainsagen.

66. **Der gefundene Schatz.** Von Alexander
Kaufmann. Nach mündlicher Mittheilung von Fries.
Der „Greis in düsterm Gewande" könnte Wuotan sein.
Vergl. Simrock, Der gute Gerhard und die dankbaren
Todten. 122. Ueber die Localität heißt es in meinen
Beiträgen a. a. O. 156. 157: „Nach Einigen soll Graf
Johann der Bärtige (1373—1407) die Marcuscapelle
gebaut haben, als ihn der Glockenlaut vor Erschöpfung und
Tod gerettet, nach Andern Gräfin Elisabeth von Wertheim,
als sie ihren Gatten Gottfried von Hohenlohe durch einen
unglücklichen Schuß getödtet, womit die Sage auch die
Gründung der Cartause Grünau in Verbindung bringt,
Aschbach, Geschichte der Grafen von Wertheim. I. 92. 143;
noch Andere, wie Baader a. a. O. 351, lassen einen
Grafen von Wertheim und seine Gattin hier auf einen
weißen Hirsch stoßen, der aber, als der Graf auf ihn angelegt, augenblicklich verschwunden sei. Wegen dieser Erscheinung ließ der Graf die Capelle bauen, und in heiligen
Nächten zeigt sich bei derselben noch der Geist des Erbauers.
Jenen an bestimmte Zeitangaben sich knüpfenden Sagen
widerspricht der aus den Ruinen noch klar hervortretende
romanische Urstyl der Capelle. Sie besteht aus einem
länglichen Viereck, dessen Giebelseite freilich gothische Rosen
und Fensterbogen zeigt, dessen Seitenthüre aber, sowie die
Porta triumphalis, welche den viereckigen Chor vom Oblon-
gum scheidet, die echtesten Formen des Romanismus an
sich tragen. Eine vierte Sage endlich behauptet, in ältester
Zeit, als die Wälder noch so dicht, daß sie den Verkehr in

nächster Nähe gehemmt, seien die Haslocher durch zwei weiße
Hirsche zu der Stelle gewiesen worden, wo sie auf einen
Einsiedler gestoßen, der jene Thiere gepflegt habe. Von
da an habe sich eine Wallfahrt zu dem frommen Bruder
gebildet, aus deren reichem Erträgniß die Capelle gebaut
worden sei. Das hohe Alter dieser bestätigt ein päpstlicher
Ablaßbrief aus dem 13. Jahrhundert, dessen Aschbach a.
a. D. 144 gedenkt.“

67. **Der Jäger vom Dürrhof.** Von Alexander
Kaufmann. Hänle und v. Spruner a. a. O. 163 u. A.
Simrock, Handbuch. 191: „Der Schuß gegen Gott, der
das Maaß des Frevels voll macht und in einigen Sagen
die Strafe unmittelbar nach sich zieht, müßte in der heidnischen Zeit dem Loki (Vulcanus) gegolten haben, der in
dieser Auffassung als der höchste unter den dreien (Sol,
Luna, Vulcanus; Odhin, Hönir, Loki), ja, da der letzte
Schuß gegen den Himmel gerichtet ward, als Himmelsgott
erschien.“ Vergl. Wolf, Beiträge. II. 16 ff., wo die
zahlreichen Varianten aufgeführt sind. — In der Nähe des
Dürrhofs lagen bis gegen Ende des 17. Jahrhunderts
zwei uralte Ortschaften Dürrberg (Turigoberga des Geogr.
Rav.?) und Wineden, wo zu Anfang des 12. Jahrhunderts
die Abteien Seligenstadt und Bronnbach, sowie die Herrn
von Tiefe und Hainstatt begütert waren. Nicht weit davon
finden sich Spuren des Pfalgrabens. Ein Freund schreibt
mir: „Die Wurzel dur, tur (nach Mone, Gallische Sprache.
184 = gäl. duri, dori, Wald, Eichenwald, ir. doire,
duire) begegnet vielfach in den alten Ortsnamen Ihrer
Gegend: Tor- oder Turlichesbur (Dörlesberg), Durne
(Walldürn), Durrebach u. a. Die Duringe, Thüringer

wären also Waldbewohner, Waldsassen, und pagus Wald-sassi identisch mit pagus Thuringorum oder Thuringicus."

68. **Die Riesen und die Zwerge.** Von Rückert. In Rüdenau (dem Stammsitz der Rüb) localisirt nach Mit-theilung von Fries. Verwandtes findet sich im Grüngrund, Baader a. a. O. 333, und im Spessart: Der Riese im Schächerloch bei Steinmark konnte nicht vertragen, wenn die Bauern mehr als zwei Stück Vieh vorspannten; dann nahm er sie weg. Vergl. Nr. 172 der Rheinsagen.

69. **Das Glöckchen der Stromfei.** Von Ludwig Köhler. Bechstein, Deutsches Museum. II. 194.

70. **Frankentreue.** Von Gisbert Freiherrn Vincke. (Für die zweite Auflage bestimmt.) Herrlein a. a. O. 249 ff.

71. **Die Jagd im Spessart.** Aus Dietleib. Von Karl Simrock. Amelungenlied. II. 72—95. Vergl. III. 411. Nordians Jagd erwähnt der Weinschwelg:

> Der herzoge Ytam (l. Iran),
> Der was gar âne wîsheit,
> Daz er einen wisent nachreit:
> Er unt sîn jeger Nordîân.
> Sie solden den wîn gejaget hân,
> Sô waren si wîse als ich bin;
> Mir ist vil samfter denne in.

Wozu Grimm, Heldensage. 160, bemerkt: „Erklärt sich aus der Vilk. Saga, welche ein eignes Gedicht von dem Jarl Iron enthält. Unter andern wird (c. 235) er-zählt, wie er mit seinem besten Jäger Nordian, um Vergeltung auszuüben, in dem Walde eines mächtigen Königs jagt und einen von diesem gehegten Wisend tödtet, dies aber Ursache seiner nachherigen Gefangenschaft wird." Den „beßten" Jäger hat der Dichter zum „wilden" Jäger ge= macht. Vergl. Nr. 184 der Rheinsagen, worin Nordian bereits in dieser Eigenschaft aufgetreten ist. — Ueber die Sage von der Jungfrau Lorenz f. Wolf, Beiträge. I. 182 ff. — Um unser Fragment verständlicher zu machen, theilen wir folgenden summarischen Auszug aus Simrocks Dietleib mit: Im Dietmarsenlande wohnt ein reicher und mächtiger Grundbesitzer, Biterolf, der mit einer Herzogin aus Sachsen vermählt ist. Ein Sohn aus dieser Ehe ist Dietleib. Aber „ganz entwildert dem herzoglichen Stamm" treibt er sich nur in Küche und Scheuer herum und gleicht an Antlitz und Kleid einem rußigen Aschenknecht, so daß er auch von seinen Eltern nur wie ein Aschenbrödel an= gesehen und behandelt wird. Da wird Herr Biterolf zu einem Gastgebot nach Lauenburg eingeladen; Dietleib geht halb gegen den Willen seines Vaters mit, benimmt sich aber wie ein höfischer, in allen Künsten der Ritterschaft und Courtoisie erfahrener junger Mann und erweist sich als Helden, indem er auf der Heimkehr seinen Vater von Räu= bern errettet. *) Jetzt beschließt er in die Welt zu ziehen auf Ruhm und Abenteuer und zunächst seinen alten Oheim,

*) Aehnlich schlummerte Starkodrs Seele, während der Körper wuchs, bis ihn sein Pflegbruder Viger am Feuer weckt und ihm Kleider und Waffen giebt, Wiborg, Mythologie des Nordens. 217. Nach Viga Glums Sage (aus dem 10. Jahrhundert) schien aus Glum nichts werden zu wollen, er war einsiedlerisch und tölpisch; plötzlich ersteht er als Held, um bei seinem Großvater Vigfus einen übermüthigen Berserker zu demüthigen, P. E. Müller, Sagenbibliothek des scandinavischen Alterthums. Uebers. von Lachmann. 51. 52.

den Herzog von Sachsen, aufzusuchen. Unterwegs kommt
er zu Sintram dem Griechen, dessen Schloß an der Saale
stand, und gewinnt sich, nachdem er vom Dichter höchst
ergötzlich geschilderte Abenteuer, darunter einen Kampf mit
dem alten Sintram erlebt, dessen Tochter Adelinde als
Braut. Von hier reitet er südwärts, weil es ihn mehr zu
Dietrich von Bern und seinen Helden drängt, als zu dem
alten Herzog von Sachsen. Da trifft er mit dem Bothen
und Sänger Jsang zusammen, der ihm mittheilt, Dietrich
befände sich eben bei seinem Oheim Harlung in Breisach,
und ihm räth, durch Thüringerwald und Spessart dem
Schwarzwald zuzureiten. „Im Spessart," meint der Sän=
ger, „würde er wohl mit dem Landgrafen von Hildburg=
hausen und dessen Bruder Jran zusammentreffen, die trotz
des Widerstrebens der Landgräfin eben rüsteten, an König
Salmann die Jagd in ihrem Tann zu rächen." Auf Diet=
leibs Anfrage, was es mit diesem Widerstreben der Land=
gräfin auf sich habe, erzählt Jsang: Eberwin, der Landgraf
im Thüringerwalde, war der eifrigste Jäger zu großer
Qual seiner Gattin Hildburg, Salmanns Tochter, die sich
bei dem unaufhörlichen Jagen, welches Tag und Nacht den
Gatten entzog, höchst vereinsamt und unglücklich fühlte.
Als nun der Landgraf wieder einmal eine Jagd für drei
Wochen anberaumt, schleicht sich die Gräfin heimlich hinaus,
legt ihre Kleider ab und drückt dem eben gefallenen Schnee

Auch Albertus Magnus soll in seiner Jugend dumm und ohne Lern=
fähigkeit gewesen sein, Görres, Christliche Mystik. II. 197. Vergl.
Parzivals Jugend und erstes Auftreten in der Welt, sowie das höchst
merkwürdige, an Parzival erinnernde Mährchen von Werweiß bei
Zingerle, Tirols Volksdichtungen. I. 168 ff. S. auch Schott, Wa=
lachische Mährchen. 335. — Dietleibs Erwachen hat Immermann
in einer meisterhaften Romanze behandelt.

ihr Bild ein. Dann eilt sie zum Landgrafen, der eben im
Begriff steht auszuziehen, und spricht:

„Du reitest immer auf öde Marken aus
Und hast die schönsten Thiere zu jagen hier im Haus.“

Neugierig verlangt Eberwin solch ein Thier zu sehen,
Hildburg zeigt ihm das Bild im Schnee, und Eberwin ist
für einige Zeit von seiner Jagdlust geheilt. Isang scheidet
nach dieser Erzählung, und unser Fragment beginnt.

72. **Aus dem Spessart.** Von Alexander Kauf=
mann. Herrlein a. a. O. 108 ff. Das Fräulein soll
dem Geschlechte von Jazza (Jazzaha, Gest. Marq. Fuld.
bei Böhmer, Fontes III. 173) angehört haben, über wel=
ches zu vergl. Wenck, Hessische Landesgeschichte. I. 311.
Daß die Jöß reich an Perlenmuscheln, erwähnen auch
Behlen und Merkel, Aschaffenburg und der Spessart. 136.
Nach alten Acten zu Burgjöß wurde ein Beamter seiner
Stelle entsetzt, weil er, um seiner Frau einen Schmuck
machen zu lassen, nach den Perlenmuscheln der Jöß gefischt
hatte.

73. **Schwarzdrossel.** Von Christian Schad.
Mittheilung des Dichters ohne Angabe der Quelle. —
Eine höchst sinnige Thiersage, welche ich Daumer zur Be=
achtung empfehle. Wie hier der gequälte Vogel zum ster=
benden Heiland seine Zuflucht nimmt und in der Dornen=
krone Schutz sucht, bemühen sich in anderen Legenden die
Vögel, die Schmerzen des Gekreuzigten zu lindern: Der
Kreuzschnabel verbog sich den Schnabel, indem er die Nägel
ausziehen wollte; das Rothkehlchen wurde roth, als es sich
das Blut zu stillen bemühte, und suchte die Dornen weg=

zuſchaffen; die Schwalbe flog Troſtworte zwitſchernd um das Kreuz u. ſ. ſ.

74. Der Gattin Warnung. Von Alexander Kaufmann. Herrlein a. a. O. 135. Die Eibe gehört zu den magiſchen Bäumen. Sie galt als beſonders kräftig gegen Viehbezauberung; um ſolche zu verhüten, ſteckt man in Thüringen Eibenzweige in die Viehſtälle. Ferner iſt ſie Wünſchelruthe: „Wann Aner en Zweig vun dem Euwebaam kriegen könnt, der hett die recht Wünſchelruth, mit der mer olle Schätze ſinne deht," Herrlein a. a. O. Bekannt iſt der Spruch:

<blockquote>
Vor den Eiben
Die Zauber nicht bleiben,
</blockquote>

den u. A. Immermann in ſeinen „Wundern im Speſſart," Münchhauſen. III, einige Mal anführt. Derſelbe Glaube war in England, Shakspere, Macbeth. IV. I.

75. Hans von Hoppach. Von Wolfgang Müller. Herrlein a. a. O. 198 ff. Eine in den verſchiedenſten Variationen vorkommende Sage: Nach einer römiſchen Tradition hatte Jupiter den von den Galliern belagerten Römern auf dem Capitolium den Gedanken eingegeben, um die Feinde zu täuſchen Brod hinunter zu werfen, und hieß daher Jupiter pistor, Ovid. Als Königin Adelheid durch Berengar in Canuſium belagert wurde, füllte man ein Wildſchwein mit dem letzten Weizen und ließ es ſo zum Thore hinaus, Chron. Novalic. V. II. In der ſpaniſchen Romanze bei Depping, Coleccion de romances antiguos. II. 347, bricht Graf Garcia das letzte Brod in vier Stücke und wirft eins davon in's Lager der Mohren.

Auf Burg Neufen warf man einen dick gefreſſenen Eſel
hinunter, Gräter, Idunna. 1816. 56, in Oſterwitz einen
Stier, Grimm, Deutſche Sagen. II. 218. Aehnliches wird
von Memel, Bechſtein, Sagenbuch. 206, von der Ebern=
burg bei Kreuznach, Simrock, Handbuch. 244, u. a. O.
erzählt.   In der Maingegend finden wir eine verwandte
Sage auf Burg Rineck, wo die letzte Kuh und der letzte
Schinken die belagernden Mainzer täuſchte, Schöppner a.
a. O. III. 45. 46.   Eine Tafelinſchrift verhöhnte die Ab=
ziehenden:

> So wenig die Kuh den Schinken frißt,
> So wenig Burg Rineck euer iſt.

76. **Heſſenthal.** Von J. B. Goßmann. Herr=
lein a. a. O. 168 ff.

77. **Der Bettler von Meſpelbrunn.** Von Eduard
Ziehen.   (Für die zweite Auflage beſtimmt).   Herrlein
a. a. O. 176 ff. Wolf, Beiträge. II. 425 ff., glaubt,
dieſe und ähnliche Sagen beſtätigten die Erſcheinung des
Fro in Hirſchgeſtalt (Goldhirſch), und es ſeien in unſerer
Sage Hirſch und Bettler eine und dieſelbe göttliche Perſon.
Ueber das Geſchichtliche des auch architektoniſch höchſt. in=
tereſſanten und maleriſch gelegenen Waſſerſchloſſes Meſpel=
brunn ſ. von Herrlein, Aſchaffenburg. 97. 98.

78. **Der Pilger.** Von Otto Krämer. Herrlein,
Speſſartſagen. 10 ff.

79. **Aſchaffenburgs Reiter.** Von A. Schöppner.
Herrlein a. a. O. 16. Behlen und Merkel, Aſchaffenburg

und der Spessart. 20. 21, erzählen: „Nachdem Gustav Adolf am 8. Oct. 1631 Würzburg eingenommen hatte, bewegte sich sein Heer auf beiden Seiten des Maines gegen Aschaffenburg, welches bei dessen Annäherung von allen angesehenen Einwohnern verlassen wurde. Die Stiftsgeistlichen flüchteten mit ihren Schätzen in die Niederlande, die Jesuiten nach Frankreich. Geistliche und weltliche Obrigkeiten hatten sich entfernt, die Kirchen waren ohne Priester. Der Guardian der Capuziner, Pater Bernhard, ein geborener Trierer, ergriff die Zügel der geistlichen und weltlichen Verwaltung, und die Capuziner versahen die Pfarreien. Es war am 25. Nov., als die schwedischen Truppen in Aschaffenburg einzogen. Der Guardian, begleitet von Magistratsräthen, überreichte dem König auf der Mainbrücke die Schlüssel der Stadt auf einer mit Blumen verzierten Schüssel. Der König fragte den Guardian: „Wo wohnst du? Wo ist dein Haus?" Der Capuziner deutete mit dem Finger darauf, und der König versprach, bei ihm einzukehren, was auch geschah, ehe er das kurfürstliche Schloß betrat. In Mitte des Conventes wiederholte Gustav Adolf dem Guardian freudig die Worte: „Deinetwegen hat die Stadt Gnade gefunden, und es soll ihr nichts Uebels widerfahren! und so ward Aschaffenburg von einem Capuziner gerettet." Verwandtes wird in dem unweit Aschaffenburg gelegenen Dorf Niedernberg erzählt, Herrlein, Aschaffenburg. 122. Auf demselben Zuge hatte der König auch Wertheim besucht und einen Tag und eine Nacht bei den ihm sehr ergebenen Grafen in der s. g. Kemenat (dem fürstlichen Wohnhause unter der alten Burg) zugebracht, Neidhart, Historische Nachrichten über Wertheim. 28.

11

81. **Der Bürgermeistersfuchs.** Von Eduard Ziehen. (Für die zweite Auflage bestimmt). Herrlein, Spessartsagen. 38. Vergl. Nr. 26 der Rheinsagen.

82. **Eginhard und Emma.** Von O. F. Gruppe. S. Nr. 37 der Rheinsagen.

83. **Das Templerkreuz.** Von Ludwig Bechstein. (Fällt in der zweiten Auflage weg). Angeblich mündlich aus Stockstadt. Während bis jetzt nur in Bamberg, Würz= burg und Muesbrunnen fränkische Besitzungen der Tempel= herren oder, wie das Volk sagt, Tempelpfaffen beglaubigt nachgewiesen sind, vergl. Reuß im Archiv des hist. Vereins für Unterfranken und Aschaffenburg. XII. 2 und 3. 238. 242 ff., schreibt ihnen die Sage eine Menge von Besitz= thümern an und um den Main zu, so in Bibelried, Reuß a. a. O. 239, Rottenberg, Herrlein a. a. O. 60 ff., Aschaffenburg, Behlen und Merkel a. a. O. 170, im Frei= gericht Alzenau, Steiner, Geschichte des Freigerichts Wil= mundsheim. 105 ff., in Amorbach, Bestenheid, Werbach u. s. f. Von Seligenstadt behauptet Steiner a. a. O. 107, das kaiserliche Palatium daselbst sei ein Aufenthaltsort für Tempelherrn gewesen; „auch soll ein uraltes steinernes Ge= bäude in der Stadt, welches mit dem Schloß durch einen unterirdischen Gang verbunden ist, von Tempelherrn erbaut worden sein." Der Ausspruch des alten Lorenz Fries, „von dem erschrecklich suntlichen und ergerlichen Leben der Templer nenne man bis uf dise Stund die Orte, da am mainsten Sunde, Laster vnd Vnzucht getriben werden, Tem= pelheusere," erhält seinen Commentar durch die höchst interessanten „Tempelpfaffensagen," welche Fries in Wert=

heim und Umgegend gesammelt hat und bald veröffentlichen
möge. Vergl. Wolfs Zeitschrift. II. 413. Sie beziehen
sich theils auf die Ausrottung der Templer durch den Kaiser,
theils auf die ihnen zugeschriebene Uebung des Jus primae
noctis und sind eigenthümlicher, als die von Hocker bei
Wolf a. a. O. mitgetheilten aus der Moselgegend. Mit
den Templern wird auch ein merkwürdiger Grabstein, der
sich in der Kirche zu Uessigheim (2 Stunden von Wertheim)
befindet, in Zusammenhang gebracht: Das Bild zeigt den
um 1320 gestorbenen und in Urkunden der Gegend häufig
vorkommenden Ritter Friedrich (Fritzo) von Uessigheim als
jugendlichen Mann mit reichem lockigem Haarwuchs, in ein
langes, wallendes Hemde gehüllt; quer über dem Halse des
Ritters aber liegt ein mächtiges Schwert, auf der rechten
Seite des Bildes durch eine Hand geführt und offenbar auf
gewaltsame Ermordung des Ritters hindeutend. Diese nun
schreiben Einige den Juden, Andere den Templern von
Werbach zu, welche den Ritter aus nicht näher angegebenen
Gründen im uessigheimer Wäldchen überfallen und getödtet
haben sollen. Der Stein ist namentlich nach unten zu sehr
verstümmelt, indem sich die Bauern, welche den Fritzo von
Uessigheim wie einen halben Heiligen verehrten, bei Vieh=
seuchen Bröckel davon abschabten, um sie den Thieren ein=
zugeben. — Ueber die Aufhebung des Ordens in Deutsch=
land, namentlich im Erzstift Mainz s. Hennes in der Zeit=
schrift des mainzer historischen Vereins. I. 1. 98 ff.

84. **Der Trunk zu Hörstein.** Von Alexander
Kaufmann. Oppmann, Der k. Hofkeller zu Würzburg.
30. 31; Hilarius, Unterfränkische Geschichten in der mün=
chener Hauschronik. 25. Beringer, Abt zu Seligenstadt,

11*

kaufte um das Jahr 1000 Besitzungen und Weinberge zu
Hörstein; 1288 schenkte Konrad von Nauheim der Abtei
zwei Häuser in Hörstein mit Weinbergen u. s. f. Bei der
Säcularisation kam dieses Weingut zuerst an Hessen-Darm-
stadt und später mit dem Amt Alzenau an die Krone
Bayern, welche nun etwas mehr als 40 M. Weinberge
daselbst besitzt. Abt Weinkens preist in seiner Navarchia
den Hör= oder Hirschsteiner:

Prae reliquis Hirsch=Stein sanissima judico vina.

Der trefflichen Weine um Aschaffenburg gedenkt auch
Simon Lemnius, der Günstling des Cardinals Albrecht:

Kaum in Hetrurien wächst d e r Reichthum schwellender
Trauben,
Selber Methymna berühmt minderer Fülle sich nur.
Hügel hinan reift köstlicher Wein, dem Falerner ver-
gleichbar —
Deutschem Geländ' entquillt herzenerfreuend der Saft.

Uebersetzt von Merkel, Miniaturen und Manuscripte
der Hofbibliothek zu Aschaffenburg. I. In jüngster Zeit
wird auf der Kippenburg (Gotelsberg) ein trefflicher Wein
gezogen, der eine Kraft besitzt, daß er selbst geübte Trinker
zum Umkippen bringt, und echter ist, als die Sagen von
der Kippenburg. Den Klingenberger feiert der bekannte
Spruch, der ihn mit dem Bacharacher, Hochheimer oder
Würzburger in gleiche Reihe stellt. Der Kalmut oder Kal=
munt (calvus mons?) welcher auf einem Muschelkalkberg
Triefenstein gegenüber wächst, zeichnet sich durch einen höchst
feuerigen, an den Malaga erinnernden Geschmack aus. Der
Berg gehörte ehedem den Bischöfen von Würzburg, den
Grafen von Wertheim und der Probstei Triefenstein; jetzt

theilen sich in denselben die Krone Bayern und die Fürsten von Löwenstein. Freunde Immermanns werden sich aus dessen fränkischer Reise erinnern, wie viel komische Mühe er sich gegeben, in Lengfurt echten Kalmut zu versuchen. Aus jüngster Zeit stammt folgendes Epigramm:

Auf kahlem Fels trinkt Sonnengluth des Kalmuts eble Ranke —

So flammt auf kahler Scheitel oft der feuerigste Gedanke.

Der Stein ist auch außerhalb Frankens berühmt. Eine auf ihn bezügliche Sage enthält unsere Nr. 39.

85. **Die Randenburg.** 1. 2. Von Gisbert Frei= herrn Vincke. Nr. 1 ist eine Variante der berühmten Weiber von Weinsberg, Godefr. Cod. ad a. 1140 bei Böhmer, Fontes. III. 422, vergl. Stälin, Wirtembergische Geschichte. II. 71, der Erzählung von der Schwester des Gualvagno Visconti zu Mailand, Ficker, Rainald von Dassel. 129, der Frau von Nidda, Grimm, Deutsche Sagen. II. 363, der Frau von Thengen, Schönhuth, Rit= terburgen des Höhgau's. II. 67, der Frau von Nanters= burg, Hocker, Moselsagen. 205, u. s. f. Für Nr. 2 als Weinkellersage vergl. Nr. 170 der Rhein= und Nr. 54 der Mainsagen.

86. **Gottes Thränen.** Von Karl Simrock. S. Nr. 128 der Rheinsagen.

87. **Die unächten Fahnen von der hanauer Schlacht.** Von Rückert. Es ist erwiesen, daß das österreichisch=bayerische Heer, welches am 30. Oct. 1813 in der Schlacht bei Hanau gefochten, nicht eine Trophäe

verlor. Das am 31. Oct. an die Kaiserin nach Paris
gerichtete Bulletin sagt dennoch nach Weise der napoleoni-
schen Kriegsberichte: „Les drapeaux pris à cette bataille
et ceux, qui ont été pris aux batailles de Wachau et
de Leipsick, sont partis pour Paris." S. den Bericht
über Heilmanns Feldzug von 1813 in der Beil. z. Augsb.
Allg. Zeitg. 1858. Nr. 14.

88. **Friedrich und Gela.** Von Franz Kugler.
S. Nr. 129 der Rheinsagen.

89. **Das Wappen von Gelnhausen.** Von Alexander Kaufmann. (Für die zweite Auflage bestimmt).
Lyncker, Sagen und Sitten aus hessischen Gauen. 150.

90. **Die Schätze auf Steckelberg.** Von Alexander Kaufmann. (Für die zweite Auflage bestimmt).
Lyncker a. a. O. 56.

91. **Der Fuchsjäger.** Von Wolfgang Müller.
Herrlein a. a. O. 91 ff. Der Spessart ist noch äußerst
reich an Wildschützensagen, unter welchen die beliebtesten und
lebendigsten die vom Wilderer Hasenstab zu sein scheinen.
Letzterer, der um Mitte und zweite Hälfte des vorigen
Jahrhunderts sein Wesen trieb, ist zu einer völlig mythischen
Figur geworden, konnte sich, um den Jägern zu entgehen,
in einen Baumstamm verwandeln u. s. f. Ein Abt von
Bronnbach nahm ihn als guten Schützen in seine Dienste,
aber der freie Jäger kündigte nach kurzer Frist den Herren-
dienst, um gleich Hans Winkelsee (s. Nr. 126 der Rheinsagen) wiederum als Outlaw die Wälder zu durchstreifen.

Fries sollte diese Sagen nicht in seinem Pult vermodern lassen!

92. **Die Wunderblume.** Von Wolfgang Müller. Herrlein a. a. O. 106 ff. Die Einkleidung und Anwendung auf Goethe ist Gedanke des Dichters. Ueber das Mythologische s. Nr. 6 der Mainsagen.

93. **Es steht ein Baum im Odenwald.** Wunderhorn. N. A. III. 112. Variante bei Pröhle, Volkslieder und Volksschauspiele. 54.

94. 95. 96. **Der wilde Jäger.** Von Ludwig Tieck. **Deutschlands Wächter.** Von Wolfgang Müller. **Rodenstein.** Von Gisbert Freiherrn Vincke. Ueber den wilden Jäger ist die neuere Literatur so reich, daß wir über das Wesen desselben keine weitere Andeutung zu geben brauchen und nur auf die wichtigsten Abhandlungen darüber verweisen: Grimm, Mythologie. 870 ff., dessen Geschichte der deutschen Sprache. 85, Simrock, Handbuch. 237 ff., Wolf, Beiträge. II. 128 ff., Menzel, Odin. 199 ff., Liebrecht, Gervasius von Tilbury. 174 ff. (über die Mesnie furieuse oder Chasse sauvage), F. Wolf, Portugiesische und catalanische Volkslieder. 29 (über den catalanischen Viento del cazador), u. s. f. Ueber Rodenstein (Donar) und Schnellerts (Wuotan) s. Wolf, Rodenstein und Schnellerts. 1848. Das Gedicht von Tieck ist vorne an gestellt worden, weil es die Sage, die bekanntlich über ganz Deutschland verbreitet ist, Hocker, Volksglaube. 233, in der allgemeinsten Gestalt giebt, während sich die beiden folgenden von Müller und Vincke speciell auf den

Odenwald beziehen. Vergl. auch Nr. 103 der Rhein= und Nr. 71 der Mainsagen.

97. **Der Feuermann.** Von Wolfgang Müller. Vergl. Grimm, Deutsche Sagen. I. 365. 373. Ueber die als Irrlichter (Irrwische, Heerwische, Wiesenhüpfer, Lüchtemännekens, Tummeldinke, Tückebolde u. f. f.) umgehenden Feldmesser und den Zusammenhang dieser Lichterscheinungen mit Elben und Wichten f. Grimm, Mythologie. 870, und Simrock, Handbuch. 477.

98. **Der Schelm von Bergen.** Von Karl Simrock. S. 124 der Rheinsagen.

99. **Frankfurt.** Von A. Kopisch. S. Nr. 123 der Rheinsagen.

100. **Die 9 in der Wetterfahne.** Von Karl Simrock. S. Nr. 126 der Rheinsagen.

101. **Der Schwank von dem frommen Adel.** Von Hans Sachs. (Für die zweite Auflage bestimmt). Hopf, Auswahl aus Hans Sachs. I. 224 ff.

102. **Die Weismutter.** S. Nr. 127 der Rheinsagen.

103. **Die lustigen Gesellen.** Simrock, Volkslieder. 423.

104. **Der buckliche Geiger.** Zuccalmaglio (Wilh. von Waldbrühl), Volkslieder. 106. Wenn auch die Echt=

heit des Volksliedes höchst zu bezweifeln ist, so dürfte doch die Sage echt sein. Vergl. Menzel, Odin. 255. 256.

105. **Die drei Leiern.** Von Alexander Kauf=mann. (Für die zweite Auflage bestimmt). Schiller soll auf seiner Flucht einige Tage in Sachsenhausen gewohnt haben und dort mit dem Gedanken umgegangen sein, sich in den Main zu stürzen. Vergl. die Erzählung vom Dr. Ritter in K. Enslins frankfurter Sagenbuch. Es braucht wohl kaum bemerkt zu werden, daß das Klingen der Leiern am goetheschen Hause die in Goethe aufgeblühte deutsche Poesie bezeichne; der Gedanke an letztere konnte wohl einem jungen Dichter über schwierige Lebensverhältnisse und Schick= sale weghelfen. Charlotte von Schiller schreibt einmal: „Den ersten rührenden Eindruck gab mir die sachsenhäuser Brücke in Frankfurt. Dort hat er bei seiner Flucht so oft gestanden ohne Freund, ohne Schutz, ohne Rath; und er erzählte mir oft, daß er da die reichen, großen Wohnungen und die lebendigen Menschen, die alle so ohne Antheil an ihm vorübergegangen wären, schmerzlich angeblickt hätte. Dort möcht' ich ihm können ein Denkmal stiften!"

Druckfehler. *)

Seite 4 Zeile 3 von unten lies statt fact f a c t i.
  „   5 „ 8 „ oben „ „ seo tenta s e t e n t a.
  „   5 „ 4 „ unten „ „ infantu los i n f a n t u l o s.
  „   19 „ 5 „   „   „ „ Heikar H n i k a r.
  „   63 „ 6 „ oben „ „ in i m.
  „   67 „ 15 „   „   hinter dem Worte Bischof füge ein
                                  W i l h e l m.
  „   79 „ 1 „   „   lies statt las a l s.
  „   94 „ 1 „ unten „ „ Varon P a t r o n.
  „ 100 „ 11 „   „   „ „ Haltone H a t t o n e.
  „ 117 „ 2 „   „   „ „ Pasili P a u l i.
  „ 159 „ 8 „   „   „ „ Ynglinga s. Y n g l i n g a s.
  „ 162 „ 7 „ oben „ „ Eckardt E c k a r t.

*) Kleinere Versehen, wie z. B. die falschen Interpunctionen
S. 52 Z. 10 v. u. S. 79 Z. 6 v. u. und Aehnliches, wird der
Leser gebeten selbst zu verbessern.

www.ingramcontent.com/pod-product-compliance
Lightning Source LLC
Chambersburg PA
CBHW071545080326
40689CB00061B/1847